ÉCONOMIE POLITIQUE DE L'INTÉGRATION ÉCONOMIQUE

ESPACE AFRIQUE

Makhtar Diouf

ÉCONOMIE POLITIQUE DE L'INTÉGRATION ÉCONOMIQUE

ESPACE AFRIQUE

L'Harmattan
Sénégal

Du même auteur

– *Échange inégal, ordre économique international*, 1977, Nouvelles éditions africaines, Dakar.

–*Économie politique, tome 1 : économie descriptive*, 1979, Nea.

–*Économie politique, tome 2 : théorie économique*, 1981, Nea.

– *Intégration économique : perspectives africaines*, 1985, Publisud (Paris), Nea.

–*Économie politique pour l'Afrique*, 1992, Uref-Aupelf (Paris)–Nea.

– *Sénégal : les ethnies et la nation*, 1994, Harmattan, Paris.

– *L'Afrique dans la mondialisation*, 2002, Harmattan.

– *L'endettement puis l'ajustement : l'Afrique des institutions de Bretton-Woods*, 2002, Harmattan.

– *Islam et développement. Économie politique de la Char'ïa*, 2009, Presses universitaires de Dakar.

– *Eclairage sur le(s) féminisme(s)* Presses universitaires de Dakar, 2010.

– *La science économique. De l'économie politique à l'analyse économique*, Harmattan, 2011.

– *Intellectuel. Langue d'Esope : le meilleur et le pire*, Harmattan, 2017.

– *Le Coran notre contemporain*, Neas, Dakar, 2019.

- *Dans mon micro-univers d'intellectuel insoumis*, 2020, Neas

10 VDN, Sicap Amitié 3, Lotissement Cité Police, DAKAR

http://www.harmattansenegal.com
senharmattan@gmail.com
senlibrairie@gmail.com

ISBN : 978-2-343-22379-7
EAN : 9782343223797

Introduction

Nous vivons l'âge de l'intégration

C'est en ces termes que Gottfried Haberler, professeur d'Économie internationale, introduit son allocution à la 76ᵉréunion de l'Association économique américaine, le 27 décembre 1963 à Boston (Haberler 1964).

Mouvements d'intégration

Le professeur Haberler se référait aux initiatives et expériences en cours au début des années 60 en Europe de l'Ouest et en Amérique latine. Ce qui caractérise cette période, comme il le dit lui-même, est que l'intégration est passée du stade du discours au stade de la mise en pratique. Mais au plan du discours et des projets, aucune période n'aura été l'âge de l'intégration économique autant que celle du dernier quart du 20ᵉ siècle et du début des années 2000, marqués par le phénomène de mondialisation.

L'impulsion est venue de la Communauté économique européenne devenue Union européenne à la suite du traité de Maastricht en 1992, ce qui ne pouvait laisser personne indifférent. Elle a évolué de façon extensive avec de nouvelles adhésions : aux six membres créateurs[1], est venue s'ajouter plus d'une vingtaine de nouveaux membres, et la liste n'est peut-être pas close ; ce qui a été considéré comme un signe de succès. Elle a évolué aussi de façon intensive, en profondeur : après avoir pratiquement achevé l'intégration des marchés nationaux, elle a évolué vers l'intégration

[1] Les six membres créateurs sont Allemagne fédérale, France, Italie et Bénélux (Belgique, Hollande, Luxembourg). Le Royaume-Uni a adhéré en 1973, mais n'est pas entré dans la zone euro en 1999, ayant préféré conservé sa livre sterling pour se retirer en 2016.

monétaire avec la création d'une monnaie unique, l'euro. Mais l'intégration politique risque de rester à l'état de projet.

C'est la crainte de la *forteresse Europe* dans une situation de mondialisation qui en 1992 amène les gouvernements des États-Unis et du Canada à signer avec celui du Mexique un traité de création d'un Accord de libre-échange nord-américain (Alena)[2]

Cette zone de libre- échange à construire sur une période de quinze années à partir de janvier 1994, et couvrant un marché de plus de 360 millions de personnes, est à l'époque, la plus grande du monde, avec l'Espace économique européen. Et elle est appelée à s'étendre, avec les adhésions probables de l'Argentine et du Chili.

En 2016, après des négociations entamées 8 ans auparavant, est signé le TPP (TransPacific Partnership) entre les États-Unis et onze autres pays riverains de l'océan Pacifique : Canada, Mexique, Chili, Pérou, Japon, Malaisie, Vietnam, Singapour, Brunei, Australie et Nouvelle-Zélande.

Dans la même période, les États-Unis s'engagent avec l'Union européenne dans le "Trade and Investment Partnership".

Dans ces deux cas, il s'agit de créer de grandes zones de libre-échange. L'objectif non avoué est de faire contrepoids à la Chine.

En Amérique latine, c'est la Commission économique des Nations unies pour l'Amérique latine (Cepal) qui dès les années 1950 sous l'impulsion de l'économiste argentin Raul Prebisch est à l'origine des initiatives d'intégration : Marché commun centre-américain (Mcca), Association latino-américaine de libre-échange (Alalc 1965), Pacte andin (1969), Marché commun des Caraïbes (Caricom 1973).

En mars 1991, est signé le traité de création du Marché commun de l'Amérique du Sud (Mercosul)[3] prévu pour démarrer fin 1994.

L'Association des nations du Sud-Est asiatique (Asean) est fondée en 1967[4].

---

[2]En anglais, NAFTA : Northern American Free Trade Agreement

[3] Les membres sont : Brésil, Argentine, Uruguay et Paraguay.

[4] Les cinq États d'origine (Philippines, Indonésie, Malaisie, Singapour et Thaïlande) ont été joints par Brunei (1984), Le Viêt Nam (1995), le Laos et la Birmanie (actuel Myanmar) en1997, le Cambodge (1999). Des partenaires potentiels sont Papouasie-Nouvelle-Guinée, Timor oriental et peut-être Australie.

Sur initiative de l'Australie, le groupe Coopération économique Asie-Pacifique est créé[5].

L'économie mondiale va ainsi être dominée par trois grands blocs commerciaux : l'Europe de l'Ouest, le groupe Amérique (du Nord et du Sud), et la région Asie-Pacifique.

Le continent africain ne peut rester à l'écart de ces développements. Les différentes régions d'Afrique ont été engagées pendant la période coloniale et après les indépendances dans des expériences d'intégration économique. La nouveauté, c'est l'entrée sur la scène de l'intégration économique des bailleurs de fonds, particulièrement la Banque mondiale et le Fonds monétaire international. L'Afrique, où la situation économique est toujours alarmante est perçue comme terrain d'accueil privilégié pour la thérapeutique de l'intégration économique, surtout à la suite des échecs répétés des politiques d'ajustement structurel. Au point que toute étude prospective sur l'Afrique actuelle est tenue de faire référence à l'intégration économique. Tous les scénarios de prospective sont construits autour de la stratégie devenue incontournable de l'intégration : scénario pessimiste avec intégration, scénario optimiste sans intégration effective.

Ce n'est en fait que dans les pays du tiers monde que l'intégration fait l'unanimité au niveau de la classe politique : personne n'en conteste le bien-fondé comme stratégie de développement. Ce n'est pas le cas ailleurs : aux États-Unis, les syndicats de travailleurs sont farouchement hostiles au projet Alena, suspecté de développer le chômage par le transfert des activités industrielles vers le Mexique où le coût de la main-d'œuvre est beaucoup plus bas (écart de 1 à 7). En Europe de l'Ouest, nombreux sont les détracteurs de l'Union européenne, dans l'extrême droite comme dans les milieux de gauche (Parti communiste en France, Parti travailliste au Royaume-Uni), qui la voient comme une Europe des capitalistes au détriment des travailleurs.

Seulement, les contraires vont toujours ensemble. Le monde a aussi connu d'importants mouvements de désintégration.

---

[5] Membres : Japon, États-Unis, Canada, Nouvelle-Zélande et les Nouveaux pays industrialisés d'Asie du Sud-Est.

Mouvements de désintégration

La désintégration est menée à deux niveaux. Le premier est celui du démembrement d'un État déjà constitué. Le second a pour cadre une communauté économique en fonctionnement.

Le premier mouvement de désintégration des temps modernes survient à la suite de la Première Guerre mondiale avec l'éclatement de l'Empire ottoman dans sa partie européenne des Balkans, donnant naissance à de petits territoires : Albanie, Bulgarie, Grèce, Roumanie, Yougoslavie.

L'Irlande du Sud ou République d'Irlande (capitale Dublin) se sépare du Royaume-Uni en 1921 pour mettre fin à un pacte d'union de 1801. Auparavant en 1905, la Norvège s'était séparée de la Suède, à la suite d'une union de 1815.

Le dernier grand mouvement de désintégration d'un État au 20e siècle survient dans le camp socialiste de l'Europe de l'Est, en Union soviétique, en Tchécoslovaquie et en Yougoslavie.

Des velléités sécessionnistes se manifestent dans d'autres pays d'Europe.

Le Royaume-Uni regroupe l'Angleterre, l'Écosse, le pays de Galles, et l'Irlande du Nord qui sont des "home nations". Cependant depuis 1998, l'Écosse et le pays de Galles ont chacun son propre parlement. L'Écosse a sa Banque centrale qui émet sa propre monnaie (livre sterling) différente de celle émise par la Banque d'Angleterre.

En Espagne, les Catalans (région de Barcelone) sont dotés du statut de « communauté historique », de même que les Basques et le mouvement de sécession y est vivace.

En Belgique, bon nombre de Flamands veulent se détacher des Wallons dont certains d'ailleurs se considèrent comme Français.

En Asie, Singapour en 1965 a quitté à l'amiable la fédération conclue avec la Malaisie quatre ans plus tôt. La sécession du Pakistan oriental devenue Bangladesh en 1971 a suivi la partition de l'ensemble indien « britannique » entre l'Inde hindou et le Pakistan musulman.

L'Afrique a connu deux grands cas de désintégration d'État. L'Érythrée se sépare de l'Éthiopie après une lutte armée suivie du référendum qui consacre l'indépendance en 1993. Le Sud-Soudan aussi devient indépendant en 2011 après référendum.

Les deux expériences les plus connues de tentatives avortées de sécession sont celles du Katanga au Congo Kinshasa et du Biafra au Nigeria dans les années 1960.

La sécession ne peut réussir que si elle bénéficie de soutiens extérieurs en termes de logistique, financement, médiatisation. Comme cela a été le cas dans les sécessions réussies en Afrique.

L'autre niveau de désintégration a lieu dans des communautés économiques.

Le cas le plus médiatisé est celui du gouvernement du Royaume-Uni qui a quitté l'Union européenne en 2016, à la suite d'un référendum dans lequel le *Brexit* (British exit) l'a emporté. Cependant, le mouvement sécessionniste se développe en Écosse et en Irlande pour retourner à l'Union européenne.

Des communautés économiques africaines ont connu ce phénomène. Le dernier en date concerne la Mauritanie qui quitte la Cedeao en 2000.

L'intérêt actuel pour l'intégration

Beaucoup d'études ont été consacrées à l'intégration économique en Afrique au cours de ces dernières années, à la suite des nombreux colloques, séminaires et conférences tenus sur la question depuis le lancement du *Plan d'Action de Lagos* en 1980 : des articles publiés ou non, des thèses universitaires, des ouvrages dont il serait ardu de faire l'inventaire ici (voir bibliographie).

On ne peut pas ne pas citer les ouvrages pionniers. Le texte classique reste *Les fondements économiques et culturels d'un État fédéral d'Afrique noire* de Cheikh Anta Diop publié en 1960 et réédité en 1974, mais dont la première ébauche remonte à 1955, lorsque l'auteur était Secrétaire général du Mouvement des Étudiants du Rassemblement démocratique africain à Paris : une œuvre militante, écrite en pleine période coloniale, mais dont les enseignements restent d'une brûlante actualité pour l'Afrique d'après les indépendances.

On peut citer aussi, se situant dans la même démarche, *l'Afrique doit s'unir* (1963) de Kwame Nkrumah.

Un autre ouvrage pionnier est celui de l'économiste britannique Peter Robson *Economic Integration in Africa* (1968) rédigé à une époque où il enseignait dans des universités de pays de l'Afrique de l'Est. Une deuxième publication de 1983 du même auteur porte plus spécifiquement sur l'Afrique de l'Ouest : *Integration, Development and Equity. Economic*

Integration in West Africa, suivi de*The Economics of International Economic Integration* (1987) qui couvre un champ bien plus étendu que ses travaux précédents. *Economic Integration in Africa* est réédité en 2010.

J'ai moi-même publié en 1985 un premier ouvrage *Intégration économique, perspectives africaines* préfacé par Cheikh Anta Diop, aujourd'hui épuisé. La présente publication est une refonte totale et va bien au-delà d'une simple mise à jour de la première.

Ces deux ouvrages sont le fruit d'une réflexion sur les problèmes d'intégration économique en Afrique, menée depuis plus d'une trentaine d'années. Une réflexion qui s'appuie sur un certain nombre d'expériences :

– des missions sur le terrain, qui m'ont conduit aux quatre coins du continent, me permettant ainsi de visiter à différentes périodes l'ensemble des organisations intergouvernementales africaines d'intégration et de coopération. C'est là une source de documentation irremplaçable ;

– la participation à plus d'une trentaine de manifestations (conférences, colloques, séminaires) organisées sur la question, en Afrique, en Europe, en Asie, en Amérique du Nord et du Sud ;

– une activité d'enseignement *Intégration des économies africaines*, menée à l'Université Cheikh Anta Diop de Dakar de 1978 à 2007.

Le texte présenté ici traite de toutes les expériences africaines d'intégration économique, passées et actuelles ; il présente les fondements théoriques de la stratégie d'intégration, dans l'économie politique et dans la science politique des "Relations Internationales", mais aussi, dans la pensée politique africaine contemporaine ; enfin il dresse un bilan des communautés économiques, suivi de recommandations concrètes pour rendre effective l'intégration économique. En somme, il s'agit d'un ouvrage qui cherche à faire le point sur la question de l'intégration économique en Afrique sous tous ses aspects.

TITRE I

LE CADRE DE L'INTÉGRATION ÉCONOMIQUE : CONCEPTS ET RÉFLEXIONS

1.

Nature et objet de l'intégration économique

Qu'est-ce que l'intégration économique ?

Le dictionnaire *Larousse* donne cette définition du mot '' intégration'' : *coordination des activités de plusieurs organes en vue d'un développement harmonieux.* L'intégration est donc la réunion d'un certain nombre d'éléments pour former un ensemble relativement cohérent.

Le terme a été utilisé pour la première fois par les économistes dans le domaine de *l'Économie industrielle* pour désigner les opérations de fusion, de combinaison d'entreprises, et ceci à une période toute récente: ce qui a fait dire à l'économiste néo américain Fritz Machlup, que *aucun ouvrage ''d'Economie internationale'' antérieur à l'année 1953, ne comporte le mot ''intégration'' dans sa table d'index des matières* (Machlup 1976, 62). Selon le même auteur, ''intégration'' aurait remplacé une famille de mots tels que ''rapprochement par la coopération et la solidarité'', '' fédération'', ''fusion'', ''unification'',dans différents domaines de l'activité économique

Qu'est-ce qu'on intègre : - Les peuples ? Les territoires ? Les politiques ? Les marchés ? La production ? Les facteurs de production ? Des réponses données à ces questions, procèdent les deux grands types d'intégration : l'intégration politique et l'intégration économique. Il sera fait allusion plus loin à l'intégration politique, mais cet ouvrage portera pour l'essentiel sur l'intégration économique.

L'intégration économique est un ensemble de mesures de politiques économiques conçues de façon concertée, entre un groupe de pays géographiquement limitrophes. Parce que l'efficacité de la politique économique domestique de l'État-nation se heurte à des limites objectives : étroitesse du marché intérieur, non disponibilité de certains facteurs de production (force de travail, matières premières ou technologie), faiblesse d'un seul pays sur l'échiquier des négociations internationales... Il est dès lors logique que les politiques domestiques cherchent un complément dans des actions de concertation régionale.

La concertation économique est menée à deux niveaux qui sont à distinguer : la coopération et l'intégration

L'intégration économique

L'intégration économique suppose de la part des pays membres la mise en place de politiques communes dans différents domaines : commerce, finances, fiscalité, monnaie, agriculture, industrie, etc. Elle se traduit par la mise en place d'organisations intergouvernementales à *objectifs multiples*, encore appelées *communautés économiques* : les engagements des États membres sont beaucoup plus poussés que dans le cas de la simple coopération, pouvant aller jusqu'à des abandons de souveraineté. Ainsi, dans une communauté économique qui fonctionne effectivement, lorsque l'intégration porte sur le commerce, la perception des droits de douane (sur les produits en provenance des pays non membres) n'est plus du ressort des États, mais de la communauté.

L'intégration économique repose nécessairement sur le principe de discrimination à l'encontre des pays tiers. Si bien que le Gatt (Accord général sur les droits de douane et le commerce) qui interdisait la discrimination commerciale (article 24), avait fini par admettre une dérogation pour les pays partenaires d'un ensemble communautaire.

La coopération économique

La coopération économique s'exerce dans un ou plusieurs domaines précis et délimités ; ce qui donne lieu à la mise en place de ce que j'appelle des *organisation-consortiums*[6] , autrement dit, des organisations intergouvernementales (oig) à *objectifs limités* : les partenaires unissent leurs efforts pour réaliser une opération particulière, tout en conservant chacun son autonomie pour tout ce qui

[6]Au sens technique du terme, le consortium est un groupement d'entreprises qui pour une période de temps donnée, unissent leurs efforts en vue de la réalisation commune de certains objectifs.

concerne sa politique économique. Il n'est envisagé aucun abandon de souveraineté.

Intégration économique, pourquoi faire ?

En tant que modalité de politique économique, l'intégration économique poursuit une certaine finalité dans laquelle il convient de distinguer les objectifs et les buts.

Objectifs de l'intégration économique

Les objectifs sont généralement à caractère économique, se situent dans le court terme, et sont quantifiables. Dans le cadre d'un pays, les objectifs déclarés de politique économique conjoncturelle par exemple, sont toujours la croissance, le plein emploi, la stabilité des prix, et l'équilibre de la balance des paiements.

Dans les traités des communautés économiques africaines, les objectifs proclamés tournent toujours autour de l'impératif de développement :

– ''favoriser le développement équilibré et harmonieux des activités économiques des États membres, en vue de parvenir à une amélioration aussi rapide que possible du niveau de vie de leurs populations'' (traité de la Ceao) ;

– ''élever le niveau de vie des peuples, accroître et maintenir la stabilité économique, renforcer les relations entre ses pays membres, et contribuer au développement et au progrès du continent africain'' (traité de la Cedeao).

C'est parce qu'en Afrique, compte tenu de l'exiguïté des marchés intérieurs nationaux et de nombreuses autres contraintes, on estime que l'intégration régionale des économies est la voie la plus sûre pour parvenir au développement. Seulement, le développement n'est pas exclusivement de nature économique : il comporte bien d'autres aspects, sociaux, humains, culturels, etc. C'est pourquoi le développement doit être considéré comme un but s'inscrivant dans le long terme.

Dans une stratégie d'intégration économique, l'objectif proclamé de développement (relèvement du niveau de vie) est indissociable d'un objectif plus immédiat, la recherche des ''économies d'échelle'' :

certains investissements ne peuvent dégager un taux de rentabilité appréciable que si le marché de consommation est d'une certaine envergure ; le grand marché permet d'étaler les coûts fixes sur un grand nombre d'unités produites, et d'obtenir ainsi des coûts de fabrication assez bas pour arriver à des prix de vente compétitifs.

Un pays comme la Corée du Sud vend certes sur le marché mondial, mais n'en dispose pas moins d'un marché intérieur de 50 millions d'habitants. La population du Japon est du même ordre de grandeur que la population de l'ensemble de l'Afrique de l'Ouest qui comprend tout de même quinze pays dont le Nigeria.

Un exemple concret permettra d'apprécier l'importance du concept d'économie d'échelle pour l'intégration. Dans les années 60, en Afrique centrale, des études de faisabilité réalisées pour l'implantation d'unités de raffinage de pétrole donnent les résultats suivants : un taux de rentabilité de 1,1pour cent si deux raffineries sont implantées une au Gabon et une au Congo ; un taux de rentabilité de 7,5 pour cent si une seule unité est installée au Gabon pour desservir l'ensemble du marché régional (Robson 1968). Pour beaucoup d'auteurs, les économies d'échelle constituent l'argument le plus favorable pour justifier l'intégration économique entre pays en développement (El Agraa 1989 : 99).

Un autre argument avancé est celui de l'amélioration des termes de l'échange : l'économie intégrée peut constituer un bloc commercial imposant, ce qui lui confère un pouvoir de négociation qui peut peser de façon sensible et favorable sur les termes de l'échange.

Parler des objectifs économiques de l'intégration revient à poser le problème de la mesure des effets de l'intégration : l'idéal serait de pouvoir pour un même groupe de pays, comparer la situation avec intégration avec la situation sans intégration dite *anti-monde*, ce qui est pratiquement impossible. Les tentatives de mesure des effets de l'intégration initiées dès 1954 en Europe de l'Ouest (Verdoorn 1954)) et étendues par la suite à des pays africains, l'Afrique de l'Est surtout (Hazlewood 1967, Robson 1968) ont été menées dans un cadre d'union douanière, et limitées à des secteurs comme le commerce et l'industrie.

Par-delà la finalité proclamée de développement, les préoccupations politiques sont rarement absentes de la démarche d'intégration économique. À ce niveau aussi, on doit distinguer l'objectif, du but.

But de l'intégration économique

Le but revêt plutôt un caractère politique, se situe dans le long terme et n'est pas quantifiable. Le but n'est presque jamais proclamé.

Ainsi, lorsque le gouvernement du Sénégal entreprend en 1965 de mettre en place avec la Gambie nouvellement indépendante une structure d'intégration économique, voire politique, c'est avec une motivation économique tout à fait légitime : désenclaver la région de Casamance irrationnellement coupée du reste du pays par l'enclave gambienne. Mais cette motivation économique s'accompagne aussi d'une préoccupation politique non avouée : la crainte que la Gambie devienne un jour une terre d'asile pour des exilés politiques sénégalais. Cette explication ne peut pas être écartée lorsqu'on veut comprendre les raisons profondes de l'intervention de l'armée sénégalaise au mois d'août 1981 en Gambie, ce qui a servi de tremplin à la mise en place à chaud de la confédération de Sénégambie. La pénétration coloniale française en Casamance en 1853 s'explique, semble-t-il, par les mêmes raisons : face au refus de la Grande-Bretagne de lui céder la Gambie, le gouvernement colonial français craint que la résistance sénégalaise s'installe en Gambie pour attaquer ses troupes.

En Afrique de l'Ouest, certains observateurs s'étonnent que c'est le Nigeria, le pays qui objectivement a relativement le moins besoin de l'intégration économique compte tenu de son envergure, en est le plus chaud partisan. Personne ne peut douter que ce pays aspire à jouer au sein de la sous-région un rôle de leadership politique à la mesure de sa puissance économique, et en même temps arracher les partenaires francophones de la tutelle encore forte de l'ancienne métropole. Celle-ci l'a d'ailleurs bien compris et fait tout pour dissuader ses partenaires africains d'entretenir des liens trop étroits avec le Nigeria.

L'attitude des partenaires extérieurs au regard de l'intégration africaine n'échappe pas non plus aux calculs politiques, comme il sera vu plus loin.

Les préoccupations politiques peuvent jouer de façon négative pour empêcher la concrétisation d'un projet d'intégration qui s'impose objectivement : c'est le cas dans le Maghreb, avec les dissensions politiques entre les régimes au pouvoir depuis les indépendances ; ceci en dépit d'affinités culturelles et linguistiques qu'on ne trouve dans aucune autre région en Afrique.

C'est aussi pour des raisons politiques que la classe politique africaine dans son ensemble, et forte de soutiens extérieurs, a refusé de suivre Kwame Nkrumah dans son projet de construction des États-Unis d'Afrique. NKrumah était jugé trop radical par la plupart de ses pairs, et aussi accusé d'hégémonisme politique, compte tenu de la puissance économique et du prestige politique du Ghana (indépendant depuis mars 1957) au début des années 60.

2

Types d'intégration économique

Tout comme l'analyse macroéconomique distingue l'approche par l'offre de l'approche par la demande, l'intégration économique peut être conçue à deux niveaux différents : intégration des marchés (demande) et intégration de la production (offre).

L'intégration des marchés

L'objectif final dans une stratégie d'intégration des marchés est de créer un grand marché unique sous-régional, à partir des marchés nationaux des pays membres, jusque-là cloisonnés. Dans la mesure où chaque pays reste maître de son appareil de production, cette situation conduit à une vive concurrence pour la conquête de ce marché étendu.

L'avènement du marché unique passe par l'élimination des entraves de toutes sortes, qui contribuent à cloisonner les différents marchés. Ces obstacles peuvent être des barrières douanières et non douanières pénalisant la libre circulation des marchandises ; elles peuvent aussi se situer au niveau des politiques économiques : législation sur la circulation de la main-d'œuvre et des capitaux, politique monétaire, politique fiscale...

Dans une communauté économique, l'intégration des marchés ne peut être menée que de façon graduelle, suivant un certain nombre d'étapes : zone de préférences douanières, zone de libre-échange, union douanière, marché commun, union économique.

La zone de préférences douanières

La zone de préférences douanières est certainement le premier niveau, et le plus élémentaire, de l'intégration des marchés : les pays membres, dans leurs échanges commerciaux acceptent de s'accorder des réductions tarifaires beaucoup plus importantes que celles qu'ils peuvent accorder à des pays tiers (pays non membres). Il s'agit en fait des droits de porte : droits de douane et diverses taxes à l'importation.

Ainsi, dans la zone de préférences douanières, les droits de douane sont abaissés, mais ne sont pas supprimés entre pays membres.

Toutefois pour en arriver là, pour préparer le terrain, les États commencent à prendre une première mesure qui est la consolidation des droits de porte : chacun prend l'engagement de ne créer aucun droit nouveau et de ne pas augmenter les taux des droits préexistants.

La zone de libre-échange

Dans la zone de libre-échange, tous les droits de porte sont supprimés, mais chaque pays membre conserve toute autonomie dans sa politique commerciale extérieure avec les pays tiers.

Le fonctionnement d'une zone de libre-échange n'est pas sans problèmes : il peut arriver qu'un pays A importe en franchise totale, ou à des taux très faibles, un produit d'un pays tiers C, pour l'écouler librement sur le marché de son partenaire B ; celui-ci peut alors se trouver lésé parce qu'il subit des moins-values douanières, et surtout s'il se trouve que le produit en question concurrence sa propre fabrication. C'est la situation dite de *déflexion de commerce* (Balassa 1962 : 70). La solution généralement pratiquée consiste à apposer des certificats d'origine sur tous les produits en circulation à l'intérieur de la zone de libre- échange, de façon à les identifier ; mais la fraude n'est jamais complètement éliminée par cette mesure.

La zone de libre-échange peut être une formule adoptée de façon définitive par un groupe de pays qui ne cherchent pas à aller plus loin dans l'intégration des marchés : cas de l'actuelle Association européenne de libre-échange (Suisse, Norvège, Islande) pour les seuls produits industriels ; cas de l'Accord de libre-échange nord américain (États-Unis, Canada, Mexique).

La zone de libre-échange peut aussi être considérée comme seconde étape, pour accéder à des niveaux plus élevés dans l'intégration des marchés.

L'union douanière

L'union douanière conserve les acquis de la zone de libre-échange, c'est-à-dire le désarmement douanier total entre pays membres, avec une mesure supplémentaire : un *tarif extérieur commun* à l'égard des pays tiers. Autrement dit, un pays membre d'une union douanière renonce à toute souveraineté en matière de politique douanière, au profit de l'organisation.

Mais des entraves à la libre circulation des marchandises peuvent exister, même après élimination de tous les droits de porte. Ces entraves sont appelées à être éliminées dans le cadre du marché commun.

Le marché commun

Aux acquis de l'union douanière, le marché commun ajoute une disposition nouvelle : l'harmonisation des politiques économiques. L'objectif visé est double : permettre la libre circulation des facteurs de production (capital, main-d'œuvre, licences de fabrication...), et éliminer toutes mesures susceptibles de fausser la concurrence, telles que des politiques monétaires ou politiques fiscales discriminatoires.

L'union économique

L'union économique constitue l'étape finale de l'intégration des marchés. L'union économique est un marché commun assorti d'union monétaire. Il y a union monétaire lorsque des pays utilisent la même monnaie, avec centralisation commune de leurs devises et autres avoirs extérieurs, pour mener la même politique monétaire.

Certains pays d'Afrique de l'Ouest et du Centre, s'ils sont en union monétaire dans le cadre de la zone franc sont loin de l'union économique dans leurs stratégies d'intégration des marchés.

Ce schéma d'intégration des marchés, systématisé par les économistes (Balassa 1961), correspond en fait au cheminement suivi par la Communauté économique européenne (Cee) depuis sa création.

Le modèle ouest-européen d'intégration des marchés

La Communauté économique européenne (Cee) est créée en 1957 par un traité signé à Rome entre la France, l'Allemagne, l'Italie, et les trois pays du Benelux (Belgique, Hollande, Luxembourg). En 1968 tous les droits de porte et mesures de contingentement sont abolis, avec 18 mois d'avance sur le calendrier initial.

Mais de 1968 à 1985, aucun progrès n'est enregistré dans la poursuite de l'intégration des marchés. Cette stagnation est due à trois facteurs : les chocs pétroliers de 1973 et 1979, les problèmes de mise en place des nouveaux membres (Grande Bretagne et Eire ou Irlande Sud), le conflit entre la Grande-Bretagne et ses partenaires sur l'équité des cotisations.

En 1985, l'intégration franchit un nouveau pas avec l'initiative de mettre en place un marché unique (commun) à partir de janvier 1993. La Cee est une union douanière depuis 1968, mais il subsiste d'autres obstacles qui l'empêchent de devenir un marché commun : des barrières physiques (contrôle de passeports pour les voyageurs, contrôle des marchandises aux frontières pour des besoins sanitaires, statistiques et fiscaux ; des barrières techniques (absence de standardisation du matériel électrique, normes spécifiques de fabrication exigées par certains pays pour certains produits et qui ne sont qu'une forme déguisée de protectionnisme : non-admission des eaux minérales françaises en Allemagne, sous prétexte de teneur en bactéries trop élevée, non-admission sur le marché italien de *spaghetti* fabriqué en dehors des normes italiennes, refus de conférer au chocolat britannique le statut de chocolat...) ; des barrières fiscales (divergences dans les structures et taux de taxe à la valeur ajoutée).

Non seulement ces obstacles sont supprimés de façon à instituer un marché unique pour 1993, mais en 1992, un nouveau traité est signé à Maastricht (Hollande) pour transformer la Cee en Union européenne, ce qui va au-delà d'une simple intégration des marchés. En effet, la Cee avant 1993 est un marché commun ; la création d'une monnaie unique prévue par le traité de Maastricht l'a fait passer à l'étape de l'union monétaire et économique.

Le traité de Maastricht envisage aussi l'étape de l'union politique : politique étrangère et politique de défense communes, et même un hymne national qui serait la IX° Symphonie de Beethoven. Pour prévenir les risques de supranationalité, il est institué le principe de *subsidiarité* qui garantit à chaque État membre son identité individuelle, en recommandant que les décisions des parlements et des gouvernements soient prises au niveau le plus bas et le plus proche possible des citoyens. Mais cela n'a pas suffi pour dissiper les inquiétudes, comme en témoignent le mouvement de refus du traité observé lors des référendums organisés au Danemark et en France en 1992. Il faut dire que la crainte d'une domination de l'Allemagne réunifiée est très vive chez bon nombre de partenaires européens. Un sentiment qui ne fera que s'accentuer avec l'établissement du siège de la Banque centrale européenne en Allemagne.

Une autre disposition récente de la Cee a été la création de l'Espace économique européen (Eee) avec les pays de l'Association européenne de libre-échange. Cette disposition vise tout simplement à faciliter l'intégration des pays de l'Aele dans l'Ue. L'Espace économique européen avec 17 pays et 370 millions d'habitants, fonctionnelle à partir de janvier 1994, doit alors être avec l'Alena, la plus grande zone de libre-échange du monde.

Depuis sa création, la communauté s'est étendue. En 1973, la Cee s'enrichit de trois nouveaux partenaires : Grande-Bretagne, Irlande et Danemark. Dans les années 80, ce sont l'Espagne, la Grèce et le Portugal qui font leur entrée. En 1994, c'est autour de la Suède, de la Finlande et de l'Autriche. La Cee enregistre par la suite l'adhésion des anciens pays socialistes de l'Europe de l'Est. À son 50e anniversaire en 2017, la Cee devenue Union européenne en 1993 compte 26 membres.

L'intégration de la production

L'intégration économique peut être menée au niveau de la production entre pays membres, selon deux modalités : la spécialisation et la coproduction.

La spécialisation

La spécialisation peut être entreprise sur une base intersectorielle (certains pays spécialisés dans l'agriculture, d'autres dans l'industrie), ou bien sur une base intra-sectorielle (les différentes branches d'industrie sont réparties entre les pays membres, et il en est de même dans l'agriculture).

La spécialisation peut être menée sur une base de concertation, selon un plan préétabli, comme cela a été le cas dans le cadre du modèle d'intégration des pays socialistes de l'Europe de l'Est, le Conseil d'assistance et d'entraide mutuelle, Comecon ou Caem (qui n'a pas survécu aux bouleversements survenus dans ces pays au début des années 90).

La spécialisation peut aussi prévaloir dans un espace concurrentiel, induite progressivement par les mécanismes du marché. C'est le cas dans la l'Ue, où la plus grande part des échanges commerciaux porte sur des produits manufacturés. Mais ici, la spécialisation se fait moins par types de produits, que par marques commerciales à l'intérieur d'un même produit (concurrence monopolistique, comme dans l'automobile, l'électronique ...)

La coproduction

La coproduction a lieu lorsqu'une branche d'activité est exploitée de manière conjointe par deux ou plusieurs partenaires. La coproduction était très développée dans le Caem. Elle existe aussi dans l'Ue, surtout dans l'industrie aéronautique, entre la France, le Royaume-Uni et l'Allemagne, (avions Concorde, Airbus) pour concurrencer les producteurs américains Boeing et Douglas.

Exemples africains de coproduction

On trouve quelques cas de coproduction en Afrique de l'Ouest : Industries chimiques du Sénégal (Ics) et Société des Ciments de l'Afrique de l'Ouest (Cimao).

La société Ics constitue un bel exemple d'intégration de la production. D'abord par la structure de son capital social au départ. Sénégal : 28 pour cent, Côte d'Ivoire : 10 pour cent, Nigeria : 10 pour cent, Cameroun : 10 pour cent, Inde : 20 pour cent, groupes français : 22 pour cent. Ensuite par la destination de sa production : fourniture d'acide phosphorique à l'Inde (principalement) et au Nigeria ; sur la production d'engrais de 200 000 tonnes/an, la moitié est exportée vers le Mali, le Burkina, la Côte d'Ivoire, le Bénin, la Gambie, la Mauritanie, la Guinée-Conakry, le Cameroun...

La Cimao est créée en 1976 entre la Côte d'Ivoire, le Ghana et le Togo, pour un coût de 350 millions de dollars (soit plus de 100 milliards de francs Cfa) : 15 pour cent de ressources locales, 85 pour cent de contributions extérieures. L'usine, installée au Togo devait ravitailler en clinker les unités de broyage des pays membres. Mais elle n'a fonctionné que de 1980 à 1984, et d'une façon qui n'a satisfait aucun des partenaires.

Une étude a été entreprise pour le compte de la Banque mondiale (un des bailleurs de fonds) par le professeur Elliot Berg, pour analyser les causes de l'échec de l'expérience Cimao. En recoupant les données de cette étude avec d'autres éléments, on peut mettre en évidence les facteurs suivants :

– des coûts d'investissement trop élevés : il a fallu mettre en place des infrastructures supplémentaires (port, voie ferrée), ce qui s'est traduit par un coût d'investissement à la tonne de 400 dollars, contre

150 à 250 dollars en Afrique du Nord, 95 en Inde, 125 en France (Sofreco 1989) ;

– une assistance technique incompétente et extrêmement coûteuse, par le biais de sociétés de gestion : la première est remplacée au bout de deux ans par la Société des ciments français qui demande pour le poste de directeur un salaire annuel de 250 000 dollars (6 millions f Cfa par mois à l'époque) en plus des avantages en nature (logement, voiture avec carburant et chauffeur...) ; ce qui donne une idée de l'importance des frais généraux auxquels la Cimao a eu à faire face ;

– la capacité de production utilisée n'a jamais dépassé 50 pour cent, compte tenu de problèmes techniques de fonctionnement : mauvaise qualité du matériel, pénurie de mazout, incompétence de l'assistance technique... (Berg 1986) ;

– des coûts unitaires de production très élevés : le prix de revient de la tonne de clinker produit par la Cimao est de 19 000 f Cfa, alors que le clinker importé revient à 12 000 ou 13 000 f Cfa la tonne au débarquement.

C'est dans ces conditions que la Cimao a été amenée à la cessation d'activité en 1984. L'expérience n'a pas duré plus de cinq années.

L'expérience de la Société des Ciments de Onigbolo, entre le Bénin et le Nigeria n'a été plus concluante.

Ceci étant, l'intégration de la production n'est pas une alternative à l'intégration des marchés. Toute intégration de la production doit reposer sur une certaine intégration des marchés. Il se trouve seulement que l'accent doit être mis davantage sur la production ou sur le marché, selon la situation des pays partenaires, selon leur niveau de développement, lorsqu'ils s'engagent dans la voie de l'intégration économique.

Régionalisme et mondialisation

La mondialisation est un processus d'intégration des activités économiques au niveau mondial par le commerce, l'investissement extérieur direct, les mouvements de capitaux et les transferts de technologie. La mondialisation a été impulsée par l'accélération de la libéralisation du commerce induite par le remplacement du Gatt par l'Organisation mondiale du commerce (Omc) dont le champ d'intervention a été étendu aux produits agricoles, aux textiles et aux services (télécommunications, assurances, services financiers, publicité, transport, tourisme, propriété intellectuelle). La mondialisation a été rendue possible par la révolution dans les télécommunications et la technologie de l'information. Les grands acteurs de la mondialisation sont les firmes transnationales opérant dans tous les secteurs d'activité.

En fait, la mondialisation n'est pas un phénomène nouveau. Ce qui est nouveau, c'est son expansion fulgurante. Il se trouve que la tendance naturelle du capitalisme à l'expansion au niveau mondial a été ralentie durant des décennies par l'existence du camp socialiste qui a été un facteur de *fragmentation*. L'effondrement du communisme et la fin de la guerre froide ne pouvaient être que des conditions favorables à la mondialisation avec ses différentes manifestations : intégration des marchés financiers, privatisation des entreprises publiques, politiques d'ajustement structurel dans les pays africains.

Le rapport entre régionalisme et mondialisme a souvent été perçu comme conflictuel. Il y a encore quelques années, la mondialisation associée au multilatéralisme était présentée comme antinomique avec le régionalisme synonyme de blocs commerciaux et de protectionnisme. La tendance actuelle est de considérer le régionalisme comme partie intégrante de la mondialisation. Les partisans les plus connus de l'intégration régionale, notamment les pères de la construction européenne, les Français Jean Monnet, Maurice Schuman et Robert Marjolin ont tous été des mondialistes. Guy Héraud, président du Parti fédéraliste européen, estimait que le régionalisme et le mondialisme sont parties intégrantes et complémentaires du fédéralisme.

Le groupe mondialiste Bilderberg a toujours été très actif dans toutes les étapes de la construction européenne. Le régionalisme y est perçu comme une étape nécessaire, un tremplin pour le mondialisme. Et paradoxalement, on a recours au *nouveau régionalisme* pour minimiser l'impact négatif probable de la mondialisation. C'est le régionalisme de la période d'après-guerre froide et de mondialisation qu'on appelle *nouveau régionalisme*. Il est étendu à tous les continents.

3.

Les courants de pensée de l'intégration

Dans le domaine de l'intégration, on trouve un certain nombre de théories développées par des économistes occidentaux. Il existe aussi une littérature non négligeable produite par des intellectuels africains non économistes (Afrique de l'Ouest surtout) qui ont cherché à éclairer la voie de l'intégration régionale dans le continent.

Ces deux démarches sont jusqu'ici restés cloisonnées. Les économistes théoriciens de l'intégration ne sont pas en général des africanistes, et les Africains qui ont écrit sur la question ne fréquentent pas la littérature économique. Cette remarque est valable aussi pour les commentateurs ; ces derniers ne les présentent jamais ensemble, n'essaient jamais de les situer les uns par rapport aux autres, dans la perspective par exemple de s'interroger sur le degré de pertinence des théories économiques de l'intégration au regard de la situation africaine.

L'objet des propos qui suivent est de tenter de faire le point sur l'état actuel de la réflexion théorique sur le problème de l'intégration : dans la théorie économique telle que développée par des auteurs américains et européens, et dans la pensée politique occidentale et africaine. L'objectif visé est d'arriver à dégager les axes de réflexion les plus appropriés pour servir de support à une intégration performante des économies africaines.

La science politique

des ''Relations internationales''

Historiquement, dans le monde occidental, les premières réflexions sur les problèmes d'intégration ont été le fait de politologues travaillant dans le domaine des Relations internationales. Ces réflexions se situent dans la période d'après les deux guerres mondiales et dans les années 50, marquées par la guerre froide. L'intégration n'est alors perçue que comme une stratégie de paix, selon une approche économique-fonctionnaliste et une approche politique-fédéraliste.

Les deux théoriciens les plus connus de l'intégration politique sont le Roumain David Mitrany et le Tchèque Karl Deutsch, travaillant tous deux aux États-Unis.

David Mitrany

David Mitrany effectue ses travaux en Angleterre et aux États-Unis. L'avènement de la paix est sa préoccupation. Il est membre de la Fondation Carnegie pour la paix internationale. C'est en pleine guerre mondiale en 1943 qu'il publie son principal ouvrage *A Working Peace System: An Argument for the Functional Development of International Organization* (Système de paix en action. Argument pour le développement fonctionnel de l'organisation internationale).

Il part du constat que la Ligue des nations qui existe depuis 1919 (sans les États-Unis) a été incapable d'empêcher la Seconde Guerre mondiale. Raison pour laquelle il est hostile à toute organisation politique fédérale ou régionale bureaucratique qui crée plus de problèmes qu'elle n'en résout.

David Mitrany met l'accent sur les facteurs d'ordre économique privilégiés pour expliquer la nécessité de l'intégration : c'est l'économie, la technologie surtout, qui tend à rapprocher les peuples, alors que la politique en tant que telle crée des divisions artificielles et les renforce ; les forces productives économiques dans leur développement ne sont pas du tout en harmonie avec les rapports politiques qui les régissent ; autrement dit, la Politique est en retard sur l'Économie. C'est de cette contradiction que naissent les conflits internationaux, qui bien entendu, ne pourront être surmontés que par la coopération économique.

Le meilleur exemple pour appuyer cette thèse vient d'Europe. La France et l'Allemagne qui en 1950 avec d'autres partenaires créent la Communauté européenne du charbon et de l'acier (Ceca) avant la Cee avec l'argument suivant : jusqu' à présent nous avons utilisé l'acier pour nous faire la guerre, maintenant nous allons l'utiliser pour faire la paix. Bien entendu, Mitrany approuve la création de ces organisations de coopération qui vont dans le sens de son approche fonctionnaliste.

Karl Deutch

Il a été reproché à David Mitrany d'avoir négligé les facteurs politiques. La justification politique de l'intégration est surtout présente dans les travaux de Karl Deutch (1953, 1954). Celui-ci situe l'intégration politique dans une perspective *fédéraliste* (cas des États-Unis d'Amérique, de l'Union soviétique, de la Suisse...) avec la mise en place d'une autorité supranationale. Il envisage aussi la perspective *pluraliste* basée sur l'idée d'État-nation : l'intégration est recommandée à partir d'États-nations pleinement souverains. On cherche par-là à assurer entre les États des réseaux denses de communication, afin d'apaiser les foyers de tension, créant ainsi des *communautés de sécurité*, dans le seul but de promouvoir la paix internationale.

Ces réflexions méritent l'attention des Africains, car personne n'ignore que les nombreux conflits internes qui embrasent le continent depuis des années ont été un handicap lourd pour le développement. Les conflits entre pays de la sous-région de l'Afrique de l'Ouest auraient-ils pu éclater si la Ceao et la Cedeao avaient été performantes ?

La réflexion africaine sur le problème de l'intégration

L'élite intellectuelle et politique africaine a elle aussi été très tôt consciente de l'importance de l'intégration régionale pour des raisons propres au continent. Si en Europe l'intégration régionale a ses partisans et ses détracteurs, en Afrique c'est le consensus sur la question par-delà tous les clivages idéologiques et politiques : l'intégration régionale est perçue comme un instrument incontournable de développement.

La réflexion africaine sur les problèmes d'intégration revêt trois caractéristiques :

(1) Ses initiateurs ne sont pas des économistes ; raison pour laquelle ils ont une vision globale de l'intégration, non réduite à la seule dimension économique. C'est sans doute la raison pour laquelle ils n'emploient pratiquement pas le terme *intégration* qui a été introduit dans la littérature par les économistes et à une période récente.[7]

---

[7] Fritz Machlup fait remarquer qu'aucun ouvrage d'Économie internationale antérieur à l'année 1943 ne comporte le mot « integration » dans sa table d'index des matières : Machlup, Fritz (1976), "A History of Thought on Economic Integration", In F. Machlup ed. *Economic Integration* , International Economic Association.

(2) Pour l'essentiel, cette réflexion africaine sur les problèmes d'intégration a été le fait d'intellectuels de la sous-région de l'Afrique de l'Ouest : Kwame Nkrumah et Cheikh Anta Diop qui se situent dans l'approche fédéraliste ; Léopold Senghor et Mamadou Dia qui adoptent une approche pluraliste ; Barthélémy Boganda qui appartient à ce courant, est le seul non ressortissant de l'Afrique de l'Ouest.

(3) Leurs réflexions ne peuvent pas être dissociées du mouvement panafricaniste né au début du siècle dans la diaspora nègre, à l'initiative de Noirs originaires d'Amérique et des Caraïbes.

Le panafricanisme

Le panafricanisme est un mouvement politico-culturel, né au tout début du siècle hors d'Afrique, dans la *diaspora* noire. Ce terme d'origine grecque, qui signifie ''dispersion'', désigne tout le groupe d'Africains noirs transplantés en Amérique et dans les Antilles à la suite de la traite négrière. Le panafricanisme est ainsi indissociable du courant de protestation contre l'esclavage et d'affirmation de la personnalité nègre. Il est à l'origine, un mouvement de solidarité entre les Africains et les peuples de descendance africaine (Thompson 1984 : 26). Par la suite, le panafricanisme sera utilisé comme instrument de promotion de l'unité africaine, celle-ci allant même au-delà de l'intégration économique.

Les premiers animateurs du mouvement, tous des Noirs, viennent des États-Unis, des Caraïbes et d'Afrique.

Le mouvement démarre aux États-Unis, avec le *American Negro Academy* (1897), présidé par le Révérend Alexander Crummel, remplacé à sa mort par Burghart Dubois qui deviendra l'une des grandes figures du panafricanisme. D'autres associations sont créées par la suite, toutes dans la même mouvance : *Niagara Movement* (Mouvement du Niagara 1906), *National Movement for Advancement of Coloured People* (Mouvement pour l'avancement des gens de couleur 1909), *Negro Society for Historical Research* (Société noire pour la recherche historique 1911).

Le panafricanisme à ses débuts, doit beaucoup aussi aux intellectuels caraïbiens : Sylvester Williams et George Padmore tous deux de Trinidad, et Marcus Garvey de la Jamaïque.

Les premiers Africains du mouvement panafricaniste sont en dehors de l'Egyptien Duse Muhammad Effendi, tous originaires de l'Afrique de l'Ouest.

Joseph Casely-Hayford du Gold Coast (Ghana) crée le *National Congress of British West Africans* (Congrès national des ouest-africains britanniques) à Accra en 1920, sorte de réplique à la fédération de l'Afrique occidentale française.

La même année, le Nigérian Adewoye Deniga publie un pamphlet dans lequel il lance l'idée d'une fédération de l'Afrique de l'Ouest, entre le Nigeria, le Gold Coast, le Liberia, la Sierra Leone et la Gambie.

C'est un autre Nigérian, Ladipo Solanke qui crée en 1925 à Londres, le Wasu, *West African Students Union* (Union des étudiants ouest-africains).

On ne peut manquer de citer J.B. Africanus Horton de la Sierra Leone, et Edward Wilmot Blyden, Libérien d'origine antillaise, qui a exercé une grande influence sur le mouvement en Afrique de l'Ouest anglophone ; de même le Ghanéen Kwame Nkrumah et à un moindre degré, le Kenyan Jomo Kenyatta, qui feront leur apparition lors du 5e congrès panafricaniste de Manchester en 1945.

En Afrique de l'Ouest francophone, ce sont des intellectuels sénégalais qui seront les premiers à prendre contact avec le mouvement panafricaniste : Blaise Diagne, député au parlement français depuis 1914, participe au 3e Congrès panafricaniste tenu à Paris en 1919, en compagnie de Lamine Guèye et Amadou Ndiaye Duguay-Clédor, venus comme représentants du groupe *Jeunes Sénégalais*, premier embryon de parti politique créé à Saint-Louis en 1910. Il faut dire que Blaise Diagne a eu à l'égard du mouvement panafricaniste une attitude pour le moins ambigüe : c'est lui qui persuade le gouvernement français de Georges Clémenceau d'abriter le 3e Congrès à Paris, mais il n'arrêtera pas de se démarquer des revendications indépendantistes du mouvement panafricaniste.

L'Afrique de l'Ouest peut s'enorgueillir d'avoir été le terrain d'accueil du panafricanisme en Afrique, étant entendu que le lieu originel de naissance du mouvement a été l'Amérique.

Le mouvement panafricaniste tient une première Conférence à Londres en 1900 : c'est là qu'est lancé pour la première fois le mot *pan-africanisme*. Le préfixe "pan" appartient à la langue anglaise : il renvoie à tout ce qui est ''ensemble'', ''global''. D'autres conférences sont organisées par la suite, soit par le métis américain Dubois, soit par le noir Jamaicain Garvey, les deux étant en farouche rivalité. La 5e Conférence tenue à Manchester en Angleterre, la dernière, est celle du rassemblement de toutes les tendances : Garvey étant mort en 1940, la

Conférence de Manchester consacre le leadership de Dubois sur le mouvement.

Les revendications du mouvement panafricaniste peuvent se réduire à deux thèmes : 1) *L'Afrique aux Africains* (terme lancé par le médecin noir américain Martin Delany au 19e siècle) ; *les États-Unis socialistes d'Afrique*. Il s'agit donc d'un appel à l'indépendance d'abord, et à l'unité ensuite, sous la bannière du socialisme, considéré comme *la seule voie pour vaincre la faim et la pauvreté en Afrique* (Thompson 1984 : 60).

Il faut toutefois reconnaître que la prégnance du panafricanisme en Afrique n'a jamais été forte, du fait de l'hostilité des puissances coloniales. Le journal de Marcus Garvey *The Negro World* (Le Monde noir), hebdomadaire publié en anglais, en français et en espagnol, est interdit dans les colonies, et ses lecteurs sont poursuivis (Thompson 1984 : 45).

Paradoxalement, ce n'est pas en Afrique de l'Ouest, mais en Afrique de l'Est anglophone que le panafricanisme a pu se concrétiser avec le Pafmeca (*Panafrican Freedom Movement for East and Central Africa,* Mouvement de libération de l'Afrique de l'Est et de l'Afrique centrale). Le Pafmeca créé en 1958 est animé par les dirigeants politiques de la sous-région, Julius Nyerere et Kenneth Kaunda. En 1962, le mouvement étend son action à l'Afrique australe et devient le Pafmecsa (*Panafrican Freedom Movement for East, Central and Southern Africa)*.

Le mouvement panafricaniste devait servir de tremplin pour la réflexion sur l'intégration en Afrique, particulièrement chez Nkrumah.

Kwame Nkrumah

Au mois de mai 1963 se tient à Addis-Abeba la réunion des chefs d'État africains qui crée l'Organisation de l'unité africaine. C'est le moment que choisit Nkrumah pour faire paraître son livre *L'Afrique doit s'unir*[8] dont il distribue des exemplaires (en anglais et dans la traduction française) à ses pairs. Il poursuit la réflexion et publie en 1965 *Le néocolonialisme, stade suprême de l'impérialisme*[9] (non encore traduit) dont le chapitre 2 ''Obstacles au progrès économique'' (pp. 15-36)

---

[8]*Africa Must Unite* traduit en français par Lionnel Jospin.

[9]*Neocolonialism The Last Sage of Imperialism*, London : Thomas Nelson and sons Ltd, 1965.

reprend de façon résumée l'essentiel de ses thèses sur l'unité africaine développées dans l'ouvrage précédent.

Nkrumah s'interroge sur le pourquoi et le comment de l'unité africaine ; autrement dit, la nécessité de l'unité africaine et les modalités de sa mise en œuvre. La première raison invoquée pour justifier le regroupement est la fragmentation de l'Afrique en de nombreux et petits États non économiques, non viables, luttant pour leur survie (1965 : 25).

Ce qui en fait des proies faciles pour les forces néocoloniales. La dépendance politique et l'exploitation économique auxquelles ils sont ainsi soumis bloquent leur développement. Pour lui, la dépendance est un obstacle au développement. Or, plus un État est petit, moins sont réunies les conditions de son indépendance économique (1965 : 26).

Le regroupement des États africains est la seule voie de sortie de cette situation. L'Afrique ne peut se développer au plan industriel par l'exploitation de ses ressources naturelles qu'en créant des unités économiques viables, ce qui passe par la suppression de ses frontières artificielles. La vision de l'unité africaine chez Nkrumah exclut à la fois l'approche pluraliste (l'idée de coopération entre États-nations souverains) et l'approche fonctionnaliste (qui réduit le regroupement à la seule coopération économique sur une base sous-régionale). Il met en garde contre les fédérations régionales et soutient que l'unité économique, pour être effective, doit s'accompagner d'unité politique ; les deux sont inséparables (1965 :30).

Si le panafricanisme classique préconise l'indépendance d'abord et l'unité ensuite, Nkrumah qui s'en réclame préconise d'utiliser l'unité comme arme pour acquérir une véritable indépendance, différente de *l'indépendance formelle du drap et de l'hymne national*, qui a été octroyée aux pays africains. C'est ainsi que dit-il,

> L'Afrique s'est libérée du colonialisme des États européens pour tomber sous la domination néocoloniale des firmes multinationales industrielles, commerciales et bancaires. C'est de celles-ci qu'il faut à présent se libérer. Comme elles ont une stratégie panafricaine de domination, il faut en toute logique leur opposer une stratégie panafricaine collective de résistance, c'est- à- dire l'unité à l'échelle du continent.

L'unité ayant permis la libération réelle de l'Afrique sera aussi l'instrument de son développement, en ouvrant des marchés plus grands pour ses industries, et en renforçant sa capacité de négociation pour obtenir des prix plus élevés pour ses produits et une imposition plus adéquate des profits étrangers.

Cependant, Nkrumah est conscient du danger qui guette l'intégration des économies africaines : c'est, selon ses propres termes, la « croissance économique inégale ». Ainsi, rappelle- t-il, la Rhodésie du Sud, le Kenya, Brazzaville, Abidjan et Dakar ont été les seuls bénéficiaires des expériences coloniales de regroupement économique, au détriment de leurs partenaires. C'est ce qui l'amène à préconiser un schéma d'intégration par la production par voie de spécialisation sur une base d'avantages comparatifs :

> Nous avons besoin de nous réorganiser complètement, de telle sorte que chaque pays se spécialise en produisant les biens et produits agricoles pour lesquels il est le mieux placé (p. 27).

C'est aussi en toute logique que Nkrumah propose la mise en place d'un plan global des transports et communications répondant aux besoins de l'Afrique, une politique militaire et diplomatique unifiée pour des besoins évidents de sécurité et de liberté (p. 30) et une monnaie commune (p. 25). Mais il est resté isolé dans sa démarche. La plupart des autres chefs d'État africains, plus sensibles aux sirènes extérieures qu'au courant unitaire qu'il préconise, vont jusqu'à assimiler le panafricanisme à une idéologie ghanéenne de tentative de domination du continent.

Cheikh Anta Diop

À la différence de Nkrumah, Cheikh Anta Diop ne s'est pas appuyé sur le panafricanisme. Sa réflexion sur l'intégration africaine ne peut être dissociée des thèmes centraux de ses grandes œuvres : *Nations nègres et culture* (1954), *L'Unité culturelle de l'Afrique noire* (1959), *L'Afrique noire précoloniale* (1960). Des œuvres qui ont fait sa renommée. Rappelons l'essentiel de ses propos :

1) L'Afrique noire est le berceau de l'humanité : c'est dans la vallée du Nil en Afrique de l'Est qu'est apparu le premier homme sur terre, comme en témoignent les arguments puisés dans l'anthropologie historique et culturelle (totémisme, circoncision, royauté, cosmogonie, organisation sociale, matriarcat), comme dans l'anthropologie physique[10].

[10]Ch. A. Diop a dans son laboratoire Carbone 14 de l'Ifan à Dakar, analysé des échantillons de peau prélevés sur des momies égyptiennes du Musée de l'Homme à Paris : il y a découvert un taux de mélanine élevé, caractéristique des Noirs africains. Il a demandé en vain à accéder au Musée du Caire pour y entreprendre les mêmes analyses sur les momies des pharonsThoutmosis, Sethi et Ramsès.

2) L'Afrique noire est marquée par une profonde unité : unité culturelle ; unité linguistique (toutes les langues négro-africaines dérivent de l'égyptien pharaonique qui n'est pas une langue sémitique comme l'arabe) ; unité ethnique en dépit de toutes les apparences (*les murs que nous dressons entre les autres Africains et nous-même, ne symbolisent que l'épaisseur de la méconnaissance du passé ethnique africain*) ; unité sociologique avec la prédominance partout en Afrique du matriarcat, même s'il est altéré parfois par les influences islamique, chrétienne et coloniale.

3) Les habitants de l'Égypte ancienne, l'Égypte pharaonique, étaient des Nègres. Il s'appuie en cela sur les travaux des historiens grecs de l'Antiquité, comme Diodore de Sicile, Strabon et du Romain Pline l'Ancien ; les mêmes qui soutiennent que les grands penseurs grecs comme les philosophes Socrate, Platon, Aristote, les mathématiciens Pythagore, Thalès… ont été formés dans l'Égypte pharaonique. C'est cette Égypte noire qui a été l'institutrice de la Grèce, qui l'a civilisée. Et la Grèce antique est considérée comme le berceau de la civilisation occidentale.

Ch. A. Diop, à la différence des penseurs du panafricanisme, va donc beaucoup plus loin dans le passé de l'Afrique, pour préconiser l'intégration. C'est bien pour cela qu'il est sans doute le penseur africain qui a élaboré le projet d'intégration le plus consistant et le plus cohérent pour l'Afrique, dans son ouvrage *Les fondements économiques et culturels d'un État fédéral d'Afrique noire* (1960), dont la première ébauche remonte à 1952.

Ce travail pionnier de Ch.A. Diop est une véritable esquisse de Plan à long terme de développement économique et social pour l'Afrique, anticipant en bien des points, sur les propositions du *Plan d'Action de Lagos* (1980) : il se fixe une finalité en termes de buts et objectifs ; il se livre à un inventaire des ressources naturelles du continent ; enfin, il détermine des moyens par la formulation de stratégies et politiques.

Le problème de la finalité est posé au départ à deux niveaux : un but politique, qui est *la libération de l'Afrique*,et un objectif économique qui est son développement *faire de l'Afrique Noire un paradis terrestre* (p. 72). Tout comme Nkrumah, il est conscient que l'indépendance politique est inséparable du développement économique. L'inventaire des ressources est dressé, du fait de la nécessité d'une connaissance approfondie de la société africaine et de l'Afrique sous tous leurs aspects : passé, langues, ethnies, potentiel énergétique, matières premières... (p.6).

L'accent est particulièrement mis sur l'énergie : *Au commencement est l'énergie ; tout le reste en découle.* (p. 7). Le potentiel d'énergie hydro-électrique existe avec le site de Inga au Zaïre (actuelle République démocratique du Congo), à partir duquel, écrit-il, il est possible d'électrifier tout le continent.

Ch.A. Diop en arrive alors au problème des moyens. Il propose sa stratégie d'intégration : un État fédéral pour l'ensemble de l'Afrique noire, allant d'Ouest en Est, de l'océan Atlantique à l'océan Indien, et du Sud au Nord, du Cap (Afrique du Sud) au tropique du Cancer (ligne de démarcation avec le Maghreb). L'État fédéral africain puise ses fondements à trois niveaux : dans la culture africaine qui est une dans sa diversité, dans le passé avec la tradition des grands empires précoloniaux (Mali, Ghana, Songhai), dans la conjoncture politique et économique de la seconde moitié du 20[éme] siècle. *C'est un souci élémentaire de survie qui doit nous amener à construire l'Etat fédéral africain dans les meilleurs délais* (p. 31).

Une fois circonscrit le cadre général d'intégration, il est proposé un ensemble de politiques sectorielles de développement dans l'agriculture et l'industrie (*L'Afrique a une vocation industrielle contrairement aux allégations courantes*), les transports, la technologie et la science, le financement...

Ces politiques sectorielles de développement auront pour cadres des régions naturelles au nombre de huit, spécialisées chacune dans des activités particulières et complémentaires, selon leurs dotations en ressources :

– le Bassin du Congo Kinshasa (actuelle Rdc) pour l'industrie lourde;

– la région du Golfe du Bénin (Nigéria, Dahomey, Togo, Cameroun), lieu naturel de l'industrie métallurgique, de l'industrie chimique du bois et des pneumatiques ;

– la région Ghana-Côte d'Ivoire abritant une forêt *qui a un destin essentiellement chimique* ;

– la zone Guinée-Sierra Leone-Liberia (l'actuelle Union Mano River), région par excellence de la métallurgie et de l'aluminothermie de par la présence de fer, de bauxite et d'énergie hydraulique avec le barrage de Konkouré en Guinée ;

– la zone tropicale (Sénégal-Mali-Niger) propice pour les industries du textile, du ciment, de la pêche ;

– le Soudan Nilotique-les Grands Lacs -l'Éthiopie, site favorable pour la construction navale au port de Mombasa ;

– le Bassin du Zambèze, ''la Ruhr africaine'' ;

– enfin, l'Afrique du Sud déjà industrialisée.

Le schéma ainsi proposé par Cheikh Anta Diop se révèle comme un véritable programme d'intégration de la production par voie de spécialisations sous-régionales, précédant ainsi d'une bonne dizaine d'années les travaux de l'économiste hongrois Imre Vajda (dont il est question plus loin).

Ce qui manque dans l'œuvre de Ch.A. Diop, c'est la réflexion économique sur les perspectives d'intégration des marchés, parce qu'il n'est pas économiste. Pourtant il en a pleinement conscience, car il appelle de tous ses vœux la rédaction d'un ouvrage spécial consacré à l'étude du marché africain, en vue d'organiser l'économie des États africains (p. 117).

Il est aussi tout à fait conscient du caractère ambitieux de son programme d'intégration. Aussi préconise-t-il dans la dernière édition du livre (1974), de démarrer avec une expérience-test à partir de la sous-région de l'Afrique de l'Ouest :

> L''Afrique de l'Ouest doit profiter des facilités que lui donne l'histoire pour devenir sans délai un État fédéral puissant, capable de libérer le reste du continent.

Pourquoi l'Afrique de l'Ouest ? C'est dit-il, parce que la sous-région n'a pas été une zone de peuplement (à la différence de l'Afrique de l'Est et du Sud), et a eu son indépendance sans guerre (p. 43/44). Il demande aux gouvernements africains de se presser pour construire l'État fédéral africain *avant que nos États s'ossifient pour devenir inaptes à la fédération.*

Léopold S. Senghor

Senghor, à la différence de Nkrumah et Cheikh Anta Diop n'a pas écrit de livre spécifique sur l'intégration. Ses réflexions sur la question se trouvent dans des articles, des discours publiés dans *Liberté I. Négritude et humanisme,* et *Liberté II. Nation et voie africaine du socialisme.*

Il situe sa démarche dans la conception politique-pluraliste de l'intégration. Il lui paraît utopique de chercher à fédérer l'Afrique dans son ensemble tout de suite. Il faut procéder par étapes, selon une approche par ''cercles concentriques'': à partir des aires linguistiques de colonisation (française, anglaise, portugaise), mettre en place des unions sous-régionales sur la base d'affinités culturelles africaines. Les unions sous-régionales francophones sont appelées à s'unir politiquement à la France pour former la *Communauté impériale française* qui doit servir de modèle aux autres, pour la mise en place d'un ensemble plus vaste, la communauté *Eurafrique.* Donc, intégration horizontale des pays africains sur une base culturelle, puis intégration verticale à l'Europe sur une base politique.

Mais la base d'intégration horizontale doit être aussi restreinte que possible pour donner lieu à de petits sous-ensembles culturellement homogènes ; parce que l'unité culturelle de l'Afrique, *l'africanité*, qu'il définit comme *somme des valeurs africaines* n'existe que dans la diversité :

> Osons le dire enfin : les différences ethniques, linguistiques et culturelles ne seront pas effacées. Nous devrions reconnaître ces différences complémentaires... Nous devrions même les organiser dans les unions régionales. J'en envisage trois : l'Afrique du Nord, l'Afrique de l'Ouest, l'Afrique de l'Est, en attendant que l'Afrique du Sud soit libérée. Chacune de ces unions pourrait à son tour être divisée en unions plus petites (*Paris-Dakar*, numéro du 10/10/1954).

Autrement dit, il faut faire *l'Afrique des patries*, à l'image de *l'Europe des patries* chère au général De Gaulle.

Senghor s'est illustré comme doctrinaire de *l'Eurafrique* terme apparu sous sa plume au début des années 50, pour désigner le type de relations particulières que l'Europe doit entretenir avec l'Afrique, dans un contexte colonial :

> L'Europe a sauvé l'Afrique au 19e siècle en la sortant de l'isolement et en mettant ce continent sur le chemin de la modernisation... Maintenant l'Afrique doit aider l'Europe qui a perdu sa position dominante dans le monde au profit des deux colosses : les États-Unis et l'Union soviétique. La création de l'Eurafrique sera la meilleure manière de sauver l'Europe et la seule voie pour lui restituer son prestige passé (*Paris-Dakar*, numéro du 22/12 /1953).

L'Eurafrique, c'est aussi un certain type de division internationale du travail, ainsi justifié :

> L'Europe et l'Afrique isolées ne pourront pas résister aux blocs. L'Europe industrialisée mais manquant de ressources naturelles sera renforcée par l'intégration économique avec l'Afrique (*Paris-Dakar*, 31/05/1954).

Par la suite, Senghor justifie la nécessité politique de construire l'Eurafrique par une motivation d'ordre stratégique :

> L'Eurafrique devra contrebalancer le poids de l'Union soviétique et des États-Unis (Paris-Dakar, 23/09/1957).

C'est légitimement qu'en novembre 1978 Senghor reçoit le '' Prix Eurafrique'' (avec le Luxembourgeois Gaston Thorn) après avoir représenté la France à l'Assemblée du Conseil de l'Europe à Strasbourg en 1949 en tant que parlementaire.

Mamadou Dia

De l'œuvre abondante de Mamadou Dia, on peut retenir au regard des problèmes d'intégration trois publications : *Réflexions sur l'économie de l'Afrique noire* (1953), *Nations africaines et solidarité mondiale* (1960) et *Émancipation des économies captives* (1976).

M. Dia, comme tous les hommes politiques de sa génération ne peut manquer d'évoquer le thème de l'unité africaine lorsqu'il écrit, surtout à la veille des indépendances. Seulement, il ne se contente pas d'énoncés vagues, de vœux pieux : un procédé qu'il condamne d'ailleurs :

> On dénonce avec véhémence les divisions instituées par les autorités coloniales. Mais aucune tentative sérieuse, désintéressée, n'est faite pour réparer le mal, opérer des regroupements inspirés par un souci sincère d'unité (1960 : 28).

Il donne un contenu concret à l'unité africaine : construire de grands ensembles économiques. Mais à quelles fins ? Pour lui, les grands ensembles économiques sont un moyen pour promouvoir une indépendance réelle et le développement :

> Il n'y aura pas de croissance ni de développement conférant une indépendance réelle à l'égard des économies de puissance constituées et qui tendent à renforcer leur domination, qu'elles soient d'inspiration socialiste ou capitaliste, en dehors de vastes communautés dont le cadre brise les limites territoriales traditionnelles (1960 : 82)…

> ... Le chemin d'une indépendance réelle de l'Afrique fondée sur l'assise solide d'une économie forte passe nécessairement par de grands regroupements qui permettent la mise en commun de pôles, de centres et d'axes de développement (1960 : 83).

La justification est donc d'ordre économique. Pour justifier la nécessité de la Fédération du Mali entre le Sénégal et le Soudan (actuel Mali), il se réfère à des facteurs économiques, mais aussi culturels et historiques :

La référence commune aux mêmes sources historiques, l'appartenance à la même aire de civilisation traditionnelle, la complémentarité des deux économies (1960 : 108).

La Fédération du Mali doit aussi être un jalon dans la construction d'un marché commun africain :

> Un des objectifs de la fédération du Mali sera de favoriser par tous les moyens la création d'un marché commun africain (1960 : 126).

Est-ce à croire que tout processus d'intégration réussie sur le continent doit passer obligatoirement par l'Afrique de l'Ouest ? En tout cas on trouve un propos identique chez Cheikh Anta Diop.

On se doute bien que M. Dia a continué à écrire après l'éclatement de la Fédération du Mali. Quel a été l'impact de cet évènement sur ses conceptions antérieures ? Pour lui, il n'est pas question de renoncer à ses convictions antérieures au plan du principe :

> Ce n'est pas la théorie de la solidarité qui est en cause ici, ni celle de la nécessité de l'unité africaine. Ce n'est pas la politique des grands ensembles qui se trouve démentie par les évènements. Tout au plus pourra-t-on noter que l'éclatement du Mali contrarie et nos théories sur la formation de la nation africaine, et nos thèses sur le processus d'élaboration des grands espaces économiques (1960 : 137-138).

Ce qui est remis en cause par la réalité des faits, ce sont les modalités de construction des grands ensembles. Pour lui, l'erreur a été de ne pas avoir suffisamment pris en compte ce fait crucial qu'est le *micro-nationalisme*, produit naturel du *territorialisme* créé par la colonisation : c'est ce qui a fait que ni les populations sénégalaises, ni les populations soudanaises n'ont vraiment eu la fibre unitaire ; il faudra donc à l'avenir, *apprendre à apprivoiser, à policer le micro-nationalisme et le territorialisme*. C'est la leçon salutaire à retirer de cette expérience :

> ... Loin donc de se trouver compromise par l'éclatement de la Fédération du Mali, ce sont des chances nouvelles qui s'offrent à l'œuvre de regroupement, des perspectives immenses qui s'ouvrent devant nous.

Quelles sont ces perspectives nouvelles ?

C'est la voie de la coopération multinationale sur la base des indépendances nationales... la coopération se bornera pour ménager l'avenir, à une souple coordination des politiques nationales dans les domaines économique, social, culturel, technique, entre États africains de l'Est et de l'Ouest, quelle que soit la zone d'influence linguistique, quelles que soient les divergences d'orientations idéologiques (1960 : 144).

Deux idées intéressantes sont à retenir de ce propos :

(1) il n'est plus question d'intégration totale, mais de simple coopération par la coordination des politiques dans des domaines précis. L'auteur passe ainsi de la conception fédéraliste à la conception fonctionnaliste de l'intégration prenant en compte cette réalité de l'Afrique du 20ᵉsiècle qu'est le micro-nationalisme. Autrement dit, il faut faire comme l'a dit Senghor *l'Afrique des patries.* On peut dire que le micro-nationalisme dont parle Mamadou Dia apparaît lorsque les États ont atteint le stade de l'ossification, comme le craignait Cheikh Anta Diop.

(2) Aucun pays africain n'est exclu de ce dispositif de coopération sous prétexte de différence linguistique : c'est là une grande différence avec la Communauté impériale française préconisée par Senghor.

Ce constat lucide sur l'expérience avortée de la Fédération du Mali doit plutôt confiner à l'optimisme pour ce qui est de l'avenir de l'intégration africaine. C'est sur cette note qu'il termine son ouvrage *Nations africaines et solidarité mondiale* :

> ... À cet égard, la fin de l'existence de la Fédération du Mali ne doit pas être célébrée avec des tam-tams de funérailles, mais mérite d'être saluée comme un grand jour qui se lève sur un continent frémissant d'espoir (1960 : 145).

Barthélémy Boganda

Boganda aussi, est comme les panafricanistes un apôtre de l'indépendance africaine et de l'unité : *L'unité c'est la vie, la division, c'est la mort* (rapporté par Penel : 394). Son souci est de faire de l'Afrique équatoriale française un État unique, la République Centrafrique, devant inclure le Gabon, le Moyen-Congo, le Tchad[11] et son propre pays, l'Oubangui Chari (actuelle République centrafricaine), qui ont en commun la culture Bantou. Mais, Boganda qui est un homme

---

[11] Une objection tout de même à propos du Tchad : la culture bantou et le Christianisme ne sont pas prépondérants dans ce pays.

d'église, ne conçoit pas l'intégration sans le ciment de la chrétienté ; son rêve est de faire *les États-Unis de l'Afrique latine.*

Tout comme Senghor, Boganda est partisan de l'intégration verticale avec la France : l'État fédéral de Centrafrique qu'il préconise doit constituer avec la métropole un État confédéral. Pour promouvoir son projet confédéral, il compte beaucoup sur le Mesan (Mouvement de l'évolution sociale en Afrique noire) qu'il crée en 1950.

Les travaux des intellectuels africains sur l'intégration sont en réalité moins des théories que des programmes d'action indiquant la voie à suivre. Leur intérêt principal est de se situer d'emblée dans une perspective de développement, et de coller davantage aux préoccupations du continent. Au plan méthodologique, ils procèdent plutôt par une approche pluridisciplinaire (anthropologique) : c'est certainement l'approche de loin la plus féconde pour penser les problèmes du développement. Cheikh Anta Diop et Kwamé Nkrumah sont les Africains dont les thèses s'articulent le plus autour de ce qu'on appelle actuellement l'intégration économique.

La théorie économique

Les théories de l'intégration développées par les économistes se situent sur un autre registre : l'allocation optimale des ressources et le développement économique. La théorie économique de l'intégration dans son état actuel s'articule autour de l'approche de l'intégration des marchés avec l'Américain Jacob Viner et l'approche de l'intégration de la production avec le Hongrois Imre Vajda.

La théorie des unions douanières : *Jacob Viner*

Le courant néoclassique de pensée économique qui se confond avec le libéralisme, ne peut que privilégier l'approche par le marché. Dans le domaine de l'intégration, l'analyse a été longtemps dominée par la théorie des unions douanières de l'Américain Jacob Viner dans son ouvrage *The Customs Unions Issue* (*Le problème des unions douanières* 1950). Viner était professeur d'Économie internationale à l'université de Chicago. et consultant du groupe mondialiste Carnegie Endowment for International Peace.

Rappelons qu'il y a union douanière lorsque dans le cadre d'un groupe de pays, les droits de porte sont supprimés dans les échanges commerciaux, et que les échanges avec les pays tiers sont régis par un tarif extérieur commun. Pour Viner, le fonctionnement d'une union douanière engendre un effet de *création de commerce* au profit des partenaires, et un effet de *détournement de commerce* au détriment des pays tiers, et aussi de l'allocation optimale des ressources à l'échelle mondiale.

Dans le cas de création de commerce, des échanges commerciaux nouveaux ont lieu entre les partenaires qui viennent de s'engager dans la voie de l'union douanière ; ce qui contribue à une meilleure allocation des ressources, dans la mesure où pour des produits similaires, c'est le pays qui a le coût de production le plus faible qui finira par s'imposer sur le marché, éliminant ainsi les autres concurrents moins efficaces. Si par exemple dans une union douanière à deux partenaires, pour un produit donné, le coût unitaire de production est de 100 pour le pays A et de 80 pour le pays B, le produit du pays A sera automatiquement éliminé du marché communautaire.

Dans le cas de détournement de commerce, on fait intervenir un pays tiers C, ayant un coût unitaire de production de 60 par exemple ; mais son produit ne pourra pas s'écouler sur le marché communautaire protégé par un tarif extérieur commun, mettons de 30, qui portera son produit à 90 pour le rendre non compétitif. Ce détournement de commerce potentiel se traduit bien entendu par une situation d'allocation sous-optimale de ressources.

Pour Viner, l'effet négatif de détournement de commerce est de loin supérieur à l'effet positif de création de commerce. Si bien que dans l'ensemble, les unions douanières qui ne sont rien d'autre que des formes de protectionnisme collectif, sont préjudiciables à une allocation optimale des ressources à l'échelle mondiale. La réflexion de Viner se présente ainsi comme un plaidoyer contre les unions douanières. Il a cherché à s'opposer aux auteurs qui pensaient que le libre- échange universel étant l'idéal qu'on ne peut atteindre, l'union douanière pouvait être une solution de moindre mal, une *seconde meilleure solution*, car permettant d'assurer une bonne allocation des ressources, même si ce n'est pas de façon optimale. C'est sur cette base que sera développée la *théorie du second best* qui écarte toute procédure d'optimisation au compte- goutte : en dehors de la situation de libre-échange intégral, aucune allocation satisfaisante des ressources n'est possible (Lipsey, Lancaster 1956/57)

Les critiques de J. Viner : Gehrels, Lipsey, Scitovski

La démarche de Viner a été contestée par un certain nombre d'économistes néoclassiques d'abord au niveau de ses hypothèses. En effet, dans un modèle économique, ce sont toujours les hypothèses de départ qui déterminent les conclusions de politique économique. Au départ, Viner considère comme données les dotations en facteurs de production, la technologie, la population, la demande, les termes d'échange, et raisonne à partir d'un seul produit. Il conduit sa réflexion dans le cadre d'un univers complètement statique qui ne correspond pas à la réalité : tous les éléments qu'il suppose constants sont en fait en mouvement.

Si ces hypothèses sont modifiées pour être plus conformes à la réalité, l'impact positif de l'effet de création de commerce se trouve fortement renforcé, et l'union douanière n'est plus alors incompatible avec l'allocation optimale des ressources comme l'ont montré Gehrels (1956/57), Lipsey ;(1956/57, 1957, 1960) Meade (1966), .Johnson; (1965). L'introduction du temps permet surtout de faire intervenir le phénomène des économies d'échelle (Scitovski 1958) : le coût unitaire de production de 80 f du pays B était déterminé par la seule dimension du marché national B ; avec la constitution du marché communautaire (A+B), on est en droit de s'attendre à une baisse sensible de ce coût de production, qui peut même devenir inférieur à celui du pays C. Ce qui renforce encore l'impact positif de l'union douanière.

Le lancement de la Cee à la fin des années 1950 a été l'impulsion de la littérature économique sur l'intégration économique. Auparavant, c'est à la fin de certains manuels d'Économie internationale (C.P. Kindleberger, *International Economics*) qu'on pouvait trouver en rajout un chapitre sur l'intégration économique. À la suite de Viner, le premier ouvrage sur l'intégration économique dans son ensemble est celui de Bela Balassa *The Theory of Economic Integration*, 1961. Le second est celui du Hollandais Jan Tinbergen, *International Economic Integration,* 1965.

Approche par l'intégration de la production : Imre Vajda

L'approche de l'intégration de la production est introduite dans la théorie économique par Imre Vajda *The Role of Foreign Trade in a Planned Economy*, (Le rôle du commerce extérieur dans une économie planifiée, 1965). Vajda, à la différence des autres économistes marxistes, part explicitement de la théorie des coûts comparés de Ricardo, pour préconiser à l'intérieur de l'espace communautaire une spécialisation entre pays membres sur une base *intra-sectorielle* : division du travail attribuée de façon volontariste à l'intérieur du secteur industriel ; division du travail à l'intérieur du secteur agricole à partir des dotations naturelles en facteurs.

La grande différence avec Ricardo est que ce dernier ne concevait la division internationale du travail que sur une base *inter-sectorielle* : certains pays devant se spécialiser dans l'agriculture, d'autres dans l'industrie[12]. C'est cette conception de la spécialisation et de la division internationale du travail qui a de tout temps régi les rapports Nord-Sud. Dans le cadre d'un ordre économique international de type nouveau, la théorie des coûts comparés conserve toute sa validité, mais dans la conception d'une division intra-sectorielle du travail comme le préconise Vajda.

Le mérite de Vajda a été de mener son analyse à partir de la théorie des coûts comparés de Ricardo que Marx n'a pas abordé (*Le Captal* est un ouvrage inachevé). À la différence de bon nombre d'économistes marxistes qui ont négligé les problèmes d'Économie internationale où ils ne pouvaient pas s'appuyer sur la caution de Marx.

Le problème maintenant est de savoir si, et à quel degré, ces théories économiques de l'intégration peuvent régir des expériences de construction communautaire entre pays africains.

Les théories économiques de l'intégration et l'Afrique

L'hostilité de Viner à l'égard des unions douanières peut se comprendre facilement : Au sortir de la Seconde Guerre mondiale, l'ambition dans certains milieux aux États-Unis est que le pays, le seul dont l'appareil de production est resté intact, soit le fournisseur quasi exclusif du reste du monde en produits manufacturés. Seulement, les perspectives de construction d'unions douanières en Europe après l'expérience du Benelux (1944) se profilent comme une menace de

[12] ... « C'est ce principe qui fait que le vin doit être fabriqué en France et au Portugal, que le blé doit être cultivé aux États-Unis et en Pologne, et que les biens manufacturés et autres produits soient fabriqués en Angleterre ": Ricardo (1817) *The Principles of Political Economy and Taxation,* Everyman's Library, p. 81.

protectionnisme collectif pour ces ambitions d'hégémonisme industriel américain.

Quant aux critiques européens de Viner, ils ont tout simplement cherché à défendre le bien-fondé des unions douanières, en faisant ressortir leurs aspects positifs du point de vue de l'allocation optimale des ressources, mais circonscrite seulement à l'échelle sous-régionale, sans considération aucune pour un optimum mondial, dont la répartition des avantages ne peut être déterminée que par les rapports de force.

Les économistes néoclassiques qui situent leurs analyses en dehors du champ des unions douanières ne sortent pas pour autant du cadre de l'intégration des marchés.

> L'intégration économique n'est qu'une politique de régulation du commerce international (Tinbergen 1965 : 57) ;
>
> L'intégration économique n'est rien d'autre que cette branche de la théorie des droits de douane qui traite des effets des modifications discriminatoires des barrières commerciales dans un espace géographique (Lipsey 1960 : 261/262);
>
> L'intégration économique peut être définie comme une situation d'absence de discrimination de la part des gouvernements, entre pays membres (Balassa 1961 : 2).

La discrimination peut se situer au niveau des barrières tarifaires et non tarifaires qui entravent le commerce ; la discrimination peut aussi être le fait de politiques économiques divergentes. Si bien que pour Balassa, l'intégration économique ne peut pas se concevoir sans harmonisation des politiques économiques (fiscalité, taux d'intérêt...)

Il est certain que les Africains ne peuvent souscrire à un projet comme celui de Viner, qui proscrit tout regroupement sous-régional assorti de mesures de protectionnisme industriel ; parce que l'histoire économique ne nous donne pas l'exemple d'un seul pays qui est arrivé à développer son industrie sans protection douanière : ni les États-Unis, ni l'Europe au 19e siècle, ni le Japon, ni les nouveaux pays industrialisés d'Asie dans la période contemporaine. Au début de tout processus d'industrialisation, les coûts de production (donc les prix au consommateur) sont inévitablement plus élevés pour des produits de moindre qualité. Seulement, les *effets externes* de long terme sont infiniment plus déterminants : création d'emplois, impulsion à la recherche scientifique et technologique, acquisition de savoir-faire, indépendance économique... Le problème est d'arriver à une protectionoptimale, qui ne dure pas indéfiniment.

Mais les pays africains doivent-ils pour autant adopter exclusivement l'union douanière comme politique de développement? L'union douanière a incontestablement fait ses preuves dans la Communauté économique européenne. Cependant, on ne doit pas oublier qu'il s'est agi au départ d'un groupe de pays déjà développés, dotés d'infrastructures de production, de communication et de financement assez solides. Des pays où l'intégration physique était réalisée. Si bien que l'union douanière ici s'est révélée comme une politique efficace de poursuite de la croissance économique. Mais lorsqu'il s'agit d'un groupe de pays à développer, la seule union douanière a toutes chances d'être une mesure inappropriée. Qui peut prétendre que l'Union douanière Sud-africaine a contribué au développement des petits pays membres comme le Botswana, le Lesotho, le Swaziland ?

L'économiste français François Perroux a très tôt mis en garde contre une telle démarche :

> Emprunter la théorie de l'union douanière aux expériences occidentales et la transposer aux républiques africaines d'expression française, c'est méconnaitre la réalité (1962 : 168).

N'y a- t-il pas alors lieu de s'interroger sur la pertinence du modèle d'intégration jusque- là adopté ? On ne peut que souscrire à cette thèse d'un économiste critique de l'approche de l'intégration exclusive des marchés :

> L'intégration des pays sous-développés doit être traitée dans une approche de développement économique, et non comme un problème de tarif douanier (Jaber 1971).

C'est en partant d'un raisonnement similaire, que Vajda fait la distinction entre *intégration de la production et du développement* et *intégration des marchés.* Sa préoccupation est de trouver une stratégie efficace de développement pour les pays de l'Europe de l'Est sous-développé et de plus ravagés par la guerre. La démarche de Vajda peut d'ailleurs dans une certaine mesure être rapprochée de celle de Tinbergen lorsque celui-ci introduit la différence *entre intégration négative* et *intégration positive*. Dans le premier cas, il s'agit de supprimer les obstacles au commerce, ce qui peut s'apparenter à l'intégration des marchés ; dans le second cas, il est préconisé de mettre en place des structures nouvelles et appropriées. Pour Tinbergen, c'est dans le souci d'éviter toute distorsion au mécanisme du libre-échange. Mais on peut aussi interpréter l'intégration positive comme moyen de mettre en place les infrastructures d'intégration physique porteuses de développement, ce qui la rapproche de l'intégration de la production et du développement.

En fait, l'intégration de la production et l'intégration des marchés au lieu de s'exclure doivent être considérées comme les deux faces d'une même stratégie de développement. Ce n'est que dans ce cas qu'elles peuvent se révéler pertinentes pour les pays africains. Cependant, toutes ces théories présentent un même inconvénient : elles ont été conçues en fonction de préoccupations particulières, dans un environnement socio-économique qui, en dépit de certains points communs, n'est pas tout à fait celui de l'Afrique.

Une théorie économique est toujours conçue en fonction des préoccupations d'un moment, dans un contexte donné. Cela est aussi valable pour les théories économiques de l'intégration : elles ne sont conçues au départ que pour les seuls besoins des pays industrialisés. Il semble que la première tentative de théorie économique de l'intégration dans un contexte de sous-développement ait été le fait du Britannique Brown dans un article de 1961. Mais cette étude et celles qui l'ont suivie dans cette perspective (Robson, Hazlewood, ...) ont surtout cherché à évaluer les gains et les pertes pour les partenaires de l'union douanière, en partant de l'expérience de la Communauté économique de l'Afrique de l'Est. Tous ces travaux se situent donc dans la perspective de l'intégration des marchés.

4.

La balkanisation

Le terme *balkanisation* est devenu le point de référence obligé dans tout projet de regroupement politique ou économique en Afrique. La paternité de ce terme, entré définitivement dans le vocabulaire politique et repris dans presque toutes les langues indo-européennes, est généralement attribuée à Léopold S. Senghor[13]. C'est en 1957, que Senghor l'utilise pour la première fois, en dénonçant le morcellement politique de l'Afrique opéré par la loi-cadre.[14] Senghor se réfère alors à la situation survenue dans la région des Balkans en Europe : celle qui a vu l'ancien empire Ottoman morcelé en une poussière de petits États (Albanie, Bulgarie, Grèce, Turquie, Yougoslavie...).

Selon Cheikh Anta Diop, le terme *balkanisation* n'est pas de Senghor qui n'a fait que plagier le journaliste français André Blanchet, grand connaisseur de l'Afrique. En fait, la paternité du terme revient à l'éditeur anglais Louis Garvin (1868-1947) qui l'aurait utilisé en 1920 à propos des États Baltes. C'est le terme anglais *balkanization* qui serait devenu *balkanisation* en langue française.

Pour ce qui concerne l'Afrique, la véritable balkanisation est moins celle de la loi-cadre, que celle qui a été opérée par les grandes

---

[13] Cheikh Anta Diop dit préférer le terme *sud-américanisation* en comparaison avec la situation d'instabilité politique dans cette région, à l'image du Guatemala qui compte autant de coups d'État que d'années d'indépendance. Seulement, le Guatemala se trouve en Amérique centrale et non en Amérique du Sud.

[14] La loi-cadre est instituée par le ministre de la France d'Outre-mer, Gaston Deferre. Elle est adoptée le 23 juin 1956 et mise en application le 4 avril 1957. Elle crée dans chaque territoire d'outre-mer (en Aof et en Aef un gouvernement local dont les ministres (africains et français métropolitains) sont nommés par l'Assemblée territoriale. C'est l'ancien gouverneur français qui est nommé président du Conseil des ministres, des postes de vice-présidents étant occupés par des Africains : Mamadou Dia au Sénégal, Houphouet-Boigny en Côte d'Ivoire, Modibo Keita au Soudan. Le Grand Conseil de l'Aof, comme celui de l'Aef est maintenu à titre purement formel. Le 26 juin 1958, les vice-présidents africains deviennent Présidents des Conseils. La loi-cadre avait introduit dans les colonies françaises un régime de semi autonomie interne.

puissances d'Europe lors de la *Conférence de Berlin* (novembre 1884 - février 1885), à partir d'un simple exercice de cartographie : un découpage-partage réalisé au mépris total des intérêts et droits les plus élémentaires des populations africaines, avec son cortège de drames humains ; pour ne rien dire de ses conséquences économiques et politiques néfastes, dont le continent ne s'est pas encore relevé.

Ainsi, bon nombre de groupes ethniques se sont trouvés dispersés entre différents pays, séparés par les nouvelles frontières coloniales et artificielles :

– les Ewé entre le Togo, le Dahomey et le Ghana;

– les Abron et les Agni entre la Côte d'Ivoire et le Ghana ;

– les Haoussa entre le Niger et le Nigeria ;

– les Bakongo se rencontrent dans le Congo "belge" (Rdc), dans le Congo "français", et en Angola ;

– les Somali sont au Kenya, en Éthiopie et en Somalie ;

– les Fang, en Guinée-Équatoriale, au Congo, au Gabon, au Cameroun ;

– les Haalpularen, Manding, et Wolof ... répartis entre le Sénégal, la Gambie, la Mauritanie, le Soudan (Mali), la Guinée-Bissau , la Guinée-Conakry, qui sont les parties constitutives de la Sénégambie traditionnelle (Barry : 1989) ;

– les Manding et les Peul débordent d'ailleurs nettement de cette zone géographique et sont présents dans tout l'espace ouest-africain, et même jusqu'au Cameroun pour les Peul ;

– les Masai : Kenya et Tanzanie ;

– les Bakongo : Gabon, Zaïre, Congo, Angola ;

– les Lunda : RDC, Angola, Zambie ;

– les Yoruba et Aja : Nigeria, Benin, Togo ;

– les Gourma : Burkina, Togo, Bénin ;

– les Tubu : Libye, Tchad, Niger ;

– les Nubiens : Égypte, Soudan ;

– les Tswana : Botswana, Rep sud-africaine.

Après la sécession de l'Érythrée, selon des estimations, l'Afrique compte 106 frontières internationales, mais les autorités elles-mêmes n'en connaissent pas le nombre exact. Cependant, ces frontières sont de peu d'intérêt pour les populations. Comme le montre le propos de ce souverain yoruba, roi de Kétou :

> Nous considérons cette frontière comme une séparation entre les Français et les Anglais, mais pas entre les Yoruba (cité par Asiwaju : 9).

Pour renforcer le clivage, les colons donnent des noms différents aux mêmes groupes ethniques : les Yoruba au Nigeria sont les Nago au Bénin ; les Baydayranke en Guinée-Conakry sont Bambaraka en Guinée-Bissau ; les Fulani au Nigeria, en Sierra Leone sont Peul au Sénégal, en Guinée, au Mali ; les Toubou au Niger sont Gorane au Tchad.

Il convient toutefois de reconnaître que le partitionnement n'est pas une exclusivité africaine : les Européens aussi sont partitionnés : les Français entre la France, la Belgique et la Suisse ; les Allemands entre l'Allemagne, l'Autriche, la Suisse, la Pologne.

Au plan économique, les micro-États qui résulteront de ce découpage après les indépendances sont loin de correspondre à de véritables régions naturelles, cadres appropriés de développement. L'émiettement de l'Afrique apparaît encore plus nettement lorsqu'on procède à des comparaisons. L'Amérique latine, avec une population de 450 millions d'habitants compte 29 États, et l'Asie peut se prévaloir de 39 États pour une population d'ensemble d'un peu plus de 3 milliards d'habitants. Les 650 millions d'Africains recensés ou estimés en 2012 sont répartis en 54 États avec l'indépendance de l'Érythrée, résultat du démembrement de l'Éthiopie, et l'indépendance du Sud Soudan. Et rien ne permet de penser que le processus de balkanisationpost-coloniale du continent est terminé, compte tenu des revendications autonomistes apparues depuis quelque temps en Somalie. En Algérie, il n'est pas exclu que les revendications des Berbères, qui tournent pour l'instant autour du problème de l'identité culturelle, débouchent un jour sur des revendications autonomistes susceptibles de bénéficier d'appuis extérieurs.

Le drame est que l'émiettement de l'Afrique se poursuit au moment où ailleurs, en dehors de l'Europe de l'Est, la tendance est au regroupement. C'est pour cela que la question de l'Erythrée doit être examinée avec la plus grande circonspection par les Africains. Nous sommes là en présence du premier cas de sécession réussie sur le continent. L'indépendance de l'Érythrée ne présente que des inconvénients : pour l'Éthiopie qui se trouve coupée de ses deux voies d'accès à la mer, avec la perte des ports de Assab et Massawa ; pour l'Érythrée elle-même, peuplée de seulement 3 millions d'habitants, qui se trouve privée d'un marché potentiel d'une cinquantaine de millions de personnes, représenté par la population éthiopienne ; sans compter que le nouvel État, en plus de ses énormes handicaps économiques, pourrait être confronté à de vives tensions internes au plan social, avec l'existence de neuf groupes ethniques répartis en chrétiens, musulmans et animistes ; la société érythréenne ne présente aucune homogénéité ethnique ou confessionnelle susceptible de pouvoir justifier une sécession. Le plus grave pour le reste du continent est qu'il s'agit là d'un précédent dangereux. Le mouvement pour l'indépendance de l'Érythrée a toujours été soutenu de l'extérieur, et pourtant, les raisons objectives de sécession politique existent davantage dans certains pays d'Europe comme la Belgique, le Royaume-Uni, l'Espagne.

Une des conséquences immédiates de l'émiettement territorial se situe au plan démographique. L'Afrique ne compte que deux États peuplés de plus de 50 millions d'habitants, et seulement neuf États de plus de 25 millions d'habitants ; les États les plus nombreux sont ceux qui ont une population inférieure à 5 millions d'habitants. Il faut réunir les seize pays de l'Afrique de l'Ouest pour retrouver une population équivalente à celle du Japon. Ceci peut donner une idée de la nécessité de l'intégration économique, car seul un marché important peut justifier et rentabiliser les investissements d'envergure sans lesquels aucun développement n'est possible.

TITRE 2

LES EXPÉRIENCES DE REGROUPEMENT EN AFRIQUE

1.

Les initiatives coloniales de regroupement économique

Les puissances coloniales, après avoir balkanisé l'Afrique, ont très vite compris que la mise en valeur des colonies ne pouvait pas s'accommoder d'espaces aussi exigus. Les gouvernements de France, de Belgique et de Grande-Bretagne créent alors des ensembles sous-régionaux intégrés :

–Fédération de l'Afrique occidentale française (Aof) : Dahomey (Bénin), Côte d'Ivoire, Sénégal, Guinée-Conakry, Haut Niger (Niger), Mauritanie, entre 1895 et 1904 ;

–Fédération de l'Afrique équatoriale française (Aef) : Gabon, Moyen-Congo (Congo), Oubangui-Chari (République centrafricaine), Tchad, en 1910 ;

–Union douanière Kenya-Ouganda en 1917, à laquelle se joint en 1921 le Tanganyka (Tanzanie) sous mandat britannique depuis 1920 et qui deviendra la Communauté économique de l'Afrique de l'Est ;

– Fédération Afrique Centrale en 1953 entre les deux Rhodésies-du Nord (actuelle Zambie), du Sud (actuel Zimbabwe) et le Nyassaland (actuel Malawi) ;

– Union économique entre Congo belge et Ruanda-Urundi en 1925. Avec les indépendances, le Ruanda-Urundi se scinde en deux États distincts : Ruanda et Burundi ;

– Union douanière entre Union Sud-africaine, Bechuanaland, Batusoland et royaume de Ngwane, depuis 1903.

Le fonctionnement de ces regroupements économiques génère un développement industriel inégal au profit des pays côtiers : le Sénégal en Aof, le Congo en Aef, le Kenya en Afrique de l'Est. La Fédération Rhodésies-Nyassaland est conçue au départ par les Britanniques pour accélérer le développement industriel de la Rhodésie du Sud (Zimbabwe), grâce au cuivre de la Rhodésie du Nord (Zambie) et à la main-d'œuvre du Nyassaland (Malawi). L'objectif du gouvernement belge est le même : fournir aux mines de cuivre du Katanga de la main-d'œuvre à partir du Ruanda-Urundi région de forte densité démographique.

Les regroupements d'origine britannique ont tous éclaté : la Fédération Rhodésies-Nyassaland en 1963, la Communauté économique de l'Afrique de l'Est en 1977, après avoir survécu quelques années aux indépendances. Les pays concernés se retrouveront au début des années 80 dans de nouvelles structures élargies d'intégration économique sous-régionale. À la fin du mois de novembre 1993, lors d'une réunion tenue à Arusha, les chefs d'État actuels des trois pays, ont nettement manifesté leur intention de reconstituer l'ancienne communauté ; c'est la crainte de la nouvelle République Sud-africaine post-apartheid qui est à l'origine de cette initiative.

Par contre, les fédérations de l'Aof et de l'Aef n'ont été volontairement dissoutes en 1959 que pour donner lieu à de nouvelles organisations, avec presque les mêmes membres : l'Union douanière de l'Afrique occidentale, devenue Communauté économique de l'Afrique de l'ouest (Ceao) , et l'Union douanière équatoriale devenue Union douanière et économique de l'Afrique centrale (Udeac). Quant à l'Union Congo belge Ruanda-Urundi, elle disparaît aussitôt après les indépendances pour être reconstituée une quinzaine d'années après, avec la Communauté économique des pays des grands Lacs (Cepgl).

Le même souci de disposer d'un espace économique homogène est une des raisons qui en 1865poussent le gouvernement français à entreprendre des pourparlers avec son homologue britannique, pour réintégrer la Gambie au Sénégal. La mainmise sur la Gambie devait permettre à la France un double objectif : en finir sur le plan militaire avec les opposants à son expansion, et assurer un contrôle plus efficace du commerce de l'arachide. L'intérêt de « faire de la Sénégambie une belle colonie compacte »selon le mot de Faidherbe, est tel que le gouvernement français est prêt à donner en échange tous ses comptoirsau sud de la Sierra Leone : Mellacorée, Dabou, Grand-Bassam, Assinie,

Porto Novo, Gabon, territoires qui seront à l'origine des colonies de Guinée-Conakry, Côte d'Ivoire, Dahomey et Gabon (Charpy 1993). C'est compte tenu de la réticence de certains milieux d'affaires des deux côtés, que les pourparlers sont interrompus en 1882.

2.

Les premières expériences africaines d'intégration

Les Africains ont initié des expériences de regroupement au plan politique et au plan de la coopération économique.

Les tentatives de regroupement politique

Vers la fin de l'ère coloniale, les Africains répliquent à la balkanisation par des tentatives de regroupement politique susceptibles d'être en même temps des tremplins pour l'indépendance. La plupart de ces expériences ont lieu en Afrique de l'Ouest, ce qui au fond n'a rien d'étonnant dans la mesure où comme nous l'avons vu, c'est par cette sous-région que les thèses panafricanistes ont fait leur entrée sur le continent.

C'est Nkrumah qui est à l'origine des premières réunions africaines tenues au niveau continental :

–la *Conférence des États africains indépendants* (intergouvernementale) tenue à Accra en avril 1957, qui adopte un certain nombre de résolutions, comme la constitution d'un groupe africain à l'Onu et la création d'un marché commun africain ;

–la *Conférence des peuples d'Afrique* (non gouvernementale) tenue en décembre 1958 toujours à Accra, qui met l'accent sur l'indépendance, et la nécessité de bâtir un Commonwealth des États africains indépendants.

Les autres initiatives importantes ont pour théâtre la partie francophone de l'Afrique de l'Ouest.

Le premier regroupement politique est le *Rassemblement démocratique africain* (Rda) constitué lors d'un congrès tenu à Bamako en octobre 1946. À l'origine, le Rda n'est pas un mouvement indépendantiste : il se contente de réclamer une union forte de l'Afrique au sein de l'empire colonial français. Par la suite, le Rda devient un organe fédéral auquel vont s'affilier les différents partis politiques africains (Parti démocratique de Côte d'Ivoire, Parti démocratique de Guinée ...)

La *Fédération du Mali* est créée en 1959 entre le Sénégal et le Soudan tous deux membres de la Communauté franco-africaine[15]. Initialement, la fédération du Mali devait inclure aussi le Dahomey, la Haute-Volta et le Niger, dont les dirigeants à la suite de pressions extérieures renoncent au dernier moment. Toujours est-il que la *Fédération du Mali* éclate en juin 1960, du fait de profondes divergences politiques et personnelles entre dirigeants sénégalais et soudanais.

En mai 1959, Nkrumah et Sékou Touré créent *l'Union Ghana-Guinée* qui présente la particularité de regrouper un pays anglophone et un pays francophone n'ayant pas en plus de frontière commune. Ce qui du côté ghanéen peut se justifier par l'idéal panafricaniste, alors que du côté guinéen il s'agit surtout d'une alliance de circonstance, pour surmonter les difficultés économiques et l'isolement politique, à la suite de la rupture avec la France en 1958. Cette union ne se matérialisera que par l'échange d'ambassadeurs ayant rang de ministres-résidents siégeant au conseil de cabinet, et un prêt financier de 10 millions de livres sterling du Ghana à la Guinée. En 1960, le groupe s'élargit avec l'adhésion de la république du Mali (devenue indépendante après l'éclatement de la Fédération du Mali) et devient *l'Union Ghana-Guinée-Mali*. Mais celle-ci n'est pas plus opérationnelle et disparaît à la faveur de la création de l'Organisation de l'unité africaine en 1963.

C'est aussi en 1959 que Houphouet-Boigny prend l'initiative de créer le *Conseil de l'Entente* entre Côte d'Ivoire, Haute-Volta, Dahomey et Niger, avec le souci de s'opposer à la fois à la Fédération du Mali et à l'Union Ghana-Guinée soupçonnée d'être le cheval de Troie du communisme dans la sous-région.

---

[15] La communauté franco-africaine est constituée entre la France et ses anciennes colonies, sur la base du référendum tenu en 1958 et auquel seule la Guinée a répondu négativement. La communauté accorde aux colonies le régime de semi-autonomie interne : les représentants africains dans les réunions internationales ne peuvent pas prendre part aux votes ; leurs passeports portent toujours la mention "nationalité française" ; ils ne peuvent pas être ministres à part entière en France ... parce que la communauté n'est pas une fédération : elle consacre l'égalité des peuples, mais pas l'égalité des États.

En 1960, les États africains dits modérés se retrouvent dans le *Groupe de Brazzaville* auquel s'opposera un an après le *Groupe de Casablanca* formé par les États dits progressistes. Le Groupe de Casablanca met au point des projets intéressants de coopération économique (marché commun, union des paiements, banque de développement...) mais non concrétisés. Lorsque l'Oua voit le jour en 1963, le Groupe de Casablanca est dissous, mais le Groupe de Brazzaville se transforme en *Union africaine et malgache de coopération économique,* spécialisée dans la coopération économique, la coopération politique étant dévolue à l'Oua. Elle devient par la suite *Organisation commune africaine et mauricienne* (Ocam) dissoute en 1984.

L'Ocam a néanmoins créé des organisations de coopération :

– La compagnie multinationale de transport aérien *Air Afrique* entre un groupe de neuf pays d'Afrique de l'Ouest et du Centre pour 72 pour cent du capital, à raison de 8 pour cent par pays, et un consortium de compagnies françaises, Sodetraf (Société des transports aériens en Afrique) pour 28 pour cent du capital. *Air Afrique* a fonctionné de 1972 à 2008 date à laquelle elle a été soumise à un atterrissage forcé et définitif pour que sa concurrente *Air France* puisse rester seule en vol.

– École Inter-États des Sciences et Médecine vétérinaires de Dakar.

– École Inter-États d'ingénieurs de l'Équipement rural de Ouagadougou.

– Institut africain d'informatique de Libreville.

–Centre pour le perfectionnement des cadres d'entreprises d'Abidjan.

– Institut culturel africain de Dakar.

– Conseil africain de l'enseignement supérieur (Cames).

Ocam est dissoute en 1984, à la suite de défections successives de certains des membres fondateurs. La Guinée n'a pas été membre et pour son président Sékou Touré Ocam n'était rien d'autre que « Organisation contre l'Afrique en marche ».

Les tentatives de regroupement politique ont eu lieu à la veille des indépendances. Après la création de l'Ouail ne sera plus question que de regroupement économique dont Ocam avait amorcé les premiers pas.

Les expériences de coopération économique

La plupart des organisations intergouvernementales de coopération se trouvent en Afrique de l'Ouest :

Le Conseil de l'Entente, créé en 1959 (Côte d'Ivoire, Niger, Burkina, Bénin, Togo) a des organes d'exécution comme le *Fonds d'entraide et de garantie des emprunts* et la *Communauté économique du bétail et de la viande*pour l'approvisionnement des partenaires pays de forêt (Côte d'Ivoire, Bénin, Togo, où la mouche tsé-tsé handicape l'élevage) par les partenaires sahéliens (Burkina et Niger). Le siège est à Abidjan ;

Organisation pour la mise en valeur du fleuve Sénégal (Omvs), créée en 1972 (Mali, Mauritanie, Sénégal) à la suite de l'Organisation des États riverains du Sénégal (Oers) de 1968 qui comprenait aussi la Guinée-Conakry. L'objectif est concret et précis : arriver à la maîtrise du fleuve Sénégal pour les besoins de l'hydraulique agricole, pastorale et humaine, pour la fourniture d'énergie et pour le transport. Deux barrages, Diama au Sénégal et Manantali au Mali ont été construits. Le siège de l'Omvs est à Dakar. D'autres projets sont en cours ;

Organisation pour mise en valeur du fleuve Gambie **(Omvg)**,créé en 1976 (Gambie, Guinée-Bissau, Guinée-Conakry, Sénégal) vise la construction de barrages pour l'irrigation et la production d'énergie: barrage anti-sel de Balingo en Gambie, barrage-réservoir de Kékréti au Sénégal Oriental, barrage hydro-électrique de Kouya en Guinée-Conakry. Le siège est à Dakar ;

Autorité du bassin Niger **(Abn)**, remplace en 1980 la *Commission du fleuve Niger* de 1965 ; sont membres : Bénin, Burkina, Cameroun, Côte d'Ivoire, Guinée-Conakry, Mali, Niger, Nigeria. Le siège est à Niamey ;

Commission du bassin du Lac Tchad, 1972, membres : Cameroun, Niger, Nigeria, Tchad. Le siège est à Ndjamena ;

Haute Autorité du Liptako Gourma, 1971, membres : Burkina, Mali,Niger. Il s'agit d'exploiter les ressources (manganèse, phosphates, calcaire, fer, indices de cuivre...) de la région du Liptako Gourma, un quadrilatère de 470 000 km^2 et de 5 millions d'habitants, à cheval sur les trois pays : cercles de Dori, Boulsa, Bogande Kantchari, Diapaga au Burkina, circonscriptions de Gao, Ansongo, Tossaye, Labzanga au

Mali, sous-préfectures de Tillabery, Tera, Niamey, Say au Niger. Le siège est à Ouagadougou.

***Comité inter-africain d'études hydrauliques* (Cieh)**, créé en 1960 par la fusion des services d'hydraulique de Dakar et de Brazzaville. Les membres sont les anciens pays de l'Aof sans la Guinée, et les anciens membres de l'Aef sans la Rca. Le Cieh s'occupe de détecter les points d'eau et collabore avec les services nationaux créés à cet effet depuis les indépendances. Le siège est à Ouagadougou.

***Association pour le développement de la riziculture en Afrique de l'Ouest* (Adrao)**, créée en 1970 entre l'ensemble des pays de la sous-région. L'objectif est d'arriver à l'autosuffisance pour le riz. Le siège a été transféré de Monrovia (Libéria) à Bouaké (Côte d'Ivoire).

***Comité inter-États de lutte contre la sécheresse dans le Sahel* (Cilss)**, créé à la suite de la grande sécheresse de 1973, avec siège à Ouagadougou. Membres : Burkina, Cap-Vert, Gambie, Mali, Mauritanie, Niger, Sénégal, Tchad. Les domaines d'action du Cilss sont les projets agricoles, agro-météorologiques, et hydrauliques, l'élevage et la protection de la nature.

Le Cilss a son équivalent dans la corne de l'Afrique : **Igadd *(Intergovernemental Authority on Drought and Development, Agence intergouvernementale pour la sécheresse et le développement)*** qui a son siège à Djibouti. Igadd est créée en 1986 entre six pays : Djibouti, Éthiopie, Kenya, Ouganda, Somalie, Soudan. La superficie totale de ces pays est constituée à 80pour cent par des terres arides et semi-arides. Igadd a tout un programme d'actions dans divers domaines (sécurité alimentaire, contrôle de la désertification...) mais l'action la plus visible est le déclenchement de mesures d'urgence en cas de sécheresse par appel à la communauté internationale.

***Organisation commune de lutte antiacridenne et de lutte antiaviaire* (Oclalav)**procède de la fusion de deux organisations créées en 1959, l'une de lutte contre les acridiens (criquet pèlerin), l'autre de lutte contre les aviaires (oiseaux mange-mil). Les membres sont les anciens pays de l'Aof sans la Guinée, en plus de Gambie, Cameroun et Tchad. Le siège est à Dakar.

Conseil africain de l'arachide, créé en 1964, entre Mali, Niger, Sénégal et Nigeria, à la suite de la décision du gouvernement français de ne plus acheter l'arachide au-dessus du prix mondial. L'objectif du

Caa est de promouvoir la consommation de l'arachide (graines, tourteaux, huile) et de lui assurer un prix raisonnable. Le siège est à Lagos, avec un bureau à Bruxelles.

Agence pour la sécurité de la navigation aérienne (Asecna) est créée en 1959 par la France, entre les pays de l'Aof sans la Guinée, les pays de l'Aef et Madagascar. Le siège est à Dakar où la convention a été renouvelée en 1974 entre les mêmes pays. Asecna dispose de cinq Fir (Flight Information Region, Région d'Information de vol) : Dakar, Niamey, Ndjamena, Brazzaville, Antananarivo. La Fir Roberts fonctionne pour le compte de la Guinée-Conakry, du Liberia et de la Sierra Leone.

Cette coopération permet aux États de bénéficier d'une meilleure garantie de la circulation aérienne au moindre coût, car les agences génèrent leurs propres recettes en facturant leurs services aux compagnies aériennes.

***Banque africaine de développement* (Bad)**

La création de la Bad procède d'une initiative de la Commission des Nations unies pour l'Afrique lancée en 1961. L'accord qui institue la Bad est signé en 1963 à Khartoum (Soudan) et les opérations démarrent le 1er juillet 1966. Le siège établi à Abidjan, transféré à Tunis lors des troubles politiques survenus en 2011 en Côte d'Ivoire, est retourné dans ce pays.

La Bad est conçue sur le modèle des banques régionales de développement existant en Asie et en Amérique latine. Mais à la différence de celles-ci, la Bad n'a ouvert son capital aux pays non-africains, qu'en 1982 : ses membres actuels sont tous les États africains, et 25 pays non-africains du Moyen-Orient, d'Amérique du Nord et du Sud.

Malheureusement, il n'existe pas à la Bad un fonds spécial destiné aux projets régionaux : les tranches de crédits sont prévues pour les États ; ainsi, ce sont des États qui, sur leurs quotas, demandent des crédits pour financer des projets régionaux, et on comprend qu'ils puissent être réticents pour le faire ; ce qui est d'autant plus regrettable qu'il n'existe plus à la Bad depuis 1982 de limite-plafond de crédit. Les États ont tendance à privilégier les projets purement nationaux.

La Bad apporte son soutien à :

– trois banques sous-régionales de développement : Banque des États d'Afrique centrale, Banque de développement des États des grands lacs, East african development bank ;

– la Société financière pour les Investissements et le Développement en Afrique (Sifida) ;

– des institutions panafricaines : Société panafricaine de réassurance (Africare), Société pour l'habitat et le logement territorial en Afrique (Shelter Afrique), Fédération des consultants africains (Feca), Association des institutions africaines du financement du développement (Aiafd).

L'implication de la Bad dans les problèmes d'intégration économique s'est marquée au cours de ces dernières années, particulièrement par l'organisation de colloques et séminaires faisant appel à des spécialistes de haut niveau, africains et non africains.

L'Afrique compte actuellement une douzaine de communautés économiques : les onze qui sont les premières en date, sont créées sur une base sous-régionale, la dernière étant la Communauté économique panafricaine à l'échelle continentale. Les communautés sous-régionales seront présentées dans leur cadre géographique : Afrique centrale, Afrique de l'Est et du Sud, Afrique du Nord, Afrique de l'Ouest. Il faut dire que la présentation de quelques-unes de ces communautés revêt un caractère plutôt historique.

3.

Une structure de promotion de l'intégration économique : la Commission économique (des Nations unies) pour l'Afrique (Cea)

Les seules organisations à dimension continentale qu'on trouve en Afrique sont en partie chargées de promouvoir l'intégration économique. Ce sont la Commission économique des Nations unies pour l'Afrique (Cea), l'Organisation de l'Unité africaine (Oua) et la Banque africaine de développement (Bad).

La Cea dont le siège est à Addis-Abeba, est fondée en avril 1958 par le Conseil économique et social des Nations unies, qui a créé des organismes similaires dans chaque continent. À ses débuts, la Cea ne comprend que neuf États africains, les seuls indépendants à l'époque, les autres membres étant les puissances coloniales. Bien entendu, actuellement, tous les États du continent y sont représentés.

L'une des principales directions[16] qui constituent le cabinet du Secrétariat exécutif de la Cea, est celle de la Coopération économique qui œuvre depuis des années à promouvoir l'intégration des économiesafricaines. La Cea est à l'origine de la création de toutes les communautéséconomiques à dimension véritablement sous-régionale (Cedeao, Ceeac,Zep), et de bon nombre d'institutions comme l'Institut de développement et de planification (Idep) qui fonctionne depuis 1963 à Dakar.

---

[16]Autres Divisions de la Cea : Information, Coordination des Politiques et Programmes, Assitance technique, Planification et Recherche Socio-économique, Commerce et Finance, Agriculture (en liaison avec la FAO), Industrie (En liaison avec l'Onudi), Développement social, Ressources naturelles, Transports Télécommunnications et Tourisme, Statistiques, Population.

Pour des besoins de décentralisation, compte tenu de la situation géographique du lieu du siège, la Cea crée au début des années 70 des organes d'éxécution appelés Undat (*United nations development advising teams* : *Équipes de conseillers des Nations unies en matière de développement économique*). Les Undat sont remplacés en 1977 par les Mulpoc (*Multinational programming operating centers*: *centres multinationaux de programmation et d'exécution des projets*).

Les Mulpoc sont répartis sur une base géographique, de façon à couvrir l'ensemble des sous-régions. Il en existe :

– à Lusaka (Zambie), pour l'Afrique de l'Est et du Sud ;

– à Gisenyi (Ruanda), pour la région des Grands Lacs (Burundi, Ruanda, Zaïre (Rdc) ;

– à Tanger (Maroc), pour l'Afrique du Nord ;

– à Yaoundé (Cameroun), pour l'Afrique centrale (pays Udeac) ;

– à Niamey (Niger), pour l'Afrique de l'Ouest.

Une mission d'évaluation des Mulpoc réalisée en 1989 pour le compte de la Cea, fait le diagnostic suivant : les Mulpoc ont pu aider à la mise en place de certaines organisations sous-régionales comme la Communauté économique des États d'Afrique centrale, la Zone d'échanges préférentiels... Mais dans l'ensemble, les Mulpoc, souvent inconnus même dans les pays d'implantation n'ont guère contribué au progrès de l'intégration, n'ayant pas été en mesure d'apporter aux regroupements économiques l'assistance technique requise, du fait de leur propre carence en ressources humaines de qualité. Le rapport critique aussi le déséquilibre dans la répartition géographique des Mulpoc : celui de Gisenyi couvre 3 pays, alors que celui de Niamey en couvre 16. Aussi est-il proposé un nouveau plan de découpage du continent en six sous-régions :

– Afrique Australe : 10 pays : Zambie, Malawi, Zimbabwe, Botswana, Mozambique, Lesotho, Namibie, Swaziland, Madagascar, Maurice.

– Afrique de l'Est : 10 pays : Tanzanie, Kenya, Ouganda, Somalie, Comores, Seychelles, Djibouti, Éthiopie, Burundi, Ruanda.

– Afrique Centrale : 9 pays : Angola, Rdc, Gabon, Guinée équatoriale, Congo, Sao Tomé-et-Principe, Rca, Cameroun, Tchad.

– Afrique du Centre-Ouest : 7 pays : Niger, Nigeria, Togo, Bénin, Ghana, Côte d'Ivoire, Burkina Faso.

– Afrique de l'Ouest : 8 pays : Guinée-Conakry, Mali, Sénégal, Guinée-Bissau, Cap-Vert, Sierra Leone, Liberia, Gambie.

Le rapport préconise aussi de changer l'appellation Mulpoc en « Programmes sous-régionaux d'assistance technique de la Cea ». C'est l'appellation *Centres sous-régionaux de développement* (Cdsr) qui est retenue en 1997, pour devenir en 2002 « Bureaux de la Cea ». Leur configuration actuelle se présente ainsi :

Afrique du Nord : Algérie, Libye, Maroc, Mauritanie, Soudan, Tunisie. Le siège est déplacé de Tanger à Rabat en 2005.

Afrique centrale : Cameroun, Congo, Gabon, Guinée équatoriale, Rca, Rdc, Sao Tomé-et-Principe, Tchad

Afrique de l'Est et océan Indien : Burundi, Comores, Djibouti, Érythrée, Éthiopie, Kenya, Madagascar, Ouganda, Ruanda, Seychelles, Somalie, Tanzanie.

Afrique australe : Botswana, Lesotho, Malawi, Maurice, Mozambique, Namibie, République sud-africaine, Swaziland, Zambie, Zimbabawe.

Afrique de l'Ouest : Bénin, Burkina Faso, Cap-Vert, Côte d'Ivoire, Gambie, Ghana, Guinée-Conakry, Guinée-Bissau, Libéria, Mali, Niger, Nigeria, Sénégal, Sierra Leone, Togo.

Le programme de la Cea a toujours été de voir créer une grande communauté économique dans chacune des cinq sous-régions du continent, pour les voir fusionner en l'an 2000 en une seule communauté africaine. Cette idée sera développée dans le *Plan d'Action de Lagos* (avril 1980).

TITRE 3

LES COMMUNAUTÉS ÉCONOMIQUES AFRICAINES

1.

Afrique centrale

L'Afrique centrale comprend trois oig d'intégration économique : l'Union douanière et économique d'Afrique centrale (Udeac) qui a été remplacée par la Communauté économique et monétaire d'Afrique centrale (Cemac), la Communauté économique des pays des grands lacs (Cepgl) et la Communauté économique des États de l'Afrique centrale (Ceeac).

Union douanière et économique de l'Afrique centrale (Udeac)

L'Union douanière et économique de l'Afrique centrale(Udeac)est créée en décembre 1964 par un traité signé à Brazzaville. Udeac en se substituant à l'Union douanière équatoriale de 1959, s'adjoint un nouveau membre de la sous-région, le Cameroun, qui ne faisait pas partie de la fédération de l'Afrique équatoriale française. C'est à Yaoundé qu'est signé en décembre 1974 le second traité de Udeac, qui en fait ne comporte aucune innovation essentielle. L'année 1983 est marquée par l'adhésion de la Guinée équatoriale, ancienne colonie espagnole, et en 1984 c'est le Tchad qui redevient membre, après avoir quitté en 1968, pour protester contre le partage inégal des gains de l'intégration économique en sa défaveur (avec la République centrafricaine). Si bien que Udeac se trouve comprendre six membres (Cameroun, Congo, Gabon, Guinée équatoriale, Tchad, Rca.) avec siège à Bangui (Rca).

Dans la mesure où le traité prévoit « l'établissement graduel et progressif d'un marché commun de l'Afrique centrale », Udeac comporte pour l'essentiel des dispositions d'intégration des marchés :

les produits du cru doivent circuler librement en franchise de droits ; les produits manufacturés sont rangés en deux catégories : ceux de la communauté, et ceux en provenance de pays tiers.

Les entreprises manufacturières localisées dans Udeac sont soumises à un seul impôt, la *taxe unique*, qui les libère de tout autre prélèvement fiscal, aussi bien en amont qu'en aval de leur cycle de fabrication ; autrement dit, elles ne paient aucun impôt indirect sur leurs importations d'inputs (même en provenance de pays tiers) ; la taxe unique est le seul impôt qu'elles acquittent sur la vente de leurs produits dans le pays de consommation. Le montant ou le taux de la taxe unique est variable selon les pays. La taxe unique ainsi conçue vise à attirer les capitaux extérieurs, comme le font les codes des investissements ; mais elle présente l'inconvénient de ne pas encourager l'utilisation des matières premières locales ; c'est pourquoi une réforme de 1984 est venue imposer un quota d'utilisation de matières premières locales.

Les produits en provenance de pays tiers sont assujettis à un *tarif extérieur commun* ainsi constitué : un droit de douane, un droit fiscal d'entrée, et une taxe commune sur le chiffre d'affaires à l'importation. Ces droits sont perçus de façon groupée par des bureaux communs qui en font la répartition selon le critère du lieu de destination des produits ; le pays bénéficiaire reçoit 80 pour cent du montant total, les 20 pour cent allant à un Fonds de solidarité. Seulement, ce dispositif se traduit dans les faits par un manque à gagner pour certains États membres. Aussi est-il institué une *taxe complémentaire,* perçue directement par les États et à des taux variables selon les produits et selon les États : de 0 pour cent à 5pour cent au Gabon, de 5 pour cent à 20 pour cent au Cameroun, de 5 pour cent à 30 pour cent en Rca. La taxe complémentaire envisagée à l'origine comme mesure transitoire est restée permanente.

Udeac comporte aussi des dispositions de coopération sectorielle :

–*Banque régionale de développement* créée en 1975, avec siège à Brazzaville pour le financement de projets communautaires.

- *Institut sous-régional de technologie appliquée* (Ista) créé en 1981 et qui fonctionne à Libreville pour conduire les études de projets ;

–*École inter-États de formation d'agents de douanes* dont le siège est à Bangui.

Pour les contributions au budget du Secrétariat général de Udeac, c'est la règle fiscale de l'équité absolue qui est appliquée : le taux de cotisation est le même pour chaque État ; ce qui n'est pas sans poser des problèmes. C'est ainsi qu'au moment de son adhésion, la Guinée équatoriale avec un revenu par tête de 65 dollars (en 1984), est tenue au même montant de cotisation que le Gabon qui la même année a un revenu par tête de 2618 dollars. Il n'est pas exclu que cette pratique ait découragé l'État de Sao Tomé-et-Principe, dont l'adhésion attendue lors du sommet des chefs d'État de décembre 1986 à Bata (Guinée équatoriale) n'a pas eu lieu.

Face aux arriérés de certains pays, il est décidé lors du sommet de décembre 1992 de baisser les cotisations de 500 M F Cfa à 300 MF Cfa, de réduire le budget de 2 Mds F cfa à 700 Mf Cfa, ce qui entraîne une diminution du personnel du Secrétariat général de 270 à 230 personnes.

Le bilan de Udeac n'a pas été satisfaisant, surtout eu égard aux coûts de fonctionnement d'un secrétariat général aux effectifs pléthoriques (environ 300 en 1986), supportés par les États membres depuis une trentaine d'années.

Udeac n'a même pas pu fonctionner comme structure d'intégration des marchés. Elle n'a été union douanière que de nom : des produits du cru comme le café, le bois, le cacao, les minerais, étaient victimes de barrières non douanières (système d'enquête permanente à des fins soi-disant de saisie statistique) ; la taxe unique au niveau intracommunautaire et la taxe complémentaire appliquée par chaque État membre dans ses relations commerciales avec les pays tiers ont toujours fait partie du paysage de Udeac. La part du commerce intracommunautaire dans l'ensemble des échanges commerciaux de chaque pays membre, non seulement est toujours restée faible, mais encore a diminué régulièrement : d'un maximum de 8 pour cent en 1973, le chiffre n'a cessé de baisser, jusqu'à se situer parfois à 3 pour cent. Pourtant, Udeac a disposé d'un atout de taille pour la promotion du commerce intracommunautaire : une monnaie unique, le franc Cfa, adoptée même par la Guinée équatoriale. Udeac a été de ce fait la seule communauté économique au monde, dans laquelle tous les États membres utilisaient la même monnaie.

En 1979, Udeac avait créé avec la Rdc une chambre de compensationdes paiements pour faciliter les échanges commerciaux, mais l'expérience ne fut pas une réussite.

Au plan industriel, la position des pays les plus avancés au départ (les pays côtiers) s'est maintenue ou s'est renforcée au détriment des pays enclavés. C'est cette situation de développement industriel inégal qui avait été à l'origine du retrait en 1968 de la Rca (revenue la même année) et du Tchad (revenu 15 ans après). Presque toutes les entreprises agréées à la taxe unique, c'est-à-dire exportatrices de produits manufacturés au niveau communautaire se trouvaient localisées dans les trois pays côtiers : le Gabon, le Congo, et surtout, le Cameroun. Les entreprises soumises à la taxe unique ont toujours évolué dans les secteurs traditionnels : agro-alimentaire, textiles, habillement, cuir, chaussures, bois, papier, chimie, transformation des métaux.

C'est compte tenu de ces insuffisances reconnues, qu'une nouvelle stratégie d'intégration est envisagée en décembre 1986 par le sommet des chefs d'État. Elle s'articule ainsi :

Un *Schéma directeur d'industrialisation* est conçu à partir de dix matières premières : viande, gaz, pétrole, fer, bauxite, sel, coton, bois, plantes médicinales, barytine. C'est ainsi qu'avec l'aide du Programme des Nations unies pour le développement sont identifiés cinq projets industriels communautaires à répartir entre les pays membres comme suit : bauxite, aluminium (Cameroun), pétrochimie-plastiques (Gabon), complexe chimique de sel et de potasse (Congo), produits pharmaceutiques (Rca), montres, horlogerie (Rca). De même que des unités industrielles pour le développement de l'agriculture : engrais, pesticides, matériel et outillage agricole (par spécialisation des unités). Mais ces projets n'ont jamais été réalisés. Et pourtant, pour les projets de verre creux, ciment, engrais chimiques, pesticides, industries animales, des études de préfaisabilité financées par le Pnud ont été entreprises.

La nouvelle stratégie d'intégration comporte aussi un *Programme pour l'agriculture et l'alimentation* avec les projets suivants : élaboration d'une stratégie alimentaire communautaire ; inventaire des centres de recherche en vue de les spécialiser ; mesures de développement de l'élevage et de la pêche (usine de concentré d'aliments de bétail, centre de multiplication des petits ruminants, centre de génétique porcine, centre halieutique).

La nouvelle stratégie d'intégration n'a jamais décollé de l'état de projet. En novembre 1991, les États membres signent un protocole d'entente portant réforme de la politique fiscalo-douanière, inspiré par la Banque mondiale. Le projet part d'un diagnostic faisant ressortir les défaillances du système jusque-là en vigueur : étroitesse de l'assiette fiscale, distorsions dues à la multiplicité des taxes sur le chiffre d'affaires, taux élevés de la fiscalité directe sur les sociétés, rendement fiscal faible dû à la fraude (sous-facturations en douane) et aux exonérations devenues des mesures de subvention. Trois grandes mesures sont envisagées : instauration d'un droit unique à l'importation, en remplacement du droit de douane, du droit d'entrée et de la taxe complémentaire ; instauration d'une taxe globale sur le chiffre d'affaires en remplacement de la Tca antérieurement perçue sur les importations ; mise en place d'un Tarif préférentiel généralisé (Tpg) en remplacement de la taxe unique à l'importation, et appelée à intégrer une règle d'origine définie en fonction de la valeur ajoutée locale (*Marchés tropicaux*, 6 mars 1992).

Ces mesures de libéralisation suscitent une grande inquiétude chez beaucoup d'opérateurs économiques de la sous-région qui craignent de manquer de compétitivité face à la concurrence de leurs homologues du Cameroun et encore surtout, des pays tiers. Ces doléances ont certainement été entendues, car lors du sommet de l'Udeac de décembre 1992 où seuls trois chefs d'État sont présents, la décision est prise de reporter la réforme fiscale.

Communauté économique de l'Afrique central (Cemac)

Le traité instituant la Communauté économique de l'Afrique centrale (Cemac) est signé le 16 mars 1994 entre les États membres de Udeac (toutefois, à cette date, le Cameroun n'avait pas signé le traité).

La Cemac comprend en fait quatre institutions : Union économique de l'Afrique centrale (Ueac) ; Union monétaire de l'Afrique centrale (Umac) ; Parlement communautaire ; Cour de justice communautaire (Chambre judiciaire, Chambre des comptes).

Les principaux organes de la Cemac sont : la Conférence des Chefs dÉtat, le Conseil des ministres, le Comité interministériel, le Secrétariat exécutif, le Comité inter-États, la Banque des États de l'Afrique centrale (Beac), la Commission bancaire de l'Afrique centrale, l'Institution de financement du développement.

Les quatre institutions font l'objet de conventions séparées. Il ne sera question ici que du Projet de convention régissant l'Union économique dénommée *l'Union*. Ses dispositions essentielles sont :

– la création d'un marché commun ;

– la coordination des politiques sectorielles nationales, et éventuellement la mise en œuvre de politiques communes dans les domaines : agriculture, industrie, commerce, transport, énergie, environnement, recherche, enseignement supérieur et formation professionnelle.

La réalisation de ces objectifs est prévue en trois étapes : une première étape de cinq ans pour la coordination des politiques sectorielles nationales ; une seconde étape de cinq ans pour le parachèvement du marché commun, avec la libre circulation des personnes, des services, des capitaux et des biens, de même que l'amélioration des infrastructures de transport.

Le Secrétaire exécutif nommé pour un mandat de cinq ans renouvelable par la Conférence des chefs d'État ne doit solliciter ni accepter d'instruction d'aucun État ou organisme. Il nomme les directeurs des départements à créer et l'ensemble du personnel technique sur critère unique de compétence et après appel de candidatures ; les autres fonctionnaires sont nommés par voie de concours.

Les ressources financières de l'Union proviennent : des produits des taxes douanières et impôts indirects institués par l'Union, des concours financiers des États ou de tout organisme, des contributions des institutions spécialisées comme la Beac. Au cours des premiers exercices, les ressources pourront provenir de l'aide publique au développement et des contributions financières des États ; lorsqu'un État ne respecte pas ses engagements, un prélèvement automatique sera opéré sur son compte courant auprès de la Beac.

Le Secrétariat de l'Union assure toutes les charges et obligations précédemment dévolues à Udeac dont elle acquiert la propriété des biens : ce qui revient à dire que Ueac remplace tout simplement Udeac.

Il est stipulé dans le traité que tout État africain partageant les mêmes idéaux pourra solliciter son adhésion. Seulement, le fait que la langue de travail soit le français ne contribue-t-il pas à faire de Ueac un club francophone ? La traduction du traité en anglais le destine davantage aux bailleurs de fonds qu'à d'éventuels candidats anglophones.

La convention de Ueac présente quelques particularités :

(1) l'accent mis sur l'enseignement supérieur et la formation professionnelle : création d'institutions communes de formation dans certains domaines, reconnaissances mutuelles des diplômes, coordination des programmes d'enseignement... ;

(2) les cotisations des États sont déterminées en fonction de leur poids économique, ce qui est compensé par la pondération des voix lors des votes au sein du Conseil des ministres : 2 voix pour le Cameroun,

le Congo et le Gabon, 1 voix pour la Rca, le Tchad et la Guinée Équatoriale ; cette pratique empruntée aux institutions de Bretton-Woods constitue assurément une nouveauté dans une organisation africaine ;

(3) les modalités de recrutement du personnel technique du Secrétariat général (appel de candidature, concours) et le principe de l'indépendance du Secrétaire général tranchent singulièrement avec les pratiques antérieures. Ces innovations inspirées du traité de la Cepa sont à saluer, en souhaitant qu'elles soient mises en application.

La principale insuffisance de la convention de l'Ueac est de ne prévoir que l'intégration des marchés : c'est seulement éventuellement (comme il est dit dans le texte) que des politiques sectorielles communes pourraient être mises en œuvre. Dans le cadre de l'intégration des marchés, il est simplement dit sans aucune précision que le Conseil (des ministres) tient compte des effets que le démantèlement des protections douanières pourrait avoir sur l'économie de certains États membres. La convention ne prévoit expressément aucune disposition garde-fou pour tempérer les inévitables déséquilibres qui surgiront de l'intégration des marchés, si elle devient effective.

Communauté économique des pays des grands lacs (Cepgl)

La Communauté économique des pays des grands lacs(Cepgl) est instituée en 1976 entre Zaïre, Burundi et Ruanda qui avaient déjà été réunis de 1925 à 1960 par la Belgique dans un dispositif de coopération économique. Le siège est à Gisenyi au Ruanda, à côté du siège du Mulpoc de la sous-région. Précisons que les grands lacs dont il est question sont le lac Kivu et le lac Tanganyka.

En fait, ce sont surtout des considérations de sécurité propres au régime zaïrois (incursions des gendarmes katangais) qui sont à l'origine de la Cepgl. Il suffit de rappeler certaines dispositions antérieures : signature en août 1966 à Kinshasa d'un Accord de coopération en matière de sécurité, Déclaration de Goma (Zaïre) sur la sécurité en mars 1967 entre les gouvernements des trois pays. Ce souci est encore explicitement formulé dans le traité de 1976 à l'article 2 :

Assurer d'abord et avant tout, la sécurité des États et leurs populations, de façon à ce qu'aucun élément ne vienne troubler l'ordre et la tranquillité de leurs frontières respectives.

La Cepgl a adopté une stratégie d'intégration des marchés avec trois mesures : un Accord de commerce et de coopération douanière, et un Arrangement monétaire entre banques centrales, tous deux conclus en 1978 ; un Protocole de 1985 portant libération totale du commerce pour les produits du cru.

Il existe aussi dans la Cepgl des structures de coopération sectorielle par la création de deux types d'entreprises : les entreprises communes(les États membres détiennent en copropriété au moins 51pour cent du capital) et les entreprises communautaires (pour l'exploitation de ressources locales et l'écoulement de la production sur le marché communautaire).

Les entreprises communes se présentent ainsi :

–*Énergie des grands lacs* (Egl), créée en 1974, donc antérieure à la Cepgl qu'elle intègre en 1980. Egl dont le siège est à Bujumbura (Burundi), a pour mission de promouvoir la coopération énergétique entre les pays membres : inventaire des ressources énergétiques, études... Ce sont ces études qui sont à l'origine de l'exploitation du site de Ruzizi II exploitée par une autre entreprise commune, Sinelac, créée à cet effet.

–*Société internationale d'électricité des pays des grands lacs* (Sinelac), chargée de la construction en 1984 et de l'exploitation de la centrale hydro-électrique de Ruzizi II (40 mégawatts). Sinelac dont le siège est à Bujumbura vend l'énergie ainsi produite, aux sociétés nationales de distribution d'électricité.

–*Institut de recherche agronomique et zootechnique* (Iraz), créé en 1979 et basé à Gitega (Burundi), pour s'occuper de la coopération dans le domaine de l'agriculture : entreprendre la recherche et la coordonner, tout en diffusant l'information auprès des institutions nationales.

–*Banque de développement des États des grands lacs* (Bdegl), créée en 1977, pour le financement de projets communautaires. Elle est basée à Goma, petite ville située à la frontière avec le Ruanda, à moins de cinq kilomètres du siège de Gisenyi.

Les entreprises communautairescréées entre 1983 et 1984 sont :

– la bouteille verrerie de Bujumbura qui fabrique des verres (30 tonnes par jour), et des bouteilles (60 000 par jour) pour les brasseries ;

– la cimenterie de Mashyura au Ruanda, qui a une production annuelle de 30 000 tonnes, pour une capacité installée de 50 000 tonnes ;

– l'usine de matériel agricole (houes) de Kigali (Ruanda).

Le bilan d'ensemble de la Cepgl a été jugé insuffisant. Certes, les entreprises communes et les entreprises communautaires sont des réalisations concrètes, qui ont leur importance pour les pays membres (la coopération énergétique surtout). Mais elles n'ont pas suffi pour déclencher un véritable processus d'intégration, pour au moins deux raisons : elles sont de dimension réduite par manque de moyens financiers et leurs activités ne sont pas inscrites dans un plan général et cohérent de développement.

Au milieu des années 80 la Cepgl avec l'assistance du Pnud adopte un programme pluriannuel devant ouvrir la voie à une nouvelle stratégie d'intégration.

Dans l'agriculture, des actions sont envisagées pour mettre fin à la détérioration persistante de la situation alimentaire due à l'exiguïté des terres cultivables (au Burundi et au Ruanda), à l'érosion des sols, à la mauvaise qualité des semences, à l'insuffisance de l'encadrement des paysans.

Un Schéma directeur d'industrialisation est mis en place pour la valorisation interne des ressources locales : complexe d'industries forestières, unités de fabrication de produits en céramique.

Pour désenclaver la sous-région, un plan de transport est conçu pour la navigation sur les lacs Kivu et Tanganyka (transport par barges des personnes, des matières premières et produits intermédiaires). L'exploitation du gaz méthane est aussi prévue, surtout dans le lac Kivu.

Ces projets sont toujours en attente de réalisation, et ont peu de chances d'être concrétisés dans un proche avenir, compte tenu de la situation politique et sociale qui prévaut dans les trois pays membres.

Communauté économique des États de l'Afrique central (Ceeac)

La création de la Communauté économique des États de l'Afrique centrale (Ceeac)a été préparée par quelques initiatives antérieures : d'abord, une étude d'évaluation de Udeac réalisée par la Cea en 1981 recommande l'élargissement de cette communauté jugée trop étroite pour permettre une exploitation rationnelle des immenses ressources naturelles de la sous-région. Ensuite, un sommet de Udeac élargi aux autres États de l'Afrique centrale, tenu à Libreville en décembre 1981, et au cours duquel les chefs d'État et de gouvernement s'engagent solennellement à tout mettre en œuvre pour instituer une communauté économique au niveau de l'ensemble de la sous-région. Le traité de la Ceeac se réfère aussi explicitement à la charte de l'Oua, au Plan d'action de Lagos et à l'Acte final de Lagos. La Ceeac se présente ainsi comme la première expérimentation des grands ensembles sous-régionaux préconisés par le Plan d'action de Lagos, comme étape initiale pour la mise en place d'une communauté économique, puis d'un marché commun en l'an 2000.

Le traité de création de la Ceeac est signé en octobre 1983 à Libreville qui en abrite le siège. Les membres de la Ceeac sont les membres de Udeac, les membres de Cepglet Sao Tomé-et-Principe(ancienne colonie portugaise). L'Angola a d'abord le statut d'observateur.

La Ceeac se présente avant tout comme une structure d'intégration des marchés : la mise en place de l'union est prévue de façon progressive, sur une période de douze ans (comme dans la Communauté économique européenne). Pour réaliser cette intégration des marchés, en dehors des mesures douanières (désarmement, harmonisation), trois instruments sont prévus :

–une *Chambre de compensation des paiements*: parce que si les six membres de Udeac utilisent tous le franc Cfa, chacun des quatre autres membres a sa propre monnaie. Si bien que ce sont cinq monnaies différentes qui ont cours à l'intérieur de l'espace communautaire : le franc Cfa, le Zaïre-monnaie du Zaïre (devenu franc congolais de la République démocratique du Congo), le franc du Burundi, le franc du Ruanda, le dobra de Sao Tomé-et-Principe. Une situation qui ne peut que rendre difficile le développement des échanges intracommunautaires, si des arrangements monétaires ne sont pas établis. La chambre de compensation créée antérieurement entre Zaïre et Udeac vient naturellement se fondre dans celle de la Ceeac ;

- un *Fonds de coopération et de développement* pour fournir une assistance technique et financière tendant à favoriser le développement économique et social des États membres, compte tenu des différences de conditions économiques;

–un *Fonds de compensation* pour pertes de recettes à l'occasion du désarmement douanier, au bénéfice des pays membres importateurs nets de produits manufacturés d'origine sous-régionale.

Le traité envisage aussi la coopération sectorielle dans différents domaines faisant l'objet de protocoles annexes : agriculture, industrie, transports et communications, science et technique, énergie, ressources naturelles, ressources humaines, éducation, culture, tourisme.

La Ceeac est un véritable paradoxe : elle est à coup sûr la structure d'intégration la plus rationnelle de la sous-région, mais elle est loin de bénéficier de la faveur de tous les États membres. Le Congo et le Cameroun ont semblé plus attachés à l'Udeac dont ils sont parmi les fondateurs. Le Burundi et le Ruanda sont manifestement plus tournés vers l'Afrique de l'Est : ils sont membres de la Zone d'échanges préférentiels de l'Afrique de l'Est et de l'Afrique australe ; ils sont aussi membres de l'Organisation du Bassin de l'Akagera qu'ils ont créé en 1977 avec la Tanzanie, l'Ouganda ayant adhéré par la suite ; le Ruanda en abrite le siège à Kigali.

Personne ne peut envisager une communauté économique à l'échelle de toute l'Afrique centrale sans le Zaïre devenu Rdc : un pays dont la population est égale à celle de l'ensemble des autres membres de la Ceeac, pour ne rien dire de ses énormes ressources minières (cuivre, cobalt, manganèse, zinc...) et énergétiques (hydro-électricité). Mais la Rdc étant semi-enclavée, toute sa région orientale est tournée vers la zone des grands lacs, donc vers l'Afrique de l'Est. D'ailleurs, l'essentiel du commerce du nord-est du pays, le Haut-Rdc et le Kivu (exportations de café, de quinquina, importations de biens d'équipement) passe par les ports de Mombasa (Kenya) et Dar es Salam (Tanzanie). Il n'est pas étonnant alors que le gouvernement de la Rdc frappe à la porte de la Zone d'échanges préférentiels, qui manifestement l'intéresse davantage que la Ceeac, même s'il en a signé le traité (la Rdc bénéficie du poste de Secrétaire général).

La Ceeac ne peut compter pour l'instant que sur le soutien du Gabon qui en abrite le siège, et de Tomé-et-Principe, un pays sans antécédent colonial d'intégration économique.

La Ceeac s'est trouvée confrontée avec un autre paradoxe dans ses rapports avec la Cea, qui a comme on sait, beaucoup contribué à sa création. La Cea a créé le Mulpoc de Yaoundé pour l'Udeac et le Mulpoc de Gisenyi pour la Cepgl à une période où la Ceeac n'existait pas encore. Seulement, le maintien de ces deux structures dans une même sous-région, cas unique en Afrique, ne pouvait-il pas constituer un encouragement au maintien de l'Udeac et de la Cepgl au détriment de la Ceeac ?

Handicaps et atouts de l'Afrique centrale

L'Afrique centrale dans son ensemble est une sous-région qui renferme d'énormes potentialités et complémentarités naturelles pour la réussite de l'intégration économique. Mais elle est en même temps victime de quelques handicaps qu'une intégration effective permettrait de surmonter.

Les handicaps

Les handicaps sont surtout d'ordre physique, liés à la configuration géographique de la sous-région. Nulle part sur le continent, on ne trouve une zone aussi désarticulée que l'Afrique centrale : quatre pays entièrement enclavés (Burundi, Rca, Ruanda, Tchad), un pays semi-enclavé (Rdc), un pays entièrement insulaire (Sao Tomé-et-Principe), un pays semi-insulaire (Guinée équatoriale). La situation est encore particulière pour les pays des grands lacs, le Burundi, le Ruanda, la Rdc (dans son flanc Est), complètement isolés de leurs partenaires de la Ceeac et donc naturellement tournés vers des pays d'Afrique de l'Estcomme le Kenya et la Tanzanie.

Bujumbura, capitale du Burundi, est à 1430 km de Dar es Salam (Tanzanie), le port de l'océan Indien le plus proche, et à plus de 3000 km de Lobito (Angola) et de Matadi (Rdc), les deux ports de l'océan Atlantique les plus proches. Le trajet Bujumbura-Dar es Salam est multimodal : navigation sur le lac Tanganyka jusqu'à Kigoma (Tanzanie) sur 180 km, puis voie ferrée pour le reste sur 1250 km, ce qui prend environ 34 jours ; or , 90 pour cent des importations et exportations du Burundi passent par Dar es Salam, le reste étant acheminé par la voie routière du nord, Bujumbura-Kigali(Ruanda)-Kampala(Ouganda)-Nairobi-Mombasa (Kenya) longue de 2 200 km ; autrement dit, tout le commerce du Burundi s'effectue par le Kenya et la Tanzanie, du fait de l'absence totale de liaison de transport avec les partenaires de la Ceeac trop éloignés.

Kigali, capitale du Ruanda, se trouve entre 1 700 et 1 900 km des ports de l'océan Indien les plus proches, Mombasa et Dar es Salam. La distance par rapport à Lobito et Matadi sur l'Atlantique est de plus de 3 000 km, avec trois ruptures de charge, le transport étant là aussi, multimodal. Les importations et exportations du Ruanda, à 80 pour cent passent par le port de Mombasa en empruntant la voie du nord Kigali-Kampala-Nairobi-Mombasa ; le reste suit la voie du sud par Dar es Salam à travers le

Burundi, le lac Tanganyka et Kigoma ; là encore, aucun pays d'Afrique centrale n'intervient, ni pour le transit, ni pour l'embarquement et le débarquement.

La Rdc n'échappe pas à cette situation, parce que pays semi-enclavé : la partie orientale du pays (Haut Rdc et région du Kivu) se trouve à plus de 1 500 km des ports de l'océan Indien les plus proches ; Bukavu, capitale du Kivu, est reliée à Dar es Salam par voie multimodale (route-lac Tanganyka-voie ferrée) sur 1 546 km, alors que la liaison de Bukavu à Matadi (le principal port maritime de la Rdc sur l'Atlantique) est de 3 427 km et s'effectue par voie multimodale : route jusqu'à Kisangani, navigation sur le fleuve Congo, puis chemin de fer de Kinshasa à Matadi. Ce sont en fait tous les centres de production agricole, minière et énergétique du pays qui sont éloignés des ports maritimes locaux : Matadi, Boma et Banana.

La République centrafricaine et le Tchad sont deux pays entièrement enclavés : les deux capitales Bangui et Ndjamena sont reliées par la route trans-équatoriale à partir de laquelle s'effectuent les liaisons avec le port de Douala (Cameroun) qui est le plus proche, et le port de Pointe Noire (Congo), tous situés à plus de 1000 km.

La Guinée équatoriale est un pays semi-insulaire, comprenant une partie continentale, le Rio Muni (capitale : Bata) et une partie insulaire, l'île de Bioko (capitale : Malabo). La ville de Bata est reliée par voie routière au Cameroun et au Gabon, mais la liaison interne Bata-Malabo n'est assurée que deux fois dans la semaine, par bateau.

Sao Tomé-et-Principeest un archipel avec les deux îles qui sont reliées par trois vols hebdomadaires ; l'archipel dans son ensemble est relié au continent (Angola plus précisément) par deux vols hebdomadaires. Les dirigeants du pays comptent beaucoup sur la création d'une compagnie multinationale de fret aérien et d'une compagnie multinationale de cabotage entre les États de la sous-région ; leur principal intérêt pour la Ceeac se situe à ce niveau.

L'enclavement et l'insularité (dans une moindre mesure) ont des conséquences économiques néfastes pour les pays qui en sont victimes : les coûts de transport, surtout multimodal, se répercutent lourdement sur les prix des marchandises et des facteurs de production. En Afrique de l'Est, la saturation des ports de Dar es Salam et de Mombasa se traduit pour les utilisateurs par le paiement de surtaxes portuaires qui contribuent encore à élever les coûts ; ainsi, de Mombasa à Bujumbura, le prix du ciment est multiplié par deux et les prix des produits pétroliers sont multipliés par cinq (Cea 1986 :13).

La pénalisation frappe aussi bien les consommateurs que les producteurs dont les efforts de valorisation interne des produits locaux risquent d'être découragés par manque de compétitivité : les longs délais d'acheminement, accentués par l'insuffisance et le vieillissement des moyens de transport amènent aussi les entreprises pour éviter les inconvénients de rupture de stocks à constituer des stocks surdimensionnés, immobilisant ainsi des capitaux importants, ce qui leur pose de sérieux problèmes de trésorerie.

Il est clair que le programme de transport pour le désenclavement de l'Afrique centrale ne peut être entrepris qu'au niveau d'un grand ensemble comme la Ceeac.

Les atouts

L'Afrique centrale présente néanmoins des atouts importants pour la promotion d'une intégration économique génératrice de développement.

L'atout majeur de la sous-région réside dans le potentiel d'énergie hydro-électrique de la Rdc qui ne peut être exploité rationnellement au niveau d'un seul pays. Le potentiel énergétique du fleuve Rdc/Congo est estimé à 106 000 mégawatts, soit l'équivalent de 30 milliards de tonnes de pétrole. L'essentiel des ressources hydro-électriques se trouve sur le bief Matadi-Kinshasa sur une longueur de 350 km. Le site de Inga, actuellement en exploitation, renferme un potentiel de 46 000 mégawatts, soit 14 pour cent du potentiel hydro-électrique mondial ; ce qui fait de Inga le site hydro-électrique le plus important du monde. Les barrages construits, Inga I, Inga II, Inga II bis ont une production annuelle de 1750 mégawatts, dont la Rdc ne consomme que 20 pour cent, soit 350 mégawatts ; le reste, soit 1 400 mégawatts est actuellement inutilisé. Cette énergie présente aussi l'avantage d'être bon marché : le prix de revient du kilowatt installé est de 150 unités de compte (susceptible de descendre à 65 u.c.) alors que la norme internationale de rentabilité est de 400 u.c. Il existe ainsi une base solide de coopération énergétique entre la Rdc et ses voisins, mais aussi avec l'ensemble de l'Afrique.

En 1973, c'est le département de l'économie nationale du Zaïre qui attire l'attention sur les possibilités de coopération énergétique avec d'autres pays :

Le développement des industries zaïroises (métallurgie du cuivre, sidérurgie, industries de transformation ...) n'absorbera qu'une partie de l'énergie nouvellement installée ; des millions de kilowatts-heure seront disponibles... La région de Inga a pour le moment avant tout, de l'énergie à vendre ; elle cherche des clients qui en absorbent beaucoup et qui soient intéressés par des conditions commerciales avantageuses (cité par Shankama).

En 1976, le Président Mobutu lors d'une réunion de l'Oua, fait une déclaration étrangement passée inaperçue, compte tenu de son importance :

N'oublions pas que le marché commun européen est parti d'un marché commun de l'énergie... Je crois qu'il serait réaliste de notre part de commencer par la Communauté africaine de l'énergie... En ce qui concerne le Zaïre, l'interconnexion des réseaux avec des pays existe depuis très longtemps ; que ce soit avec la République du Congo, le Ruanda, le Burundi, ainsi qu'avec la Zambie... Si nous avions dirigé vers l'ouest la ligne nationale de haute tension à courant continu Inga-Shaba sur 1850 km, elle serait arrivée à Lagos, car la distance de Kinshasa à Lubumbashi est exactement la même que celle de Kinshasa à Lagos.

La coopération énergétique a effectivement démarré entre le Zaïre-Rdc et ses voisins : à l'Ouest, le Congo bénéficie des excédents énergétiques du Bas-Rdc, alors que les déficits d'énergie du Shaba et du Kivu à l'Est sont comblés par des importations en provenance de la Zambie (à partir du site du fleuve Zambèze). La coopération énergétique est aussi très active, comme nous l'avons vu, entre le Zaïre-Rdc et ses partenaires de la Cepgl, ayant d'ailleurs démarré avant les tentatives de coopération économique.

Avec l'énergie disponible et la richesse de la sous-région en ressources minières (cuivre, cobalt, manganèse, pétrole, gaz, fer...) il est possible de mettre en place de grands ensembles industriels : complexe sidérurgique, fonderie d'aluminium, industrie électrochimique, traitement de phosphates au four électrique pour la production d'acide phosphorique et de superphosphates, production de fer-alliages au four électrique, production de magnésium par électrolyse ou par électrothermie, fixation de l'azote de l'air pour produire des engrais azotés...

L'Afrique centrale présente aussi un autre atout non négligeable dans la stratégie d'intégration : une certaine homogénéité culturelle, du fait de l'importance dans la sous-région de populations de civilisation bantou. Le Ciciba (*Centre international des civilisations bantou*) créé à l'initiative du

Président Bongo et situé à Libreville, est le symbole de l'unité culturelle de la sous-région. Est-ce un hasard si le Ciciba et la Ceeac sont créées la même année et à une période où grâce à l'action de l'Unesco, on commence en Afrique à prendre conscience de la « dimension culturelle du développement » ?

Le Ciciba est un centre de recherche (médecine traditionnelle, archéologie, linguistique, musicologie...) de documentation, de diffusion, d'animation culturelle, et scientifique, de formation, de coordination, autour de la culture bantou. En sont membres sept pays de la Ceeac : Congo, Gabon, Guinée Équatoriale, Rca, Ruanda[17] , Sao Tomé-et-Principe, Rdc. Les autres membres sont Comores, Zambie et Angola.

Si l'on se situe sur le strict plan de la rationalité et de l'efficacité, l'idéal serait d'avoir la Ceeac comme seule structure d'intégration en Afrique centrale : parce qu'elle couvre l'intégralité des États de la sous-région avec l'adhésion de l'Angola, soit une population de 124 millions d'habitants ; parce qu'elle a une dimension de marché génératrice des économies d'échelle nécessaires pour la rentabilité d'unités d'industries lourdes rendues possibles par le potentiel énergétique et minier en place.

Malheureusement, comme il est peu probable que la Cemac nouvellement créée et la Cepgl disparaissent au profit de la Ceeac, on peut envisager une autre alternative conçue sur la perspective d'une division du travail entre les trois organisations : à la Ceeac la mise en place des infrastructures sous-régionales (transport, communications, interconnexion des réseaux électriques...) et l'implantation des unités d'industrie lourde, tandis que la Cemac et la Cepgl s'occuperaient de problèmes de commerce, d'agriculture et des industries liées à l'agriculture.

Pour l'instant, la Cemac est la seule structure qui fonctionne, tout au moins au niveau de son secrétariat. La Ceeac est sur le point de disparaître du fait de la désaffection de la plupart des États membres (arriérés de cotisations). Quant à la Cepgl, elle a été complètement paralysée par les conflits qui ont embrasé la région depuis le début des années 90.

---

[17]On remarquera que le Burundi, membre de la Ceeac n'est pas membre du Ciciba : dans ce pays, l'ethnie majoritaire Hutu est d'origine bantou, mais le pouvoir politique a été entre les mains de l'ethnie Tutsi d'origine nilo-hamitique, qui serait venue des hauts plateaux de l'Afrique de l'Est entre les 15e et 18e siècles.

2.

Afrique de l'Est et du Sud

L'Afrique de l'Est et l'Afrique australe peuvent être distinguées comme deux sous-régions différentes. Mais il se trouve que dans les deux grandes communautés économiques qu'on trouve dans cette partie du continent, les pays membres appartiennent à chacune des deux sous-régions.

L'Afrique de l'Est est elle-même éclatée aujourd'hui, entre une partie continentale et une partie insulaire : les pays insulaires ont tenu à afficher leur identité géographique en se mettant ensemble dans un sous-groupe.

Actuellement, l'ensemble Afrique de l'Est-Afrique australe comprendcinq communautés économiques : Communauté économique d'Afriquede l'Est, Union douanière Sud-africaine, Sadc, Comesa et Commission de l'océan Indien.

Communauté économique de l'Afrique de l'Est

Rappelons que cette sous-région a connu une expérience d'intégration économique intéressante avec la *Communauté économique de l'Afrique de l'Est*formée entre le Kenya, l'Ouganda en 1917 joints en 1927par le Tanganyka (Tanzanie). Mais la Ceae est dissoute en 1977, en raison de désaccords non résolus sur un partage plus équitable des gains de l'intégration entre les trois pays membres. Néanmoins, des structures de coopération sectorielle mises en place dans le cadre de la Ceae ont été maintenues compte tenu de leur efficacité : l'une est une institution financière, *East African Development Bank*, l'autre un centre de formation et de consultation en gestion des entreprises, *Eastern and Southern African Management Institute*.

En fait, le centre créé en 1974 au sein de la Ceae s'appelait Eami (East African Management Institute), parce que ne comprenant à l'époque que les trois pays membres de la Ceae, tous situés en Afrique de l'Est. En 1980, Eami enregistre l'adhésion de pays d'Afrique australe pour devenir Esami. Les membres actuels sont : Kenya, Ouganda, Tanzanie, Zambie, Zimbabwe, Mozambique, Namibie, Seychelles. Cependant les prestations de services de l'institut (formation, consultations pour les entreprises, surtout publiques) s'étendent à tous les pays de la sous-région, et même au-delà. Esami dont le siège est à Arusha (Tanzanie) est une structure très performante ; elle a une grande notoriété internationale et est considérée comme l'équivalent des meilleures Business Schools des États-Unis.

La communauté est reconstituée en 2000 entre les trois partenaires auxquels se joignent le Burundi et le Ruanda en 2009, puis le Soudan du Sud en 2011.

L'union douanière est mise en place en 2005, et le marché commun en 2007, en attendant la matérialisation du projet d'union monétaire et de Fédération politique des États d'Afrique de l'Est.

La Ceac fonctionne avec ces institutions :

- Commission du bassin du lac Victoria
- Agence de supervision de la sécurité aérienne
- Conseil inter-universitaire de l'Afrique de l'Est
- Banque est-africaine de développement

Le siège de la communauté est à Arusha (Tanzanie).

Union douanière Sud-africaine (South African Customs Union) (Sacu)

L'Union douanière Sud-africaine est surtout connue sous son sigle d'origine, Sacu *Southern african customs union* (Sacu). C'est en 1903 qu'est créée une union douanière entre les quatre territoires (Transvaal, Orange, Natal, Cap) et le Bechuanaland (actuel Botswana), le Basutoland (Swaziland) et le royaume de Ngwane (Lesotho). L'union douanière est reconduite après la formation de l'Union Sud-africaine en 1910. L'accord qui régit le fonctionnement actuel de Sacu est signé en 1969 entre la République Sud-africaine (qui s'est déclarée indépendante en 1961) et les BLS (Botswana, Lesotho, Swaziland) devenus indépendants. La Namibie après son indépendance, signe l'accord d'union douanière en 1990, d'où le nouveau sigle BLSN. En réalité, la Namibie (anciennement appelée Sud-Ouest africain) était déjà partie intégrante de l'union douanière depuis son annexion par l'Union Sud-africaine en 1920.

Pour la Rsa de l'Apartheid, les « États nationaux indépendants » ou Bantoustans (Transkei, Bophuthatswana, Venda, Ciskei) étaient membres de fait de Sacu. Mais il est évident qu'ils ne pouvaient pas être membres de droit, dans la mesure où les BLS ne les reconnaissaient pas, tout comme les puissances occidentales.

Sacu est effectivement une union douanière : les biens et services circulent librement. Il existe un tarif extérieur commun et une centralisation commune des recettes douanières au niveau de la Banque de réserve de la Rsa. Les recettes sont réparties entre les pays membres, sur une base financièrement favorable aux BLSN qui ont la garantie de percevoir un minimum de 20 pour cent de la valeur de leurs importations ; pour le Lesotho et le Swaziland, ces recettes peuvent constituer jusqu'à 50 pour cent de leur budget. La Rsa conservait le reliquat des recettes douanières après les paiements consentis aux BLSN (et aux Bantoustans avant leur intégration totale à la Rsa post-apartheid) ; en plus, ces paiements n'étant effectués que sur les recettes douanières des deux dernières années, la Rsa bénéficie d'un prêt sans intérêt durant cette période.

L'accord inclut une clause selon laquelle les BLSN peuvent lever des droits additionnels sur les importations pour protéger leurs industries naissantes pendant une période limitée de 8 ans, mais cette disposition n'a jusqu'ici été appliquée que par le Botswana avec l'installation d'une brasserie.

Les BLSN ont jusqu'à une période récente utilisé la monnaie de la Rsa, le rand. Mais c'est en 1974 seulement que la Zone monétaire rand (Zmr) est formellement constituée entre la Rsa, le Lesotho et le Swaziland : chacun de ces deux derniers pays émet sa propre monnaie pour les transactions intérieures, et utilise le rand pour ses transactions extérieures. En 1986, la Zone monétaire rand devient Zone monétaire commune (Zmc) : l'émission monétaire au Lesotho et au Swaziland est gagée par une encaisse rand déposée auprès de la Banque de réserve de la Rsa, et portant intérêts. La Namibie adhère à la Zmc en 1992 (c'est le rand qui circule actuellement en Namibie, mais le gouvernement a le projet de créer sa propre monnaie, le dollar namibien).

Sacu est une organisation assez singulière : elle a toujours été administrée de façon informelle par une Commission de l'union douanière qui n'a pas de siège permanent ; la Commission se réunit une fois par an avant le mois d'octobre, sur une base rotative, dans chacun des pays membres. L'accord de 1969 comporte un mémorandumsecret dont les dispositions n'ont été révélées qu'au début des années 90. Une des dispositions est relative à la protection des industries : la condition à remplir par une industrie pour bénéficier de la protection douanière était de satisfaire 60 pour cent de la demande à l'intérieur de l'union, ce qui ne pouvait concerner que les seules industries de la Rsa.

Telle qu'elle a fonctionné jusqu'à présent, Sacu a été un véritable frein au développement industriel des BLS, réduits à servir de marché aux produits manufacturés de la Rsa, tout en lui fournissant la main-d'œuvre d'appoint dont elle a besoin. La Rsa ne voyait pas du tout d'un bon œil l'industrialisation de ses partenaires : le projet d'usine d'engrais du Swaziland n'a abouti qu'après de laborieuses négociations durant quatre années, et à la condition que la Rsa en soit le fournisseur exclusif de matériaux ; l'usine a d'ailleurs fini par fermer. Au Lesotho, le projet d'usine de montage d'automobiles Citroën n'a pas pu être concrétisé, et la brasserie n'a pu être mise en place qu'à la condition que la Rsa participe au capital et contrôle la fourniture des inputs. Certes, les gouvernements des BLS ont passivement accepté cette situation, se contentant de leurs quote-parts de recettes douanières pour boucler leurs budgets. Mais, avaient-ils d'autres choix, compte tenu de leur position géographique qui les mettait dans un état d'extrême dépendance à l'égard de la Rsa ?

Il semble que les gouvernements du Mozambique, du Malawi et de la Zambie caressent en privé le projet de joindre Sacu. Ce qui ne serait en fait que répétition de l'histoire, cette union douanière ayant embrassé presque tous les pays de la sous-région de 1890 à 1910. Mais si cela se réalisait, il est certain qu'ils ne pourraient pas bénéficier des mêmes clefs de répartition des recettes douanières que les BLSN.

En 2018, Swaziland a changé de nom pour devenir Eswatini, son nom précolonial.

De Sadcc *(Southern African Development Coordination Conference*) à Sadc (*Southern African Development Community*)

Lorsque l'indépendance du Mozambique est en vue en 1974, dans une déclaration faite à Dar es Salam le 7 juillet, le président zambien Kenneth Kaunda propose la création d'une ceinture de nations indépendantes et économiquement puissantes, de Dar es Salam et Maputo sur l'océan Indien, à Luanda sur l'océan Atlantique.

En juillet 1979, lors d'une conférence exploratoire des cinq pays de la « Ligne de front » contre la République Sud-africaine (Angola, Botswana, Mozambique, Tanzanie, Zambie), est lancée l'idée de la création d'une structure de coopération économique. C'est en avril 1980, lors d'une réunion tenue à Lusaka, qu'est décidée la création de la Conférence de coordination du développement de l'Afrique australe, plus connue sous le sigle anglosaxon Sadcc (*Southern African Development Coordination Conference*). La déclaration de Lusaka est intitulée : *Afrique australe, vers la libération économique.*

Il convient de préciser que Sadcc ne procède pas d'un traité, mais d'une déclaration signée entre les cinq États de la Ligne de front auxquels se joignent le Lesotho, le Malawi, le Swaziland et le Zimbabwe. La Namibie devenue indépendante adhère au mouvement en 1991.

Les objectifs de Sadcc sont avant tout la réduction de la dépendance, particulièrement mais pas seulement, à l'égard de la Rsa, et l'établissement de liens pour créer une intégration régionale véritable et équitable, en comptant beaucoup sur la coopération internationale.

Il n'est pas possible de comprendre le projet Sadcc sans le problème de la dépendance à l'égard de la Rsa : pour les importations, les exportations, les investissements, l'énergie et les transports, l'Angola étant la seule exception.

La déclaration de Lusaka met particulièrement l'accent sur le moyen prioritaire de promouvoir une telle intégration : la production de biens et services ; parce que les États membres sont conscients que l'échec des expériences antérieures d'intégration est dû au type d'intégration des marchés adopté et qui n'a servi que les seuls intérêts des firmes transnationales. La déclaration de Lusaka est très explicite sur l'orientation à donner à l'organisation :

La production est le premier objectif ; la coordination de la production est ce qui distingue Sadcc des autres expériences de coopération économique entre pays africains.

Le Président Nyerere, fort de l'expérience de la défunte Communauté économique de l'Afrique de l'Est, se montre encore plus précis :

Il ne pourrait pas être possible pour un pays, si petit soit-il, d'être simplement un acheteur de produits industriels aux autres. Nous devons planifier le développement qui doit être équilibré entre les nations, de telle sorte que chacune apporte sa contribution et en tire profit. Sinon, toute tentative de coordination est appelée à échouer. (source : Sadcc…).

C'est ainsi que Sadcc se présente d'emblée comme une stratégie d'intégration par projets répartis entre les pays membres pour en assurer la coordination :

– Zimbabwe : agriculture, ressources naturelles, autosuffisance alimentaire ;

– Botswana : recherche agricole et contrôle des maladies du bétail avec la création de Saccar (*Southern African Center for Cooperation in Agricultural Research*) ;

– Lesotho : environnement, gestion des terres et des eaux du sol, tourisme ;

– Malawi : activités de pêche et faune, eaux et forêts ;

– Swaziland : main-d'œuvre ;

– Tanzanie : industrie et commerce ;

– Zambie : exploitation minière ;

– Angola : énergie ;

– Mozambique : transports et communications.

Ces activités sont menées dans chacun des pays par une commission technique qui travaille avec les homologues des autres pays. Ce sont les transports et communications qui au départ, constituent la priorité des priorités, compte tenu de la situation géographique de la plupart des pays : six pays enclavés (Malawi, Zambie, Zimbabwe, Botswana, Lesotho et Swaziland, ces deux derniers étant enclavés comme des îles à l'intérieur de la Rsa ; les quatre autres pays ont une façade maritime (Angola et Namibie sur l'Atlantique, Mozambique et Tanzanie sur l'océan Indien).

Seulement, les chemins de fer transversaux d'Est en Ouest, (notamment le corridor de Benguela qui relie l'Angola à la Zambie par la Rdc, le Nacala-Lilongwe qui relie le Mozambique au Malawi) ont été régulièrement endommagés pendant des années par les bandes armées de l'Unita en Angola et de la Renamo au Mozambique. C'est cette situation qui renforce la dépendance des pays à l'égard des ports de la Rsa pour leurs opérations d'importation et d'exportation. Un exemple : un pétrolier chargé en Angola, doit pour arriver au Mozambique ou en Tanzanie, contourner la Rsa par Le Cap, ce qui lui fait décrire un demi-cercle dont le diamètre n'est autre que la distance Angola-Mozambique ou Tanzanie, en ligne droite ; la distance est telle que ces deux pays ont plus avantage à importer leur pétrole directement des États du Golfe, alors que la production angolaise est en mesure de satisfaire les besoins de toute la sous-région.

On comprend dès lors pourquoi le programme de transports de Sadcc prévoit la réhabilitation des principales lignes ferroviaires transversales :

– Lobito (Angola)-Ndola (Zambie) ;
– Beira (Mozambique)- Harare (Zimbabwe) ;
– Tan- Zam reliant la Tanzanie à la Zambie ;
– Maputo (Mozambique)-Limpopo (Zimbabwe) ;
– Nacala (Mozambique)-Lilongwe (Malawi).

L'orientation originale de Sadcc lui permet de s'attaquer à des problèmes concrets. Cette organisation a cherché dès le départ à réaliser l'intégration physique pour ouvrir la voie à l'intégration économique. C'est cette option rationnelle qui lui vaut l'intérêt de certains bailleurs de fonds, avec une conférence annuelle où sont examinés tous les projets en vue de financement. Dans le même temps, Sadcc a pu faire l'économie des énormes charges administratives que connaissent les autres oig africaines : un secrétariat réduit à Gaborone (Botswana), comprenant au maximum une quinzaine de personnes.

Sadcc a pu faire état de certaines réalisations dans le domaine des infrastructures de transport terrestre grâce à l'aide internationale. Toutefois, le transport aérien a été complètement négligé. Au cours des dix premières années de fonctionnement, Sadcc s'est dans l'ensemble surtout illustrée comme une agence de coordination de l'aide internationale pour la sous-région.

La création de Sadcc a été tributaire d'un contexte particulier, celui de l'apartheid et de la domination économique de la Rsa. Depuis lors, des changements sont intervenus à l'intérieur même de la Rsa et en Afrique, avec la création d'une communauté économique au niveau continental. C'est la conjonction de ces évènements qui a conduit à la transformation de Sadcc en Sadc (*Southern African Development Community*) en août 1992 à Windhoek (Namibie). La nouvelle déclaration *Vers la Communauté économique de l'Afrique australe*[18]a été suivie d'un traité du reste très succinct (29 pages en dactylographie double interligne) qui confère cette fois à l'organisation un statut juridique[19]. À la différence des traités des autres communautés économiques africaines, celui de Sadc ne mentionne le commerce que comme domaine de coopération à côté de l'industrie, de l'investissement et des finances (article 21). Il n'existe dans ce traité rien qui puisse augurer un changement d'orientation par rapport à la voie suivie jusqu'ici par l'organisation. On peut toutefois noter que le traité de Sadc ne mentionne pas de façon explicite les rapports éventuels avec la Communauté économique panafricaine.

L'évènement marquant de Sadc a été son élargissement : l'adhésion de la Rsa en 1994, de Maurice en 1995, de la République démocratique du Congo (ex-Zaïre) et de Seychelles en 1997. Ce qui après l'adhésion de la Namibie en 1991, porte à 14 le nombre de membres en 1998. On notera que tous les membres de Sadc appartiennent au Commonwealth, en dehors de l'Angola et de la Rdc.

Avec l'élargissement de Sadc à d'autres membres, la stratégie d'intégration par projets se poursuit. Lors du sommet des chefs d'État de 1995 tenu à Johannesburg, il est décidé de créer un Fonds commun de fourniture d'électricité, *Southern African Power Pool* (Sapp) ; il est aussi signé un protocole pour la mise en place d'un système de partage des eaux, *Shared Water System* (une préoccupation de la Rsa confrontée à la pénurie d'eau). Il semble que l'acceptation de la candidature de l'ex-Zaïre, en dépit des problèmes d'absorption qu'elle pose, ait été justement motivée par la perspective de bénéficier de son potentiel en eau et en énergie hydro-électrique.[20] Bien entendu, le système de

[18]*Towards the Southern African Development Community.*

[19]*Treaty of the Southern African Development Community.*

[20] L'adhésion de la Rdc à Sadc n'a pas été accueillie avec enthousiasme par la presse sud-africaine : *Cape Town Times*du 18 septembre 1997 titrait : "Congo Could Wreck SADC Free Trade Plans" (le Congo pourrait compromettre les plans de libre-échange de SADC) ; dans le journal *Sowetan* sud-africain du même jour, on pouvait lire :

répartition de la coordination des projets a été réaménagé : un secteur « Finance et Investissement » est créé en 1995 et confié à la Rsa ; le secteur « Tourisme » a été transféré du Lesotho à Maurice (le Lesotho conservant toujours le secteur « Environnement et gestion des terres »).

La préoccupation commerciale a aussi fait son entrée. Au début de 1997, est prise la décision de faire de Sadc une zone de libre-échange au cours des huit prochaines années. Dans les autres pays membres, les milieux d'affaires se plaignent des barrières douanières élevées de la Rsa et du Zimbabwe, qui sont pourtant de loin les partenaires les plus industrialisés. La libre circulation des personnes n'existe pas encore dans Sadc : la Rsa impose le visa d'entrée aux personnes non membres de Sacu, craignant un afflux d'immigrants dont le nombre dépasse les 3 millions, alors que le pays est confronté à un chômageimportant ; les documents douaniers ne sont pas harmonisés ; il n'existe pas dans Sadc une politique commune des investissements.

De Pta (*Preferential Trade Area*) à Comesa (*Common Market for Eastern and Southern Africa*)

La Zep, Zone d'échanges préférentiels de l'Afrique de l'Est et de l'Afrique australe, (en anglais : Preferential Trade Area) est créée en décembre 1981 dans le cadre des recommandations du Plan d'action de Lagos. Le siège est à Lusaka (Zambie). En janvier 1995, elle compte 22 membres : Angola, Mozambique, Malawi, Namibie, Zambie, Zimbabwe, Lesotho, Swaziland, Kenya, Ouganda, Tanzanie, Djibouti, Éthiopie, Érythrée, Somalie, Comores, Maurice, Seychelles, Madagascar, Burundi, Ruanda, Soudan, Rdc (ex-Zaïre). L'Angola et la Rdc ont été admis comme membres à part entière lors du sommet des 8 et 9 décembre 1994 tenu à Lilongwe (Malawi). La Zep est ainsi la structure sous-régionale d'intégration qui compte le plus de membres, ce qui en fait un marché potentiel de près de 300 millions d'habitants.

Le traité de la Zep renferme des dispositions d'intégration des marchés : la zone d'échanges préférentiels qui repose sur une réduction des droits de douane est prévue pour une période de dix ans, l'organisation devant évoluer vers le marché commun à partir de 1993.

La première étape, celle de la zone de libre-échange, devait aussi être celle de la mise en place des structures de coopération sectorielle devant

---

"Heavy Load for SADC" (Charge encombrante pour Sadc).

servir de base à l'application du traité : Banque de commerce et de développement de la Zep, Chambre de compensation de la Zep, Fédération des chambres de commerce et d'industrie, Services aériens communs, Institut du cuir (Éthiopie), Centre de technologie métallurgique (Zimbabwe), Centre d'arbitrage commercial, Tribunal de la Zep.

Il a été aussi entrepris un programme d'intégration de la production dans le domaine des engrais par répartition géographique : triples phosphates (Ouganda), superphosphates (Burundi), engrais azotés à partir du gaz méthane du lac Kivu (Ruanda), urée/ammoniac (Tanzanie).

Par rapport aux autres oig africaines d'intégration, la Zep peut se prévaloir d'un dynamisme relatif : une première phase de réduction des droits de douane a été accomplie ; les procédures et réglementations douanières sont harmonisées, de même que les frais de transit routier (établis à 4 dollars par 100 km) ; une carte d'assurance intra-Zep pour les véhicules de transport est en place.

Toutes les monnaies en circulation dans la Zep sont inconvertibles. Mais la Chambre de compensation gérée par la Banque de réserve du Zimbabwe est relativement opérationnelle : près des trois quarts des transactions commerciales intracommunautaires passent par le système de compensation, ce qui permet l'utilisation des monnaies locales dans une proportion de plus de 60 pour cent. Le système de chèques de voyages Zep mis en place est opérationnel, mais bon nombre de pays membres traînent les pieds pour les accepter.

Il reste encore beaucoup à faire dans la Zep pour promouvoir l'intégration ; le commerce intracommunautaire qui ne compte que pour 6 pour cent des échanges commerciaux est handicapé surtout par l'état des communications et la trop large dispersion géographique des pays membres ; pour ne rien dire du faible niveau d'industrialisation de la sous-région (à l'exception du Zimbabwe et de Maurice) : plus de la moitié des membres de la Zep font partie du groupe des pma (pays moins avancés).

En 1992, le Secrétariat de la Zep élabore un nouveau projet de traité pour la mise en place d'un marché commun, Comesa (*Common Market for Eastern and Southern Africa*)[21] . Ceci en conformité avec l'article 29 du traité de 1983 établissant la Zep et stipulant que l'organisation

---

[21]Revised Draft Treaty establishing the Common Market for Eastern and Southern Africa, PTA.

doit, après dix ans de fonctionnement, être transformée en marché commun, puis en union économique. La nouvelle appellation « Marché commun » a été adoptée pour se conformer à une disposition du traité de 1981, alors que l'organisation était très loin de la zone de libre-échange. Selon le Secrétariat, le commerce intracommunautaire est passé de 834 millions de dollars en 1985 à 2,4 milliards de dollars en 1995, soit une augmentation de deux fois et demi en dix ans. Malheureusement, les chiffres sont donnés en valeur (prix courants), ce qui les gonfle de tout le poids de l'inflation ; une évaluation en volume (prix constants) aurait permis de se faire une idée plus correcte de l'évolution du commerce entre les pays membres.

Le nouveau traité met beaucoup l'accent sur les relations avec la Communauté économique panafricaine. Comesa est appelé à être une entité organique de l'organisation continentale. Le traité ouvre aussi la porte pour l'adhésion de Botswana, de la Rdc et de la République Sud-africaine post-apartheid.

Commission de l'océan Indien (Coi)

Certains pays de la sous-région Sud-Est de l'Afrique présentent la particularité d'être tous des îles de l'océan Indien ; ils ont cherché à faire de leur insularité une base de coopération, d'autant plus qu'ils ont le sentiment que cette partie du monde est marginalisée, négligée[22] .

La création de la Commission de l'océan Indien (Coi) procède d'une conjoncture politique favorable : au début du second semestre de l'année 1982, ce sont des régimes politiques de gauche qui sont au pouvoir à Madagascar, aux Seychelles et à Maurice. Cette convergence politique pousse alors les gouvernements des trois pays à organiser une première réunion ministérielle au mois de décembre : il est décidé de créer une Commission de l'océan Indien entre Madagascar, Seychelles et Maurice, avec possibilité d'adhésion pour tout État ou toute entité de la sous-région du Sud-ouest de l' océan Indien. Cette disposition concerne l'État des Comores et le département français de La Réunion. Coi voit le jour en janvier 1984 avec les accords signés à Victoria (Seychelles) entre les trois gouvernements. C'est en janvier 1986 que

---

[22] Comme le montre ce passage tiré d'une œuvre de géographie : « La Méditerranée est l'océan du passé, l'Atlantique l'océan du présent, le Pacifique l'océan du futur », *O.W. Freeman ed, 1950, Geography of the Pacific*, cité par A. Toussaint, *History of the Indian Ocean*, London 1966.

Comores et Réunion en deviennent membres, avec la condition stipulée que :

L'adhésion de la France à travers son département de La Réunion se fasse dans le respect des souverainetés nationales, sans paternalisme ou visées géopolitiques.

Tous les pays de la Coi, à l'exception de Réunion, sont membres de la Zep.

Les domaines de coopération envisagés au départ sont la diplomatie, l'économie et le commerce, la pêche maritime et la conservation des ressources, la justice (lutte contre la drogue), la culture, la science et la technique (projet d'université de océan Indien). En janvier 1989, grâce à un financement du Pnud, la Coi organise à Mahé (Seychelles) un colloque au cours duquel est établi un Plan d'action pour la coopération ainsi constitué :

– deux pôles de concentration : le commerce et l'industrie ;

– trois axes de support : transports et télécommunications, éducation et formation, information ;

– deux axes complémentaires : ressources maritimes, environnement, et tourisme.

Les gouvernements des pays de la Coi ont dès le départ opté pour des structures légères d'organisation, aussi peu coûteuses que possible : ainsi, durant les cinq premières années, la Coi n'a eu qu'un secrétariat tournant, assumé chaque année par le pays exerçant la présidence. C'est en juin 1988 qu'est mis en place à Quatre Bornes (Maurice) un Secrétariat permanent aux effectifs très réduits (six membres). Les clés de contribution au budget sont ainsi établis : France : 40 pour cent, Madagascar : 40 pour cent, Maurice : 12 pour cent, Comores : 12 pour cent, Seychelles : 3 pour cent.

Certains signes déjà perceptibles ne prédisposent pas à l'optimisme : tous les projets conçus au niveau régional tendent à se réduire en fait à une dimension nationale (régionalisation du Centre d'enseignement maritime, du Centre industriel de maintenance d'avions, du Projet d'énergies nouvelles et renouvelables...). Selon un rapport officiel, l'échec à tous les niveaux de la coopération régionale est total.

Il se pose aussi dans la Coi un problème de mise à niveau, compte tenu des disparités qui existent entre les pays membres :

Quote-parts des pays membres (en pour cent)

	Comores	Madagascar	Maurice	Réunion	Seych
Superf.	0. 37	98.8	0.34	0.42	0.07
Popul.	0.5	3.9	83.2	8.1	4.3
PIB	1.4	33.3	14.4	47.9	3

Source : *Marchés Tropicaux,* 25 octobre 1991

Accord tripartite de libre-échange

Le 10 juin 2015 est signé en Égypte un Accord tripartite de zone de libre-échange entre les trois communautés Comesa, Eac et Sadc. L'accord est surtout connu par son sigle anglais Tfta (Tripartite Free Trade Agreement). Les 26 partenaires représentent 48 pour cent des membres de l'Union africaine et 51 pour cent du Pib du continent africain.

Il s'agit pour l'essentiel d'un dispositif d'intégration des marchés, l'accent étant mis sur la libéralisation commerciale avec le démantèlement des barrières douanières et non douanières. Ce qui ne permet pas de lever les obstacles qui restent les mêmes pour arriver à une véritable intégration : niveau faible d'industrialisation, état défectueux des infrastructures, coût élevé des transactions. Si l'étape de l'union douanière est franchie avec un tarif extérieur commun, ce sont surtout les multinationales qui en tireront profit.

Handicaps, atouts et perspectives d'avancées dans l'intégration de la sous-région

L'Afrique de l'Est et du Sud, considérée au niveau Sadc/Pta souffre d'un grand handicap constitué par la situation d'enclavement de la plupart des pays. Seuls quatre pays, Angola et Namibie sur l'Atlantique, Mozambique et Tanzanie sur l'océan Indien, échappent à cette situation. Mais la sous-région n'en bénéficie pas moins d'atouts importants pour la réussite de l'intégration économique : les infrastructures et les ressources énergétiques.

C'est dans cette partie de l'Afrique au sud du Sahara que se trouvent les réseaux les plus denses de chemin de fer, de routes bitumées et de téléphone, même en faisant abstraction de la Rsa. Dans chacun de ces domaines, l'Afrique australe vient loin devant l'Afrique de l'Ouest. À l'exception du TanZam (projet chinois de 1976) les lignes ferroviaires ont été toutes construites à l'époque coloniale pour les besoins de l'économie de traite ; certaines lignes ont été endommagées lors des guerres civiles en Angola et au Mozambique, mais elles ne demandent qu'à être réhabilitées pour servir à intégrer les économies de la sous-région.

La sous-région est riche aussi en ressources énergétiques : hydro-électricité, pétrole et charbon. La source principale d'énergie hydro-électrique est le fleuve Zambèze, long de 2665 km et abritant un potentiel de 16 000 mégawatts. Les pays directement concernés sont Angola, Zambie, Zimbabwe, Malawi et Mozambique. Les principaux barrages se trouvent au Mozambique (Caborra Bassa : 2075 MW), au Zimbabwe (Kariba Dam : 705 MW), en Zambie (Kariba[23] Dam : 600 MW, Kafue Gorge : 900 MW, Victoria Falls : 108 MW) ; soit près des trois quarts de la capacité installée de la sous-région. À cela s'ajoute la production de barrages de moindre envergure (sur le Nil bleu pour l'Éthiopie), et la production thermique à partir du pétrole et du charbon. Djibouti, Somalie, Botswana et Lesotho sont les seuls pays sans énergie hydro-électrique.

La coopération énergétique fonctionne déjà depuis des années : Rdc-Zambie, Zambie-Zimbabwe, Rdc-Burundi, Rdc-Ruanda, Rdc-Angola, Ouganda-Kenya, Mozambique-Rsa. Sur les 2075 MW produits par le barrage de Caborra Bassa, le Mozambique ne consomme que 145 MW ; le reste est exporté vers Rsa sur un réseau de 1410 km, tandis que Lesotho etSwaziland sont tributaires de Rsa.

La production de pétrole de l'Angola est en moyenne de 6,5 millions de tonnes par an en temps normal, ce qui est légèrement supérieur à la consommation de la sous-région (moins de 6 Mt). Mais, comme il a été vu plus haut, le pétrole angolais transporté par bateau doit pour arriver aux ports de l'océan Indien (Maputo, Dar es Salam) faire un détour par Le Cap : soit un trajet deux fois supérieur à la distance entre ces mêmes ports et les pays du Golfe Persique. Un pipeline transversal Ouest-Est est certainement la meilleure solution pour activer la coopération pétrolière entre l'Angola et ses partenaires.

---

[23] Les barrages de Kariba ont été construits lors de la période de la fédération Rhodésies-Nyassaland qui a duré de 1953 à 1963.

La production de charbon de Zimbabwe sert dans une proportion de 92 pour cent à alimenter la sidérurgie locale, le reste étant exporté vers Malawi et Zambie. Botswana et Mozambique en reçoivent une part, en appoint de leur propre production. Swaziland est l'autre producteur de charbon dans la sous-région, en dehors bien sûr de Rsa.

Pour ce qui est des perspectives d'intégration économique dans la sous-région pour les années à venir, elles ont été envisagées en termes de rapports entre Zep et Sadc. Le dixième sommet de Zep tenu à Lusaka fin janvier 1992 propose la fusion Sadcc-Zep, mais six mois après, le sommet des chefs d'État de Sadcc tenu le 17 août à Windhoek (Namibie) décide la création de la nouvelle entité Sadc, communauté économique pour la seule Afrique australe; pourtant ce sont les mêmes chefs d'État à une exception près (Botswana membre de Sadcc, mais pas de la Zep) ayant pris cette décision, qui avaient donné leur accord pour la fusion Zep-Sadcc quelques mois auparavant.

Cette situation confuse a amené les deux présidents en exercice de Zep et de Sadc (Museveni d'Ouganda et Matsiré de Botswana) à se réunir le 23 févier à Gaborone pour discuter de la question : le communiqué publié à la suite de la rencontre[24] propose de régler le problème au niveau politique, en mettant en place une Commission composée de ministres représentant les deux organisations et présidée par une éminente personnalité africaine neutre (le Ghanéen Dadzie, ancien secrétaire général de la Cnuced).

La même Commission devait décider de l'opportunité du maintien ou de la fusion de Zep et de Sadc. La fusion semblait peu probable, à moins de concevoir Zep comme un cadre général de coordination à l'intérieur duquel Sadc et Coi auraient continué à fonctionner sur la base de dispositions établies, pour faire face aux problèmes spécifiques de leurs membres.

Une autre solution serait de réserver Sadc pour les seuls pays d'Afrique australe, et Zep pour les seuls pays d'Afrique de l'Est ; de façon à avoir une communauté économique pour chacune des sous-régions, ce qui après tout correspond mieux à l'esprit du Plan d'action de Lagos et de la Communauté économique panafricaine. C'est finalement la solution retenue : lors du sommet Sadc tenu en août 1994, il est proposé de diviser Pta/Comesa en deux groupes, l'un pour le sud, c'est- à- dire les pays membres de Sadc, l'autre pour le nord, c'est à dire

---

[24] Gaborone Joint-Statement on Sadc/Pta relations.

les pays non- membres de Sadc. Le sommet de 1995 franchit le pas, en adoptant une résolution portant sur l'incompatibilité d'appartenance à Sadc et à Comesa. L'application de la résolution par Mozambique et Lesotho amène alors le secrétariat de Comesa à entreprendre une vaste campagne diplomatique en direction des autres membres tentés de suivre la même voie.

Ceci étant, le problème posé par le voisinage avec Rsa est incontournable dans la perspective de l'intégration des économies de l'Afrique australe : Rsa abrite 30 pour cent de la population de la zone, avec un revenu par tête 8 fois supérieur à la moyenne pour les pays Sadc ; Rsa intervient pour 77 pour cent du produit intérieur brut, 64 pour cent des exportations, 67 pour cent des importations de la sous-région de l'Afrique australe.

Il convient tout de même de noter que Rsa aussi a un grand besoin de ses voisins dont elle est très dépendante sur le plan économique : le port de Maputo est d'une importance cruciale pour la région du Transvaal qui constitue le noyau industriel de Rsa ; la dépendance de Rsa est aussi nette pour l'énergie hydro-électrique, la main-d'œuvre, et même l'approvisionnement en eau à partir de Lesotho ; les pays Sadc absorbent une bonne part de la production manufacturière de Rsa, à des prix plus élevés, et avec une qualité inférieure par rapport aux standards mondiaux.

L'économie de Rsa, particulièrement son industrie, est en stagnation depuis 1975 suite à une combinaison de facteurs comme les sanctions internationales et les conflits internes ; Rsa reste encore un gros importateur de biens d'équipement, et les produits miniers comptent toujours pour 62 pour cent de l'ensemble de ses exportations ; ce sont les marchés africains qui pour le moment sont ciblés pour son expansion industrielle. Rsa a une longue tradition de rapports économiques avec ses voisins de la sous-région : main-d'œuvre immigrée en provenance des BLSN, du Mozambique, du Zimbabwe et de Zambie ; liens commerciaux très étroits, particulièrement avec Zimbabwe (à l'époque Rhodésie du Sud) à la suite de la déclaration unilatérale d'indépendance (Udi) de 1965 qui avait été assortie de sanctions internationales. Ceci montre l'intérêt particulier que présente pour l'économie de Rsa son intégration avec les économies de la sous-région. En 1994, la nouvelle Rsa post-apartheid adhère logiquement à Sadc, ce qui marque le passage d'une situation de conflit à une situation de coopération.

3.

Afrique du Nord

La sous-région Afrique du Nord ne comporte qu'une seule structure d'intégration, l'Union du Maghreb arabe.

Union du Maghreb arabe (Uma)

Union du Maghreb arabe (Uma) est créée le 17 février 1989 à Marrakech (Maroc) entre Algérie, Libye, Mauritanie, Maroc et Tunisie. Elle remplace *Comité permanent du Maghreb* qui n'a jamais eu d'existence réelle, tout en répondant au souci du Plan d'action de Lagos de doter la sous-région de l'Afrique du Nord d'une communauté économique. Le Secrétariat général de Uma est établi à Rabat au Maroc.

Cette organisation présente davantage les aspects d'une structure de coopération. Le projet de zone de libre-échange prévu pour l'année 1992 a été abandonné. Depuis sa création, seize accords et conventions ont été conclus dans différents domaines : tarifs douaniers, transports maritimes et routiers, télécommunications, échanges de produits agricoles, sécurité sociale, coopération vétérinaire.

Mais à la fin de l'année 1992, Tunisie est le seul pays membre ayant ratifié tous les accords. Maroc n'en a ratifié aucun. Ce qui manifestement pose des problèmes. Maroc et Libye ne se sont jamais vraiment sentis concernés par Uma.

Le Maroc n'a jamais fait mystère de son désir d'association avec la Cee, ayant même cherché, en vain, à en être membre à part entière, lors de son retrait de l'Oua. Revenu dans l'Oua en 2017, Maroc demande à adhérer à la Cedeao.

Libye sous Khadafi, a toujours eu le regard plutôt tourné vers l'Égypte son voisin de l'Est, et les pays africains au sud du Sahara. Il faut aussi ajouter que le gouvernement libyen reprochait à ses partenaires leur manque de soutien ferme lors du conflit qui l'avait opposé aux pays occidentaux avec l'affaire de Lockerbie en Écosse. Ce qui n'était guère de nature à stimuler son engagement avec eux dans l'intégration économique.

Tunisie qui jusqu'à présent passait pour être le partenaire le plus impliqué dans Uma signe en avril 1995 un accord de libre-échange avec l'Union européenne. Tunisie et Maroc ont plus de relations économiques avec le Sénégal qu'ils en ont avec leurs partenaires de Uma.

En réalité, l'appellation même de *Union du Maghreb arabe* pose problème : *Maghreb* (en réalité *Maghrib* en langue arabe) signifie *l'Ouest*, ce qui au plan géographique correspond bien à la situation de l'Algérie et surtout du Maroc, dont le nom arabe est *Maghrib*. Libye se situe plutôt dans la zone Est, le Machrik, avec Égypte. Mauritaniese trouve au sud du Sahara, et son arabité est loin d'être évidente pour les Négro-africains qui constituent une partie non négligeable de sa population.

Le projet d'intégration économique dans la sous-région ne date pas d'aujourd'hui. Le journal algérien *El Moujahid* (du 11 novembre 1992) en faisait le constat en ces termes :

« Voilà plusieurs années que l'on parle de mille et un projets pour le Maghreb, mais rien de concret pour le moment.

Pour le moment, ce sont surtout des questions politiques du monde arabe qui font l'objet des discussions lors des sommets des chefs d'État de l'Uma. Comme l'a montré la présence du dirigeant palestinien Yasser Arafat (invité) au Cinquième Sommet qui s'est tenu à Nouakchott en novembre 1992. »

Atouts et handicaps de l'Afrique du Nord

Certains pays membres sont néanmoins engagés depuis longtemps, bien avant la création de Uma, dans des expériences de coopération énergétique. Il existe une interconnexion de lignes électriques du Maroc - Algérie, et Algérie - Tunisie. Algérie et Tunisie ont créé deux entreprises conjointes à Tunis, l'une pour la fabrication de moteurs diésel, l'autre pour la production de ciment blanc. Au Maroc fonctionne une usine de machines-outils créée entre les gouvernements marocain et tunisien. Il ne s'agit donc que de projets bilatéraux.

Pour Tunisie, la coopération bilatérale avec Sénégal semble plus intense qu'avec n'importe lequel de ses partenaires de Uma (il existe à Dakar une Banque sénégalo-tunisienne). Même les relations commerciales entre les pays de Uma sont régies par des accords bilatéraux. Bien entendu, les échanges commerciaux intracommunautaires restent très faibles : Algérie n'effectue pas plus de 2 pour cent de son commerce avec ses partenaires de Uma ; seule une proportion de près de 5 pour cent des importations de Tunisie lui proviennent de ses partenaires, contre près de 80 pour cent venant de Union européenne.

L'Afrique du Nord bénéficie pourtant d'atouts de taille pour la réussite de l'intégration : unité de culture, de religion et de langues (arabe et français), et aussi un réseau de transport routier et ferroviaire relativement développé par rapport à la situation au sud du Sahara. Les obstacles à l'intégration se situent surtout au niveau des clivages politiques et des moyens de paiement (encore que Maroc et Tunisie aient fait de grands pas récemment vers la convertibilité de leurs monnaies). Il faut déplorer aussi que l'intégration économique en Afrique du Nord ne suscite guère au niveau des élites cette ferveur (conférences, séminaires...) qu'on rencontre au sud du Sahara.

Uma connaît sa crise la plus grave à la fin du mois d'août 1994, avec le conflit Algérie – Maroc. Dans le feu de sa lutte contre les mouvements dits islamistes, le gouvernement algérien en vient à exiger un visa d'entrée aux ressortissants marocains dont certains sont soupçonnés d'être de connivence avec le « Front islamique du salut » ; le gouvernement marocain réagit aussitôt en imposant les mêmes mesures aux ressortissants algériens. La liberté de circulation était jusqu'alors le seul acquis de l'intégration entre pays du Maghreb. La politique est le premier facteur qui divise les gouvernements de la sous-région pour la réussite de l'intégration économique.

4.

Afrique de l'Ouest

L'Afrique de l'Ouest abrite trois communautés économiques d'intégration : Mano River Union : Mru) (Union du fleuve Mano), Ceao devenue Uemoa et Cedeao.

Mano River Union (Union du fleuve Mano)

Le Mano river union(Mru) créé le 3 octobre 1973 à Malema (Sierra Leone) entre le Liberia et la Sierra Leone, est élargi à la Guinée-Conakry en 1979. La Côte d'Ivoire sous Laurent Gbagbo adhère en 2008. Le siège est à Freetown, en Sierra Leone.

En 1964, le président du Liberia, William Tubman, dans la tradition du panafricanisme anglosaxon propose à ses voisins immédiats, la Sierra Leone, la Guinée-Conakry et la Côte d'Ivoire, la formation d'une zone de libre-échange, comme étape préalable dans la construction de l'unité africaine. Mais la proposition n'est pas accueillie favorablement, ce qui n'est pas étonnant, car comme nous l'avons vu, la plupart des gouvernements africains de l'époque sont obnubilés par la construction de l'État-nation. C'est seulement dix ans après, que le Liberia et la Sierra Leone s'unissent dans le Mru avant d'être rejoints par la Guinée-Conakry.

Rappelons que le Liberia et la Sierra Leone sont situés de part et d'autre du fleuve Mano, et que ces deux pays sont issus du royaume de Kailahun Luawa, soumis à la partition coloniale britannique au 19e siècle (le Liberia ayant néanmoins échappé à la colonisation).

Le Mru est une structure d'intégration des marchés, comportant des mesures de coopération dans les domaines de l'industrie, de l'agriculture, des transports et des télécommunications. Au plan de l'intégration des marchés, le Mru a mis en place le dispositif douanier classique : harmonisation des droits de porte et des procédures administratives ; harmonisation et uniformisation des taux pour deux tiers des produits soumis aux droits d'accise. Mais dans la pratique, les entraves à la libre circulation des personnes et des marchandises sont toujours en place : mesures de contrôle des changes, contrôles douaniers excessifs, délivrance très lente des licences d'importation et d'exportation ; au Liberia comme en Sierra Leone, l'exportateur est tenu de verser une caution de 25 pour cent de ses bénéfices anticipés avant d'obtenir sa licence. Le résultat est que le commerce intra-communautaire représente encore moins de 1 pour cent de l'ensemble du commerce de chaque pays membre. Rien n'a été fait pour assurer la libre circulation des personnes, ce qui explique la grande fréquence des postes de police (services d'immigration) sur le parcours entre Monrovia et Freetown.

Au plan des réalisations sectorielles, le Mru, avant l'adhésion de la Guinée compte à son actif : l'achèvement en 1977 d'un pont sur le fleuve Mano, devant relier Monrovia et Freetown, et la mise en place de programmes communautaires de formation professionnelle (formation en douane, commerce, statistique, postes et télécommunications dans chaque pays, formation forestière et maritime). Les centres de formation ont rapidement cessé leurs activités, faute de moyens financiers et aussi faute de débouchés pour les diplômés ; au point qu'il a été décidé de les dé-régionaliser, pour en faire de simples centres nationaux, ce qui manifestement est un recul dans la stratégie d'intégration. Quant au pont sur le fleuve Mano, il n'est rien d'autre qu'un symbole, car non encore utilisé, compte tenu du mauvais état des routes qui y mènent, pour ne rien dire des innombrables contrôles de police et de douane qui jalonnent le parcours.

L'adhésion de la Guinée-Conakry est loin d'avoir été un facteur de redynamisation : ce pays est venu avec ses nombreux problèmes économiques, sa monnaie inconvertible, et a occasionné une augmentation en flèche des dépenses de fonctionnement du Secrétariat général avec les nouveaux frais de traduction et d'interprétation.

Devant la léthargie qui caractérise le Mru depuis sa création, le Conseil des ministres réuni en septembre 1986 à Freetown adopte un certain nombre de résolutions pour la relance du processus d'intégration dans la période 1987/89. Des secteurs prioritaires sont alors identifiés.

Dans l'agriculture, il est adopté un programme de multiplication des semences de riz, et un programme de contrôle de la trypanosomiase (causée par la mouche tsé-tsé) qui pénalise l'élevage dans cette zone d'humidité.

Dans l'industrie, adoption d'un statut des industries communautaires, d'un code des investissements communautaire et d'une clause de protection des industries agréées, contre une éventuelle concurrence ultérieure. Sept industries communautaires sont identifiées :

– usine de verre au Liberia, pour fournir aux pays membres des bouteilles à des prix défiant toute concurrence ; le capital entièrement libérien (État et privés) est appelé à être étendu aux autres opérateurs économiques de l'Union ;

– usine de concentré de tomate et de traitement de fruits (mangues, goyaves...) à Mamou (Guinée) ; le capital est dans un premier temps réparti entre un groupe français (55pour cent) des privés guinéens (35pour cent) et l'État guinéen (10pour cent), avec la perspective de faire appel à d'autres opérateurs économiques de l'Union ;

– usine de sel de quinine destiné à l'industrie pharmaceutique ;

– usine de pâte de papier devant utiliser les fibres locales comme la paille de riz, le capital devant être réparti à l'intérieur de l'Union ;

– industrie pharmaceutique ;

– usine de fabrication de sel en Sierra Leone ;

– unité de production de charbon en Sierra Leone, prévue pour utiliser les techniques les plus modernes ;

– projet de mini-usines de raffinage d'huile de palme.

Dans le domaine des transports, il est projeté de terminer les tronçons nécessaires à l'achèvement des voies routières Freetown-Monrovia, Freetown-Conakry, et de créer une compagnie maritime et une compagnie aérienne (Air Mano). La première contrainte ici est bien entendu le financement.

Dans le secteur de l'énergie, mise en place d'un plan directeur de l'énergie avec une importante composante hydro-électrique à partir du fleuve Mano.

Dans le secteur du commerce, des mesures sont prévues pour rendre effective la libéralisation commerciale et faciliter les arrangements de paiement.

Il est clair que la mise en œuvre effective de ces mesures contribuerait à redynamiser le processus d'intégration au sein de l'Union du fleuve Mano. Mais ...Mru a été utilisé comme repoussoir à la France. Sékou Touré en 1979 et Laurent Gbagbo en 2008 n'y ont adhéré que pour marquer leur indépendance à l'égard de la France qui n'avait aucune influence dans cette organisation créée par deux pays anglophones.

De la Ceao (Communauté économique de l'Afrique de l'Ouest) à l'Uemoa (Union économique et monétaire ouest-africaine)

La *Communauté économique de l'Afrique de l'Ouest* (Ceao) succède à des expériences et tentatives antérieures d'intégration économique dans la partie francophone de la sous-région.

La dissolution de la fédération de l'Aof le 3 mars 1959 est suivie de la création de l'*Union douanière de l'Afrique occidentale* (Udao) le 9 juin 1959. Les membres sont : Côte d'Ivoire, Dahomey (Bénin), Haute-Volta (Burkina Faso), Niger, Mauritanie et Fédération du Mali regroupant le Sénégal et le Soudan (République du Mali) ; on y retrouve tous les membres de l'Aof sans la Guinée-Conakry. Le traité de l'Udao prévoit la suppression immédiate de toutes les barrières douanières et non-douanières. Mais dans la pratique, ces dispositions ne sont guère respectées : parce que l'avance industrielle très nette du Sénégal acquise pendant la période coloniale inquiète les autres partenaires qui craignent à la fois pour leur industrialisation et pour leurs recettes douanières.

En 1966, les États devenus indépendants[25] s'entendent pour redynamiser l'intégration sous-régionale en transformant Udao en Udeao (*Union douanière des États de l'Afrique de l'Ouest*) avec quelques réaménagements. C'est ainsi qu'au régime de libre-échange intégral dans l'immédiat est substitué un régime de préférences douanières : les droits de douane sont abaissés de moitié. Mais cette

[25] La Fédération du Mali ayant éclaté, la République du Mali et la République du Sénégal signent le traité de l'Udeao, chacune pour son propre compte.

disposition ne suffit pas pour dissiper les craintes de développement industriel inégal et de moins-values budgétaires. Udeao reste alors en veilleuse, n'existant que sur le papier, jusqu'à son remplacement par la Ceao en 1973.

La Communauté économique de l'Afrique de l'Ouest (Ceao) créée en 1973 à Abidjan regroupe à l'origine six États qui sont les membres de Udeao sans le Dahomey (Bénin) ; ce pays rejoint l'organisation en 1985, pour s'y retrouver avec ses anciens partenaires : Burkina, Côte d'Ivoire, Mali, Mauritanie, Niger et Sénégal. Ouagadougou abrite le siège.

Ceao se présente avant tout au départ comme une structure d'intégration des marchés, avec toutefois des dispositions prudentes, compte tenu de la leçon tirée des expériences antérieures : la suppressiondes barrières non-douanières (comme les contingentements) est prévue, mais le dispositif douanier lui-même est assez souple, comportant trois régimes selon la nature des produits :

– régime de libre-échange intégral pour les produits du cru, c'est-à-dire les produits d'origine minérale, végétale, animale, échangés à l'état brut, sans aucune transformation industrielle ;

– régime douanier de droit commun pour les produits manufacturés non agréés ;

–régime de la *Taxe de coopération régionale* (Tcr) pour les produits dits agréés : les produits agréés sont des produits industriels fabriqués dans un pays membre avec au moins 60 pour cent de matières premières locales ou bien 40 pour cent de valeur ajoutée locale ; ce qui par exemple exclut des produits comme les véhicules montés sur place par simple assemblage de pièces détachées importées, donc à valeur ajoutée très faible ; mais le traité ne dit rien sur l'origine (africaine ou étrangère) des capitaux.

Le régime de la Tcr est en fait un régime de préférences douanières : la Tcr n'est rien d'autre qu'un droit de douane allégé ; le dispositif fonctionne comme suit : lorsqu'un pays importe d'un partenaire un produit agréé, il est autorisé à le frapper du droit allégé, la Tcr ; le pays importateur subit de ce fait une moins-value budgétaire, mais celle-ci lui sera remboursée dans une proportion des deux tiers par un organisme de la Ceao, le *Fonds communautaire de développement* (Fcd). Le financement du Fcd est assuré par les États au prorata de la valeur de leurs exportations de produits manufacturés à l'intérieur de la communauté (Côte d'Ivoire et Sénégal l'ont alimenté jusqu'à présent à hauteur de plus de 90 pour cent) ; le tiers restant de moins-value budgétaire est conservé par le Fcd, pour financer des actions communautaires de développement dans les pays membres.

Voici un exemple fictif. Avant la création de la Ceao, Niger prélevait un droit de 100 F cfa sur chaque boite d'ananas importée de Côte d'Ivoire. Avec la création de la Ceao, le Niger décide d'abaisser ce droit à 40 f Cfa ; le trésor nigérien subit ainsi une moins-value budgétaire de 100 f - 40 f = 60 f, dont les deux tiers soit 40 f lui sont remboursés par le Fcd ; le Niger dispose ainsi d'une recette totale de 40 f + 40 f = 80 f, qui est assez proche de la recette initiale de 100 f. Cette disposition est mieux acceptée par les pays importateurs, d'autant plus qu'ils bénéficieront aussi des actions communautaires de développement financées par le Fcd.

Avec l'ensemble de ces trois dispositions (libre-échange total pour les produits du cru, régime de droit commun pour les produits non agréés, régime de la Tcr pour les produits agréés) la Ceao a été présentée comme une *zone d'échanges organisés.*

Toujours au plan de l'intégration des marchés, le traité Ceao prévoit aussi l'étape ultérieure de l'union douanière avec la mise en place d'un tarif extérieur commun au bout de douze années de fonctionnement.

Les activités de coopération sectorielle ont aussi une large part dans le fonctionnement de la communauté ; elles sont prévues dans le traité et surtout dans les protocoles annexes : agriculture, industrie, bétail et viande, pêche maritime et continentale, transports et communications.

L'agriculture n'y a été vraiment centre d'intérêt qu'à partir de 1985, avec le début de la réflexion commune sur les stratégies agricoles et alimentaires, ou politique agricole commune. C'est la dégradation de la situation alimentaire dans la sous-région, face au croît démographique qui est à l'origine de cette nouvelle perspective. En fait, la politique agricole commune n'est ici rien d'autre que le cadre des actions (projet de régionalisation de centres de recherche, organisation des marchés agricoles...) que la Ceao projette d'entreprendre dans le domaine de l'agriculture.[26]

---

[26] Le terme Politique agricole commune (Pac) est emprunté à la Communauté économique européenne. Dans la Cee, la Pac appliquée depuis 1967 a des contours très précis : unicité de prix, préférence communautaire et solidarité financière. Autrement dit, ce sont les mêmes prix qui doivent prévaloir dans tous les pays de la

Dans l'industrie, c'est aussi en 1985 que la Ceao finance des études de marché pour des investissements éventuels et sur une base communautaire, dans quatre domaines : production et distribution d'engrais, de matériel agricole et de pompage, de produits sidérurgiques et de verre creux. En 1989, le Secrétariat fait entreprendre par le bureau d'études français Sofreco une étude sur *la régionalisation d'industries existantes et/ou la création d'industries régionales dans les pays de la Ceao*. Comme toujours, c'est le problème de la réalisation effective des projets identifiés qui reste non résolu. C'est le cas en particulier du projet de fabrication communautaire de wagons dont les centres devront être établis à Dakar et à Bobo Dioulasso.

En 1989 est adopté le *Plan communautaire de transport de la Ceao*, directement inspiré d'une initiative du Conseil de l'Entente. Le volet routier comporte un plan de bitumage des routes reliant des agglomérations situées dans les pays membres : Bamako-Nioro(Mali) – Aioun el Atrouss (Mauritanie) ; Bamako – Saraya(Sénégal) ; Sikasso(Mali)- Bobo Dioulasso (Burkina) ; Parakou (Bénin) – Fada Ngourma (Burkina) ; Ouangolodougou (Côte d'Ivoire) – frontière Mali et frontière Burkina. Le plan ferroviaire prévoit la réhabilitation des réseaux existants, la prolongation jusqu'à Niamey de la ligne Abidjan-Niger et de la ligne Parakou-Cotonou, l'interconnexion des lignes Abidjan-Niger et Dakar-Niger ; ce qui permettrait de relier par voie ferrée six des sept capitales de la Ceao, Nouakchott étant déjà reliée à Dakar par route. La Ceao élabore aussi un projet de *Société communautaire de transport maritime*, à la suite d'une réunion tenue à Dakar en février 1992.

La coopération sectorielle dans la Ceao comporte encore un volet relatif à la formation, qui ne figurait ni dans le traité initial, ni dans les protocoles (un chapitre X, article 29 bis a été incorporé au traité). C'est en 1978 qu'est adopté le programme de projets communautaires de formation :

– Centre africain d'études supérieures de gestion (Sénégal) ;

–École supérieure des mines et de la géologie (Niger) ;

Cee ; ces prix étant supérieurs à ceux du marché mondial, lorsqu'un pays membre importe certains produits agricoles sur ce marché mondial, il est tenu de payer la différence de prix à un organisme communautaire, le Fonds européen d'orientation et de garantie agricole, qui à son tour subventionne un producteur de la communauté qui exporte sur le marché mondial.

–École supérieure des industries textiles, et Centre régional d'énergie solaire (Mali) ;

– Société communautaire d'armement, d'achat et de commercialisation des produits de la pêche, et Institut supérieur des sciences et techniques halieutiques (Mauritanie).

Le budget de la Ceao est alimenté par les États membres au prorata de leur niveau de revenu par tête d'habitant : Côte d'Ivoire et Sénégal contribuent pour plus des deux tiers du total. Un budget qui ne sert que pour le fonctionnement du Secrétariat général et qui n'est jamais inférieur à 1 milliard de francs Cfa ; d'où la difficulté de le boucler, compte tenu des difficultés économiques des États. Face aux arriérés qui s'accumulent, la conférence des chefs d'État tenue à Cotonou en octobre 1989 décide d'adopter le système de *Prélèvement communautaire de solidarité* (Pcs) : il s'agit d'un prélèvement à la source à opérer suivant un certain pourcentage sur les recettes douanières des États, pour être versé directement au budget de la Ceao. Le projet a tardé à être opérationnel du fait du peu de volonté de la part de la Côte d'Ivoire et du Sénégal, peu disposés à renoncer à une partie de leurs recettes douanières.

Une autre structure importante de la Ceao est le *Fonds de solidarité et d'intervention pour le développement de la communauté* (Fosidec), créé en octobre 1978 comme structure spécialisée, et devenue autonome par la suite. Les ressources du Fosidec sont constituées par la dotation initiale de 5 Mds F Cfa fournie par les États, les cotisations annuelles, les intérêts des placements et prêts, les emprunts contractés. Ces ressources sont utilisées dans des opérations de garantie d'emprunts, de bonification d'intérêts, de subvention à des études de projets, de prêt, de prise de participation dans le capital de sociétés ... Les bénéficiaires des interventions du Fosidec sont les États, les entreprises du secteur public et les entreprises du secteur privé cautionnées par leurs États.

Dans l'ensemble, la Ceao a pu se prévaloir d'un bilan relativement positif jusqu'au début des années 80. Avec le mécanisme de la Tcr, les échanges intracommunautaires ont augmenté de 241 pour cent dans la période 1976/79 (encore que la performance ait été surestimée par l'évaluation en valeur qui incorpore l'inflation). Le Fosidec a garanti des emprunts qui ont servi à financer des projets industriels : atelier mécanique au Mali, usine de chaussures et unité d'exploitation d'eau minérale en Mauritanie, usine de boissons non alcoolisées au Niger, extension de cimenterie au Sénégal. Les centres de formation communautaire au financement desquels le Fosidec a contribué sont à comptabiliser dans les acquis de la Ceao ; mais ces centres auraient tout aussi bien pu être créés de façon concertée entre les États, si la Ceao n'avait pas existé. Ils ont été bien entendu gravement affectés par la crise financière qui a secoué la Ceao et qui a conduit à sa disparition.

Le traité de création de *l'Union économique et monétaire de l'Afrique de l'Ouest* (Uemoa) est signé le 10 janvier 1994 à Dakar, à la veille même de la décision de dévaluer le franc Cfa. Les signataires sont les pays de la sous-région membres de la zone franc, c'est-à-dire les membres de la Ceao sans la Mauritanie, mais en plus du Togo. La Guinée-Bissau adhère en mai 1997.

Pour l'essentiel, le traité renferme les dispositions suivantes :

– la création d'un marché commun et la mise en place de politiques communes dans divers domaines (ressources humaines, aménagement du territoire, transports et télécommunications, environnement, agriculture, énergie, industrie et mines) ;

– des institutions comme la Conférence des chefs d'État et de Gouvernement, le Conseil des ministres, la Commission, la Cour de justice, la Cour des comptes ; l'organe permanent d'exécution est la Commission, dans laquelle chaque État membre compte un représentant appelé commissaire, disposant d'un mandat de quatre ans renouvelable ; le président de la Commission est désigné par les chefs d'État parmi les membres et sur une base de rotation entre les pays membres ; c'est le président qui nomme aux différents emplois ; le gouverneur de la Bceao participe aux réunions de la Commission avec voix consultative et peut aussi se faire représenter ;

– les ressources de l'Union se présentent ainsi : a) dans un premier temps et pour une période de 3 ans maximum, le financement est assuré par la Bceao et la Boad ; b) dans un second temps, un prélèvement est opéré sur le produit du tarif extérieur commun et les taxes indirectes perçues dans l'Union ; c) à terme, il sera institué une taxe à la valeur ajoutée en remplacement de ces ressources ;

– tout État de la sous-région peut demander à être membre à part entière de l'Union, ou bien à participer seulement à certaines politiques communes comme membre associé ;

– le siège de l'Union est fixé à Ouagadougou et le traité doit entrer en vigueur le 1er août 1994.

Le traité de l'Union s'inspire aussi de dispositions récentes contenues dans le traité de la Communauté économique panafricaine et dans le traité révisé de la Cedeao :

– le principe de l'indépendance des membres de la Commission (ils ne doivent solliciter ou recevoir aucune instruction de la part d'un gouvernement ou d'un organisme, et ne doivent exercer aucune activité professionnelle rémunérée ou non, durant leur mandat) ;

– la création à terme d'un Parlement ; dans un premier temps il est institué un Comité interparlementaire composé de cinq membres par État ;

– le caractère obligatoire des directives, lesquelles sont prises à la majorité simple.

Le traité de l'Union renferme toutefois quelques insuffisances :

Le traité ne vise pour l'essentiel que l'intégration des marchés dont on connaît les limites dans un contexte de sous-développement. Enfin, on ne peut que déplorer une fois de plus, cette persistance à vouloir copier le modèle européen d'intégration, jusque dans la terminologie : l'organe d'exécution de l'Uemoa n'est plus le Secrétariat général ou exécutif, mais tout simplement la Commission, comme dans l'Union européenne. Pour ne rien dire de la décision de créer un parlement comme dans le modèle européen.

La convention régissant l'Union économique de l'Afrique centrale, en dépit de ses limites signalées, semble plus complète, mieux élaborée que le traité de l'Uemoa.

Les insuffisances du traité ont été complétées par la suite par de nouvelles dispositions copiées sur la Ceao. Selon le traité, l'assiette du Prélèvement communautaire de solidarité devait être constituée par le tarif extérieur commun ; comme l'union douanière n'a pas vu le jour, les autorités de l'Uemoa ont pris comme assiette la valeur des importations hors communauté des pays membres ; ce qui revient à une reconduction du Pcs de la Ceao, avec la différence que le taux cette fois est de 0,5pour cent au lieu de 1pour cent, ce qui est plus acceptable pour les États ; c'est ainsi que le financement de la Bceao a été remplacé par le Pcs depuis le second semestre 1996. Il a aussi été institué une Taxe préférentielle communautaire (Tpc), qui n'est rien d'autre que l'ancienne Tcr, avec les mêmes conditions d'agrément. Les Etats qui subissent des moins-values budgétaires à l'occasion de l'application de la Tpc seront dédommagés par une partie des recettes du Pcs.

L'Uemoa a toutefois prévu de nouvelles dispositions comme le Code commun des investissements et le Droit harmonisé des affaires.

Comme il arrive toujours dans les expériences africaines d'intégration des marchés, les objectifs tardent à se concrétiser, ce qui conduit à reculer régulièrement les échéances : le traité qui devait entrer en vigueur le 1er janvier 1994 ne l'a été que le 1er janvier 1995. L'union douanière qui avait été prévue pour janvier 1998 a été tardée de deux ans.

L'Uemoa a mis en place un Tec depuis 2000. Les produits importés de l'extérieur de la communauté sont regroupés en quatre catégories suivant leur degré de transformation industrielle et leur degré d'urgence dans la consommation des ménages.

Catégorie	Produit	Droit de douane (%)
0	Biens sociaux essentiels	0
1	Biens de première nécessité, matières premières de base, biens spécifiques, intrants spécifiques	5
2	Produits intermédiaires	10
3	Biens de consommation finale et tous autres produits non mentionnés ailleurs	20

On voit ainsi que le taux moyen est de 8.8 pour cent, et le taux maximum de 20 pour cent. Donc des taux très bas par rapport aux taux antérieurs des pays membres et par rapport aux taux en vigueur dans le monde.

Région	Droit moyen (%)	Droit maximal (%)
UEMOA *(similaire à la CEDEAO)*	8,80	20,00
CEMAC	15,20	30,00
COMESA	11,50	30,00
MERCOSUR	9,60	35,00
Ghana	8,40	20,00
SACU	7,70	1262,60
Union européenne	4,20	341,10
Etats Unis	2,90	163,80

Il en résulte deux inconvénients : (1) les membres de l'Uemoa enregistrent une baisse importante de leurs recettes douanières ; (2) les opérateurs économiques de l'Uemoa sont défavorisés par rapport à leurs concurrents extérieurs importateurs.

Il est alors mis en place un dispositif de compensation : une Taxe dégressive de protection et une Taxe de sauvegarde, pour à la fois compenser les moins-values douanières des États, protéger les productions locales de la concurrence extérieure et contre les fluctuations des prix internationaux

L'expérience a montré que les mécanismes de compensation à postériori conçus pour les besoins du libre-échange, tant au niveau mondial qu'au niveau régional n'ont jamais été une réussite pour les perdants.

Communauté économique des États d'Afrique de l'Ouest (Cedeao) Economic Community of West African States (Ecowas)

La *Communauté économique des États de l'Afrique de l'Ouest* (Cedeao), en anglais *Economic Community of West African States* (Ecowas), est créée par un traité signé à Lagos le 28 mai 1975. Cedeao est la première des grandes et uniques communautés sous-régionales recommandées par la Cea. Elle est aussi la première organisation sous-régionale qui transcende les barrières coloniales. Elle comprend :

– des pays francophones : tous les anciens membres de l'Aof, plus Togo ; ce qui fait que au départ, tous les pays de la Ceao se trouvent dans la Cedeao ;

– des pays anglophones : Nigeria, Ghana, Gambie, Sierra Leone, Libéria ;

– des pays de langue officielle portugaise : Guinée-Bissau et Cap-Vert (ce pays indépendant en 1975 signe le traité en 1977).

Avec le retrait de la Mauritanie de la Cedeao en 2000, le nombre de membres passe de 16 à 15.

Le traité de 1975 est rédigé de façon précipitée, sans doute pour contrer la Ceao, jugée trop exclusiviste et trop liée à la France par les partenaires anglophones. Les dispositions du traité sont démesurément étendues : cherchant à couvrir « tous les domaines de l'activité économique »(article 2), elles sont souvent imprécises. Beaucoup de mises au point seront faites par la suite, dans des décisions et résolutions prises à l'occasion des conférences des chefs d'État.

Les dispositions d'intégration des marchés sont les premières énoncées dans le traité de 1975 : l'union douanière est présentée comme objectif à réaliser progressivement, par étapes, sur une période de quinze années, à partir de la date d'entrée en vigueur du traité : deux années pour la consolidation des droits et taxes existants, huit années pour leur réduction progressive, et cinq années pour la mise en place du tarif extérieur commun. D'autres clauses du traité renvoient à l'objectif du marché commun (même si le terme n'est pas mentionné) : harmonisation des politiques économiques, libre circulation des personnes, des services et des capitaux.

Ces dispositions commerciales posent dans l'immédiat deux types de problèmes. L'incompatibilité est manifeste entre la zone de libre-échange de la Cedeao et la zone de préférences douanières de la Ceao pour les pays qui sont membres des deux organisations. Le dispositif de désarmement douanier prévu a peu de chances d'être respecté par les partenaires les moins développés, comme ce fût le cas dans la défunte Udeao. Il est vrai que la Cedeao s'est dotée d'un Fonds de compensation, mais sans les précisions dans les modalités de fonctionnement qu'on trouve à la Ceao avec le Fcd.

Ce sont des décisions ultérieures prises à l'occasion de Conseils de ministres et de Conférences de chefs d'État qui mettront au point un schéma pratique d'intégration commerciale. Le libre-échange intégral et immédiat est prévu pour les produits du cru, comme dans la Ceao. Un calendrier de désarmement douanier progressif et discriminatoire (selon les pays) est mis en place pour les produits industriels prioritaires, c'est-à-dire d'origine communautaire : ce sont les produits fabriqués avec au moins 40 pour cent de matières premières locales ou bien avec une valeur ajoutée locale d'au moins 35 pour cent (du prix sortie usine).

À cet effet, trois groupes de pays sont identifiés : le premier groupe des pays les moins industrialisés (Cap-Vert, Gambie, Guinée-Bissau, Burkina, Mali, Mauritanie, Niger) dispose d'un délai de huit ans pour réaliser le désarmement douanier total (12,5 pour cent) sur les produits industriels prioritaires ; pour le second groupe des pays intermédiaires(Guinée-Conakry, Libéria, Sierra Leone, Bénin, Togo), le délai est de six ans (réduction tarifaire de 16,66 pour cent) ; pour le troisième groupe (Nigeria, Ghana, Côte d'Ivoire, Sénégal), la durée du désarmement est de quatre ans (25 pour cent par an). Ce réaménagement semble avoir été calqué sur le modèle d'une communauté économique latino-américaine, le Pacte Andin qui l'a expérimenté lors de sa création en 1969, en faveur de pays membres défavorisés comme Bolivie et Équateur, face à la puissance industrielle relative de partenaires comme Pérou, Colombie, et Chili.

C'est en réalité une intégration totale qui est envisagée dans la Cedeao, car en plus de l'intégration des marchés, des programmes sectoriels sont conçus dans tous les grands domaines d'activité.

La « Stratégie régionale de développement agricole » (mai 1982) cherche à assurer l'autosuffisance alimentaire d'ici à l'an 2000, conformément aux recommandations du Plan d'action de Lagos. Les mesures suivantes sont prévues : création d'un Fonds de garantie des emprunts agricoles et d'un Fonds spécial d'installation des exploitants agricoles, de même que le financement prioritaire de projets agricoles par le Fonds de la Cedeao.

La « Politique de coopération industrielle » (mai 1983) cible les industries retenues comme prioritaires en 1979 : industries alimentaires, agrochimiques, agricoles, pétrochimiques, pharmaceutiques, automobiles et activités connexes, industries de matériaux de construction, du bois, des télécommunications et de l'électronique. Le programme doit être accompagné de certaines mesures : harmonisation des mesures de promotion des investissements et des plans nationaux de développementindustriel ; rationalisation des industries existantes par la spécialisation ; élaboration d'un statut juridique des entreprises communautaires ; fixation de taux minima de participation des nationaux dans le capital social des entreprises communautaires : 20 pour cent en mai 1980, 40 pour cent en mai 1986, 51 pour cent en mai 1989.

La « Stratégie de transports » est globale. Elle couvre : le transport routier (construction de la trans-sahélienne Dakar-Ndjamena et de la côtière Lagos-Nouakchott) ; le transport ferroviaire (liaisons Burkina Faso-Niger, Burkina Faso-Mali, Lagos-Cotonou-Lomé-Accra) ; le transport maritime (création d'une compagnie multinationale de transport maritime); le transport aérien (création d'une compagnie aérienne de la Cedeao). Dans ce domaine, la Cedeao s'est en fait contentée de reprendre le programme de transport de la Ceao.

L'ensemble comporte aussi une Politique de développement des télécommunications, une Politique énergétique, une Politique de coopération monétaire.

Le sommet des Chefs d'État et de gouvernement tenu à Abuja en juin 1987 adopte le « Plan de redressement économique » (Pre) mis au point par le Secrétariat. La mise en place du Pre est surtout dictée par des considérations conjoncturelles : atténuer les effets de la crise née de l'application généralisée des programmes d'ajustement structurel. Le Pre identifie 136 projets pour l'ensemble des pays membres ; mais il s'agit pour l'essentiel de projets nationaux, dont beaucoup sont sans envergure (fabrication de sel, de quinquéliba...), avec une portée intégrationniste très limitée ; c'est sans doute la raison pour laquelle le financement extérieur attendu a fait défaut.

Dans l'ensemble, en essayant de couvrir un éventail étendu de secteurs (élevage, pêche, agriculture, protection de l'environnement, rénovation des infrastructures, réhabilitation industrielle, commerce, tourisme, secteur public, programme monétaire et financier, endettement, transport et communication, culture), le Pre a commis les mêmes erreurs que le traité constitutif de la Cedeao et les stratégies sectorielles élaborées par la suite, et présentées ci-dessus.

Dans chacun des trois cas, il s'agit d'un programme trop ambitieux. Rien n'y manque : tous les secteurs d'activité sont couverts ; aucune priorité n'est identifiée ; si bien que, à force de vouloir tout faire en même temps, on ne fait rien du tout. Le Pre comportait aussi un projet pertinent de « Plan directeur d'industrialisation de la Cedeao », pour lequel des études coûteuses ont été entreprises, sans que les réalisations aient suivi.

Le budget de fonctionnement du Secrétariat général est alimenté par les cotisations des États, au prorata de l'importance de la production intérieure brute et du revenu par tête. Au moment de l'entrée en vigueur du traité, les clés de répartition se présentent ainsi, en pourcentage : Nigeria : 32,8 ; Côte d'Ivoire : 13 ; Ghana : 12,9 ; Libéria : 6,7 ; Sénégal : 5,4 ; Sierra Leone : 4,4 ; Mauritanie : 3,6 ; Togo : 3,6 ; Bénin : 3 ; Guinée-Conakry : 2,9 ; Gambie : 2,6 ; Burkina : 2,6 ; Niger : 2,1 ; Mali : 1,9 ; Guinée-Bissau : 1,5 ; Cap-Vert : 1.

Dans le cadre de la Cedeao, ont été créées deux structures financières, le Fonds de compensation et Ecobank.

Le *Fonds de compensation et de développement* est prévu dans le traité de 1975. Ses statuts sont déterminés dans un protocole annexe élaboré en 1976. Le Fonds est une structure autonome. Il dispose de ses propres organes de décision : il est dirigé par un directeur nommé par le Conseil d'administration, alors que le Secrétaire général de la Cedeao est nommé par la Conférence annuelle des chefs d'État ; le secrétariat du Fonds est établi à Lomé. Le mandat du Fonds est ainsi fixé : fournir des compensations financières aux États qui subissent des moins-values budgétaires à l'occasion de la libéralisation des échanges ; financer des projets dans les pays les moins développés ; financer des actions de développement d'intérêt communautaire ; financer des études de factibilité. Le Fonds dispose aussi de comités spécialisés : un Comité des banques centrales et un Comité des questions relatives aux capitaux, pour que les titres et actions émis dans un État membre puissent être acquis dans les autres États sans restriction.

Ecobank est une banque sous-régionale dont l'appellation dérive du sigle anglosaxon Ecowas. Le capital est prévu au départ pour être souscrit en priorité par les opérateurs économiques de la sous-région et par le Fonds de la Cedeao, de façon à ce que ses opérations soient conformes à l'esprit communautaire.

Le Fonds de Lomé peut se prévaloir de quelques réalisations : le financement de la tranche ouest-africaine du réseau panafricain de télécommunications (Panaftel) pour un montant de 12,5 M dollars au bénéfice de sept États (Bénin, Burkina, Côte d'Ivoire, Ghana, Mali, Niger, Nigeria) ; un prêt de 4 M dollars au gouvernement du Bénin pour la construction de deux ponts d'intérêt communautaire, sur les fleuves Mono et Sazue ; un prêt de 2 M dollars au gouvernement du Libéria pour la construction du tronçon libérien de la route Monrovia-Freetown ; le financement de diverses études de factibilité. Mais le Fonds n'a jamais pu intervenir pour compenser des États perdants du commerce intracommunautaire, pour la bonne raison qu'aucun progrès significatif n'a été enregistré dans les échanges commerciaux entre pays de la sous-région, depuis la création de la Cedeao.

Le Fonds a placé l'essentiel de ses ressources initiales (les cotisations des États, soit 50 M dollars) dans des banques d'Europe et d'Amérique ; c'est grâce aux intérêts ainsi générés que le Fonds est arrivé à financer son fonctionnement (paiement des fonctionnaires), dans la mesure où les États ne s'acquittent plus de leurs cotisations depuis 1977. C'est sans doute tant mieux pour les fonctionnaires de cette institution, mais il n'en demeure pas moins que le procédé pose problème : c'est une organisation sous-régionale de coopération qui se trouve donner l'exemple en matière de fuite de capitaux.

Le traité Cedeao a fait l'objet de révision en 1992. Une fois ratifié par tous les États, le traité révisé se substitue au traité de 1975. Les principales innovations se présentent ainsi :

– la Cedeao est reconnue comme seule communauté économique pour l'intégration économique de la sous-région (article 2, alinéa 1) ;

– l'intégration des marchés est ainsi conçue : création progressive d'un marché commun sur une période de 10 ans à partir de 1990, et d'une union économique au cours des 5 années qui suivent (art. 3 et 34) ;

– les décisions prises lors des conférences des chefs d'État ont force obligatoire à l'égard de chaque État membre qui est tenu de les publier dans son *Journal Officiel* (art. 9) ;

– il est créé un Parlement de la Communauté (art. 13) ;

– il est créé un Conseil économique et social (art. 14) ;

– un Comité de sélection et d'évaluation sera chargé du recrutement des fonctionnaires du Secrétariat exécutif sur des bases de compétence et de répartition géographique équitable des postes entre les ressortissants des États membres (art. 17) ;

– le principe de l'indépendance des fonctionnaires de la Cedeao est clairement affirmé : ils ne doivent solliciter ou accepter aucune instruction d'un gouvernement ou d'une autorité nationale ou extérieure (art. 19) ;

– des Commissions techniques spécialisées (agriculture, industrie, transport...) sont créées dans les différents domaines de coopération sectorielle (art. 21) ;

– il est prévu la création d'une union monétaire, avec une banque centrale communautaire et une monnaie commune, en passant par la convertibilité des monnaies et le renforcement du système multilatéral de paiements entre les États membres (art. 49) ;

– le droit d'entrée, de résidence et d'établissement est explicitement reconnu à tous les citoyens de la communauté, et les États membres sont tenus de le respecter (art. 57) ;

– il est reconnu que la Cedeao est une composante de l'intégration du continent africain dans son ensemble, et doit de ce fait entretenir des relations privilégiées avec la Communauté économique panafricaine (art. 76) ;

– le principe du financement du budget de la communauté par un Prélèvement communautaire (un pourcentage des recettes fiscales et douanières perçues sur les importations en provenance des pays tiers) est établi ; mais en attendant son application, le budget continuera à être alimenté par les cotisations des États membres (art. 68 et 70).

Dans ce nouveau traité, les dispositions à caractère politique semblent bien plus satisfaisantes que les dispositions à caractère économique : est-il vraiment réaliste d'envisager le parachèvement d'un marché commun sur une période de dix ans à compter de 1990 ? Alors qu'on s'approche de l'an 2000, aucun progrès n'a été constaté dans le domaine du désarmement douanier. La même observation est valable à propos du projet de création d'une union monétaire ; il est vrai que les rédacteurs du traité se sont gardés sur ce point d'établir un calendrier, mais cela présente aussi l'inconvénient de faire paraître le projet pour un simple vœu pieux.

Àla suite de Uemoa, Cedeao met en place un tarif extérieur commun (Tec) pour démarrer en janvier 2015. Mais à des fins d'harmonisation avec l'Uemoa, le Tec Uemoa-Cedeao devra relever son taux maximum de 20 pour cent à 30 ou 35 pour cent.

Le bilan de la Cedeao est sans doute le plus négatif de toutes les communautés économiques africaines. Les dispositions relatives à l'intégration des marchés et à la coopération sectorielle sont restées à l'état de projets. La seule réalisation est la liberté de circulation sans visa à l'intérieur de l'espace communautaire. Or pour cela, il n'est guère besoin de mettre en place une communauté économique coûteuse : il suffit d'accords entre des gouvernements. À défaut de réalisations dans le domaine économique pour le développement de la sous-région, la Cedeao, pour justifier son existence, s'est recyclée dans d'autres créneaux.

Le plus en vue actuellement de ces créneaux est la Cour de justice qui dans certains pays membres est sollicitée surtout par des membres de l'opposition qui ont maille à partir avec les juridictions locales. Ces derniers n'ont pas compris que la Cedeao n'a pas atteint le niveau d'intégration de l'Union européenne où une juridiction communautaire empiète parfois sur des décisions de justice prises dans les États membres.

L'autre créneau, est ce qu'on avait appelé « le bras armé de la Cedeao », *Ecomog* (Ecowas Peace Monitoring Group,) : une armée communautaire, en fait surtout composée de Nigérians, créée en 1990, intervenue avec succès dans les conflits au Libéria et en Sierra Leone. Mais Ecomog est devenu moins visible depuis quelque temps, alors que les troupes de Boko Haram perpétuent leurs exactions au Nigeria et dans les pays limitrophes.

Handicaps et atouts de l'Afrique de l'Ouest

Comme les autres sous-régions, l'Afrique de l'Ouest doit compter pour son intégration économique avec un certain nombre d'atouts et de handicaps.

Étant composée de seize pays, l'Afrique de l'Ouest répond tout à fait au critère d'optimalité (établi dans la tranche de cinq à une quinzaine de membres) par les spécialistes de l'analyse régionale (Richardson 1976 : 19). La sous-région est en plus délimitée de façon bien précise : chacun des pays membres appartient et n'appartient qu'à l'Afrique de l'Ouest ; ce constat ne semblera banal qu'à ceux qui ignorent les problèmes de positionnement géographique qui se posent à certains pays dans d'autres sous-régions[27]; une telle situation confèreà l'Afrique de l'Ouest une grande cohésion historique et géographique. C'est pour cela que tout projet de modification de ce dispositif, comme l'inclusion du Cameroun, de la Rca et du Tchad dans la sous-région de l'Afrique de l'Ouest, doit être systématiquement rejeté. La Mauritanie a quitté la Cedeao pour l'Union du Maghreb arabe, mais cela ne sauraitmettre en cause son ancrage dans l'espace géographique ouest-africain.

L'Afrique de l'Ouest a une population d'un peu plus de 150 millions d'habitants, soit à peu près l'équivalent de la population du seul Japon, ou de la France et de l'Allemagne réunies. En dépit de la faiblesse du revenu par tête, c'est un débouché potentiel qui offre aux investisseurs des perspectives de rentabilité sans commune mesure avec les marchés restreints de la plupart des pays membres.

Le caractère plat du relief en général, à quelques exceptions près (Fouta Djallon, Monts Nimba) est de nature à faciliter la construction de voies de communication (routes, chemin de fer) à moindre coût, ceci à la différence de l'Afrique centrale : la construction de l'équivalent du chemin de fer Transgabonais (1000 milliards franc Cfa), aurait été ici, d'un coût beaucoup moins élevé.

---

[27] Burundi et Ruanda sont-ils en Afrique de l'Est ou bien en Afrique centrale ? Ces deux pays sont membres de la Cepgl et de la Ceeac en Afrique centrale, tout en étant membres de la Zep d'Afrique de l'Est et d'Afrique australe. L'Angola se trouve en Afrique centrale ou en Afrique australe ? Ce pays est membre de la Ceeac (Afrique centrale) et membre actif de Sadc (Afrique australe). Les pays d'Afrique de l'Ouest ne connaissent pas de tels tiraillements : si la Mauritanie est membre de l'Union du Maghreb arabe en compagnie de pays d'Afrique du Nord, c'est pour des raisons d'ordre politique et non de positionnement géographique.

Sur seize pays, l'Afrique de l'Ouest n'en compte que trois enclavés (Burkina, Mali, Niger) et un insulaire (Cap-Vert). Ce qui constitue un grand avantage par rapport aux sous-régions du Centre, de l'Est et du Sud.

Au plan de la géographie physique, l'Afrique de l'Ouest renferme pour l'essentiel deux grandes zones écologiques, la savane et la forêt. Ce qui présente l'avantage de permettre des cultures diversifiées, non concurrentes : arachide et coton dans les pays de savane ; café, cacao et bois dans les pays de forêt ; une culture passe-partout comme le riz.

L'Afrique de l'Ouest est aussi une zone de production minière diversifiée, ce qui en soi constitue une base privilégiée pour la mise en place d'industries motrices :

– gisements de fer en Mauritanie, en Sierra Leone, au Libéria, à la frontière Mali-Sénégal dans la Falémé ; ce dernier gisement recèle pas moins des réserves évaluées à 250 millions de tonnes ; ces différents minerais ont une teneur en fer variant entre 53 pour cent et 63 pour cent, ce qui témoigne d'une bonne qualité ;

– gisements de bauxite en Guinée-Conakry, qui détient le tiers des réserves mondiales, avec une production équivalant à 15 pour cent de la production mondiale dans les années 80 ;

– les phosphates, pour lesquels le Sénégal et le Togo ont une production annuelle moyenne de 5 millions de tonnes, à laquelle il faut ajouter la production d'ammoniac du Nigeria, grâce au gaz naturel, pour la fabrication d'engrais azotés et d'engrais composés (phosphates et azote) ;

– des gisements non négligeables de matériaux de construction : argile-calcaire (Sénégal, Togo, Bénin, Mali, Burkina, Niger) et gypse (Mauritanie, Mali, Niger)) pour la fabrication de ciment et de produits dérivés ; marbre (Bénin, Burkina, Mali) ; kaolin (Bénin, Côte d'Ivoire, Mali).

La mise en place d'industries motrices à partir de ces ressources naturelles n'est possible qu'à la condition de disposer d'une énergie à bon marché. L'Afrique de l'Ouest est généralement présentée comme une région pénalisée par une déficience énergétique marquée. Qu'en est-il exactement ? Trois pays de la sous-région produisent du pétrole: Bénin (400 000 t), Côte d'Ivoire (1 200 000 t), et surtout Nigeria (73 millions de tonnes) en moyenne au cours des années 80. Nigeria est le premier pays producteur de pétrole en Afrique, avant Algérieet Libye.

Le potentiel de production d'électricité thermique est donc très élevé au Nigeria qui dispose d'ailleurs aussi de centrales hydro-électriques. Des découvertes importantes de gisements de pétrole ont été faites récemment au Sénégal.

Il est vrai qu'aucun des fleuves de l'Afrique de l'Ouest n'a le potentiel énergétique du fleuve Zaïre (barrages de Inga) ou du fleuve Zambèze (barrages de Caborra Bassa, de Kariba). Pourtant, l'Afrique de l'Ouest dispose d'un potentiel hydro-électrique de 22 000 mégawatts[28] ainsi réparti : Nigeria : 9450 MW ; Guinée-Conakry : 6400 MW ; Côte d'Ivoire : 2500 MW ; Ghana : 2400 Mw ; Mali : 1185 Mw. La puissance hydro électrique installée pour toute l'Afrique de l'Ouest est actuellement de 7000 à 8000 mégawatts, soit un peu moins du tiers du potentiel total : ce qui revient à dire que rien qu'à partir des seuls sites identifiés à ce jour, il est possible de produire 111 000 gigawatts/heure[29] pour l'ensemble de la sous-région. La puissance installée serait répartie entre les différents pays de la sous-région par voie d'interconnexions.

Production d'électricité en Afrique de l'Ouest

(en mégawatt/ h : 1988)

	Pays	**thermique**	**hydro**
Bénin	5	0	5
Burkina	128	0	128
Cap-Vert	35	0	35
Côte d'Ivoire	915	1295	2210
Gambie	44	0	44
Ghana	70	4680	4750
Guinée-Conakry	342	170	512
Guinée-Bissau	15	0	15

[28] 1 mégawatt est égal à 1 million de watts ; 1 gigawatt est égal à 1 milliard de watts.

[29] Pour arriver à ce chiffre, il faut multiplier le potentiel de 22 000 mégawatts par 5 000. Le chiffre 5 000 qui est adopté par convention, est le résultat de la multiplication du nombre de jours de fonctionnement d'un barrage dans l'année, par le nombre d'heures de fonctionnement par jour ; en principe on devrait prendre 365 multiplié par 24, soit 8 760 ; mais comme la centrale ne fonctionne pas 24 heures sur 24 pendant tous les jours, on prend la moyenne de 5 000.

Liberia	510	324	834
Mali	42	163	205
Mauritanie	96	25	121
Niger	160	0	160
Nigeria	7715	2210	9920
Sénégal	763	0	763
Sierra Leone	201	0	201
Togo	37	4	41
Total	**11078**	**8871**	**19949**

Source : *Energy Statistics Yearbook 1988*

On voit avec ce tableau, que la production d'énergie électrique de l'Afrique de l'Ouest est près de moitié (44,5 pour cent) d'origine hydraulique, alors que le tiers seulement du potentiel est actuellement en exploitation. La production d'énergie hydro-électrique est actuellement répartie entre la moitié des pays de la sous-région et dans des proportions très variables d'un pays à l'autre (en pourcentage) : Ghana : 98,5 ; Mali : 79,5 ; Liberia : 38 ; Guinée-Conakry : 33,33 ; Nigeria : 22 ; Mauritanie : 20 ; Togo : 9,75.

La production d'énergie hydro-électrique est pour le moment inexistante dans les huit autres pays de la sous-région : Bénin, Burkina, Cap-Vert, Gambie, Guinée-Bissau, Niger, Sénégal, Sierra Leone. Ces pays, à l'exception du Bénin alimenté par le Ghana à partir du barrage d'Akosombo, sont obligés de recourir à des centrales thermiques qui fonctionnent au pétrole importé, ce qui se traduit par un coût très élevé de l'énergie. À la différence du Nigeria qui produit de l'énergie thermique à bon marché, tout en disposant aussi de centrales hydro-électriques.

Du côté de l'Union Mano River, les handicaps sont d'abord d'ordre physique : l'absence de voies de communication entre les pays membres. Ce à quoi se sont ajoutés les troubles politiques qui n'ont épargné aucun des membres au cours de la dernière décennie. Ce qui ne pouvait pas dynamiser le processus d'intégration économique. En faisant adhérer la Côte d'Ivoire au Mano river union, Laurent Gbagbo a surtout voulu marquer une certaine indépendance à l'égard de la France qui ne contrôle pas cette organisation.

Toutefois, sur l'échiquier de l'intégration africaine, Mru bénéficie de deux atouts de taille : l'homogénéité économique entre les membres fondateurs et le non-enclavement.

À la différence de la plupart des communautés économiques africaines, Mru est dans ses trois composantes initiales (Guinée, Libéria, Sierra Leone) une *région homogène* ; autrement dit, les trois pays membres se situent à un niveau de développement industriel relativement identique ; c'est d'ailleurs la raison pour laquelle Mru n'a pas été doté d'un Fonds de compensation. À l'opposé, la *région nodale*, est caractérisée par de grandes disparités économiques ; une situation nouvelle introduite par l'arrivée de la Côte d'Ivoire dont les paramètres économiques sont sans commune mesure avec ceux de ses partenaires de l'Union.

Le second atout de Mru est que les quatre pays membres, tous continentaux et côtiers, échappent aux inconvénients de l'enclavementet de l'insularité. Cette organisation avait ainsi avant l'adhésion de la Côte d'Ivoire peu de chances d'être confrontée à la hantise du développement inégal qui continue de bloquer le processus d'intégration dans les autres sous-régions du continent. Mais là encore, les données vont changer avec la venue de la Côte d'Ivoire.

Le principal handicap de l'Afrique de l'Ouest dans le domaine de l'intégration est la prolifération des organisations d'intégration et de coopération.

5.

Tentatives d'intégration économique au niveau continental

Organisation de l'unité africaine (Oua)

L'Oua est créée lors d'une conférence des chefs d'État africains tenue à Addis-Abeba en 1963. Elle est conçue au départ comme une organisation politique (devant œuvrer surtout à la décolonisation complète du continent) et pluraliste (en respectant la souveraineté de chaque État). Les objectifs de l'Oua tels que définis dans la charte se présentent ainsi :

– promouvoir l'unité et la solidarité des États africains ;

– coordonner et renforcer leurs efforts et leur coopération pour arriver à une vie meilleure pour les populations africaines ;

– défendre la souveraineté, l'intégrité et l'indépendance des États africains ;

– éradiquer toute forme de colonialisme en Afrique ;

– promouvoir la coopération internationale dans le cadre des dispositions de la Charte des Nations unies et de la Déclaration des droits de l'homme.

La Charte de l'Oua (article 2, paragraphe 1) prévoit aussi la coordination et l'harmonisation des politiques économiques des États africains dans les domaines suivants :

– coopération diplomatique et politique ;

– coopération économique, transports et communications inclus ;

– coopération en matière de santé et d'hygiène ;

– coopération scientifique et technique ;

– coopération en matière de défense et de sécurité.

Le Secrétariat général de l'Oua à Addis-Abeba comprend cinq départements : Administration et Conférences, Finance, Politique, Développement économique et Coopération, Éducation- Science-Culture - Affaires sociales (Escas). Le Secrétariat gère aussi quatre bureaux de liaison diplomatique : au Caire pour les affaires afro-arabes, à New York pour les problèmes politiques, à Genève et à Bruxelles pour les problèmes de développement et de coopération.

Le département « Politique » supervise trois bureaux décentralisés : Commission des droits de l'homme à Banjul, Comité de libération à Dar es Salam et à Lusaka, qui vont être fermés avec la fin de la décolonisation depuis les derniers évènements survenus en République Sud-africaine.

Le département Culture-Éducation supervise une Commission de Recherche en Science et Technologie à Lagos, dont dépendent : Bureau Intra-africain des Ressources animales (Nairobi), Conseil phytosanitaire intra-Africain (Yaoundé), et Centre d'études historiques et linguistiques par la tradition orale (Niamey).

Cinq Secrétaires généraux-assistants sont nommés pour s'occuper des cinq sous-régions ainsi établies par l'Oua :

– Afrique du Nord : Maroc, Algérie, Tunisie, Libye, Egypte, Soudan ;

– Afrique de l'Ouest : Mauritanie, Gambie, Guinée-Bissau, Mali, Liberia, Burkina Faso, Togo, Sénégal, Cap-Vert, Guinée-Conakry, Sierra Leone, Côte d'Ivoire, Ghana, Bénin, Nigeria, Niger ;

– Afrique centrale : Cameroun, Guinée Équatoriale, Congo, Angola, République centrafricaine, Burundi, Gabon, Sao Tomé-et-Principe, Zaïre, Tchad, Ruanda ;

– Afrique de l'Est : Éthiopie, Kenya, Tanzanie, Maurice, Comores, Somalie, Ouganda, Seychelles, Madagascar, Djibouti.

Fin 1992, le personnel total de l'Oua est de 660 personnes, dont les deux tiers sont des employés des services généraux.

L'Oua dans sa conception et dans sa démarche est très éloignée du mouvement panafricaniste : le mot « panafricanisme » ne figure nulle part dans la Charte, et une résolution adoptée en 1964 au Caire reconnaît l'intangibilité des frontières héritées de la colonisation, de façon à prévenir les conflits entre États membres.

C'est dans le cadre de l'Oua qu'ont été créés un certain nombre d'organismes spécialisés de coopération sectorielle :

Commission africaine de l'aviation civile(Cafac) qui a son siège à Dakar, est une structure dans laquelle les États membres règlent leurs problèmes de transport aérien depuis 1969, date de sa création. Cafac a le projet de créer une compagnie aérienne panafricaine, en commençant par des compagnies sous-régionales.

Union des radiodiffusions et télévisions nationales d'Afrique (Urtna) créée à Lagos en 1962, un an avant la création de l'Oua a son siège à Nairobi. Elle fonctionne en dehors du secrétariat général, avec trois structures décentralisées : Centre technique de mesure et d'écoute de Bamako, Centre d'échange de programmes de Nairobi, Centre interafricain d'études en radio rurale de Ouagadougou. Urtna, en attendant la mise en place du premier satellite africain, utilise les services du satellite "Intelsat" pour couvrir certains grands évènements sportifs internationaux comme la coupe d'Afrique de football, la coupe du monde, les jeux olympiques. Pour l'instant, les programmes échangés dans le cadre de cette coopération ne dépassent pas 0,5 pour cent de l'ensemble des programmes. Cette contreperformance est due au caractère trop local et trop propagandiste des programmes nationaux qui sont avant tout à usage interne.

Agence panafricaine d'information(Pana) démarre ses activités en 1983 alors qu'elle avait été recommandée vingt ans plus tôt, au moment de la création de l'Oua. Le siège est à Dakar. Son objectif est d'atténuer le déséquilibre à sens unique des informations du Nord vers le Sud. La quasi-totalité des informations politiques des Africains leur proviennent des dépêches des quatre agences de presse occidentales : Agence France Presse (France), Reuter (Royaume-Uni), United Press, Associated Press (USA). Pana travaille avec cinq pools : Tripoli pour Afrique du Nord, Lagos pour Afrique de l'Ouest, Khartoum pour Afrique de l'Est, Kinshasa pour Afrique centrale, Lusaka pour Afrique australe. En fait, ces pools donnent surtout des informations en provenance des agences nationales contrôlées par les États.

Pana dans son fonctionnement se heurte à d'autres obstacles : manque de formation de journalistes d'agences, tarifs élevés des télécommunications, problèmes techniques (pour les émissions en ondes courtes de Pana à Dakar, la réception n'est bonne qu'à partir de 1 500 km, ce qui en prive les pays membres limitrophes), manque de moyens financiers.

Union africaine des chemins de fer (Uac) dont le siège est à Kinshasa est créée en 1973 lors du 10e sommet de l'Oua, mais l'initiative est de la Cea, après un premier séminaire organisé à Berlin par la Fondation allemande pour le développement économique. Ses objectifs se présentent ainsi :

– étude des moyens d'unification des réseaux ferrés africains ;

– amélioration des services des chemins de fer existants ;

– normalisation et standardisation du matériel et des équipements ferroviaires ;

– raccordement des réseaux ferrés entre eux ;

– coordination des transports ferroviaires avec les autres modes de transport.

L'Uac a mis au point un Plan directeur approuvé par les États, qui prévoit 18 liaisons inter-pays sur 26 000 km de lignes nouvelles. Des écartements uniformes par sous-région ont été préconisés : écartement de 1,435 m pour l'Afrique du Nord, 1,067 m pour l'Afrique du Sud et de l'Est, 1,000 m pour l'Afrique de l'Ouest. L'Uac a aussi mis au point un programme de formation des cadres, encore inexistant en Afrique, avec quatre centres prévus au Congo, en Égypte, au Nigeria, et en Zambie. Elle organise des rencontres destinées à rapprocher les cheminots africains pour échanger leurs expériences et recycler les cadres, envisage d'installer une centrale d'achats de matériel ferroviaire pour les pays membres. Uac a réalisé l'étude de création d'une fabrique communautaire de wagons de la Ceao.

Parmi les autres organismes spécialisés de l'Oua on peut citer : Union panafricaine des télécommunications, Union postale panafricaine, Conseil supérieur pour les sports en Afrique, Organisation de l'unité syndicale africaine, Conseil africain de comptabilité, Centre africain de recherche appliquée et de formation dans le domaine social ...

Cependant, l'existence dans le cadre de l'Oua d'agences spécialisées de coopération ne suffit pas pour en faire une organisation à vocation économique. La mission de coordination et d'harmonisation des politiques économiques n'a jamais trouvé un commencement d'application, et les organisations de coopération sectorielle supervisées par l'Oua brillent pour la plupart par leur léthargie, du fait du manque de moyens financiers.

Cea – Oua : le Plan d'action de Lagos

Il n'est guère exagéré de dire que la dimension économique est apparue dans les actions menées par l'Oua à partir du Plan d'action de Lagos (Pal), en 1980. Le Pal est en fait l'aboutissement logique d'initiatives entreprises sur une période de dix ans : le Memorandum de Addis-Abeba (1970) qui stipule que l'Oua devrait s'impliquer davantage dans les affaires économiques et sociales ; la Déclaration de Addis-Abeba (1973) qui rejette comme inefficaces les stratégies de développement initiées en Afrique par les pays occidentaux, pour recommander aux pays africains de se mobiliser pour la coopération, l'indépendance économique et le développement ; les Déclarations de Kinshasa (1976) et de Libreville (1977) qui confirment celle de Addis-Abeba ; la Déclaration de Monrovia (1979) qui met l'accent sur le développement autocentré et le Nouvel ordre économique international.

Le Plan d'action de Lagos et l'Acte final de Lagos (1980), pour la concrétisation des dispositions précédentes recommandent la consolidation des communautés économiques sous-régionales existantes,et la création de communautés là où il n'en existe pas (particulièrement en Afrique australe et en Afrique du Nord), pour arriver à un Marché commun africain, prélude à la Communauté économique africaine. L'originalité du Plan d'action de Lagos est qu'il a été conçu par l'Organisation de l'unité africaine et la Commission économique des Nations unies pour l'Afrique.

Communauté économique africaine

Le mouvement s'est poursuivi. En 1988, l'Oua constitue avec la Cea et la Bad un *Secrétariat conjoint de réflexion sur la dette africaine* ; en 1991, est créée sous l'égide de l'Oua et de la Cea, la *Communauté économique panafricaine*.C'est le secrétariat même de l'Oua qui abrite le siège de cette organisation.

Les expériences africaines d'intégration économique ont jusqu'à présent été menées sur une base pluraliste à partir de l'idée d'État-nation.

Le projet d'intégration au niveau continental qui puise ses fondements dans le panafricanisme longtemps rejeté, vient d'émerger, avec la mise en place de la *Communauté économique panafricaine*[30](Cepa), en anglais *African Economic Community* (Aec) créée le 3 juin 1991 à Abuja (Nigeria), entre les 51 pays actuellement membres de l'Organisation de l'unité africaine (sans le Maroc qui s'est retiré en 1985 à la suite de l'admission du Sahara occidental).

Le point de départ le plus récent est certainement le Plan d'action de Lagos et l'Acte final de Lagos qui en 1980 prévoient la constitution en l'an 2000 d'un Marché commun africain par fusion des communautés économiques sous-régionales existantes. L'Oua suit le projet avec l'assistance financière du Pnud. Lors de son 23e sommet, juillet 1987, il est adopté une résolution relative à la création d'une Communauté économique africaine ; au sein de l'Oua, est mis en place un Comité directeur permanent pour suivre le dossier, en vue de la signature du traité et de sa mise en application. Le Comité directeur permanent est assisté par un Secrétariat conjoint Oua/Bad/Cea.

Le traité d'Abuja prévoit la mise en place de la Cepa de façon progressive sur une période de 34 ans, subdivisée en six étapes :

– première étape de cinq ans : renforcement des communautés économiques sous-régionales en place, et création de nouvelles communautés là où il n'en existe pas ;

– seconde étape de huit ans : consolidation des barrières douanières et non douanières existantes et des taxes intérieures ; renforcement de la coopération dans l'industrie, l'agriculture, les transports, l'énergie, la monnaie, les finances ;

– troisième étape de dix ans : au niveau de chaque communauté économique sous-régionale, création d'une zone de libre-échange dans un premier temps, et d'une union douanière dans un second temps (avec un tarif extérieur commun) ;

---

[30] Le Comité directeur permanent de l'Oua, dans un rapport (6-10 août 1992) a décidé que l'appellation de la communauté n'est pas Cepa (Communauté économique panafricaine), mais Cea (Communauté économique africaine), ce qui donne en anglais Aec (African Economic Community). Seulement le sigle français Cea peut être source de confusion avec la Cea (Commission économique pour l'Afrique) ; alors que le sigle anglais Aec ne peut être confondu avec Eca (Economic Commission for Africa).

– quatrième étape de quatre ans : établissement d'un marché commun (politiques sectorielles communes, harmonisation des politiques monétaires et fiscales, libre circulation des facteurs de production) ;

– cinquième étape : consolidation et renforcement du marché commun, création d'un fonds monétaire africain, d'une banque centrale africaine avec monnaie commune.

Le traité d'Abuja introduit trois innovations :

– il sera créé un parlement panafricain ;

– les décisions prises au niveau de la Cepa auront force obligatoire à l'égard des États membres et des communautés sous-régionales (article 10) ;

– le siège de la Cepa est le siège de l'Oua (c'est le département « Développement économique et coopération » de l'Oua qui est le plus directement impliqué dans la gestion de la communauté).

La décision de faire de l'Oua le siège de la communauté est tout à fait louable, car permettant de réduire très sensiblement les frais généraux élevés d'un secrétariat général autonome. Mais cela ne va pas sans difficultés : l'Oua avec sa situation financière actuelle due aux arriérés de cotisations ne dispose pas des ressources matérielles nécessaires pour mener une telle mission. Elle ne dispose pas non plus des ressources humaines adéquates pour sa nouvelle mission. C'est ce qui l'a amenée à solliciter l'assistance financière du Pnud qui a accordé une suite favorable à la requête : l'intervention du Pnud (équipement des bureaux, formation du personnel...) a été très appréciée par les bénéficiaires.

Un grand intérêt du traité d'Abuja est de lier le succès de la Cepa au succès des communautés sous-régionales. Ce sont les progrès réalisés dans ces dernières, considérées comme des démembrements de la Cepa, qui sont en mesure d'impulser l'intégration au niveau continental. Seulement, là aussi, il se pose des problèmes : d'une part, si l'on s'en tient aux dispositions du Plan d'action de Lagos, chaque sous-région ne doit compter qu'une seule communauté économique ; pour le moment, seule l'Afrique du Nord satisfait à la condition, mais c'est dans cette partie du continent qu'on trouve aussi le seul pays, l'Égypte, qui n'est membre d'aucune communauté économique au moment de la création de la Cepa. D'autre part, les responsables des communautés sous-régionales ne voient pas d'un bon œil cette disposition qu'ils ont tendance à interpréter comme une vassalisation à l'égard de l'Oua, ce qui n'est pas de nature à faciliter la collaboration.

Le traité d'Abuja, comme tous les traités de communautés africaines, prévoit un champ trop étendu de coopération : union douanière et libéralisation des échanges, libre circulation des personnes, droit de résidence et d'établissement, monnaie et finances, alimentation et agriculture, industrie, science, technologie, énergie, ressources naturelles, environnement, transports, communications et tourisme, normalisation et systèmes de mesure, éducation, formation et culture, ressources humaines, affaires sociales, santé et population. Comme dans le traité de la Cedao, qui l'a sans aucun doute inspiré, rien n'y manque : aucun domaine de coopération possible n'est laissé de côté. Ce qui risque tout simplement de conduire à la léthargie.

Pour l'instant, la priorité pour la Cepa est la ratification du traité qui est un impératif pour sa mise en application. Mais la majorité des États tardent encore à s'y plier.

Communauté économique des États sahélo-sahariens

Communauté économique des États sahélo-sahariens(d'où l'appellation Cen-sad : "Cen" pou Sahel, "Sad" pou Sahara) est créée en 1998 à Tripoli sur initiative de M. Khadafi qui cherche à rompre la barrière entre pays africains du Nord et du Sud, constituée par le Sahara. La communauté se veut une intégration économique complète. Les membres sont : Benin, Burkina Faso, Centrafrique, Côte d'Ivoire, Djibouti, Égypte, Érythrée, Gambie, Ghana, Guinée-Bissau, Libéria, Libye, Mali, Maroc, Niger, Nigeria, Sénégal, Sierra Leone, Somalie, Soudan, Tchad, Togo, Tunisie.

Union africaine

À la différence du traité d'Abuja, le traité constitutif de l'Union africaine procède d'une initiative exclusivement africaine, avec au centre, le dirigeant libyen Khadafi. Le premier pas est constitué par la création en 1998 de la Communauté économique des États sahélo-sahéliens (Comessa) entre la Libye et un nombre restreint de pays africains au sud du Sahara. À partir de là, le processus va suivre son cours.

À la 35e session ordinaire de l'Oua tenue à Alger du 12 au 14 juillet 1999, les chefs d'État africains présents décident de tenir un sommet extraordinaire à Syrte en Libye au mois de septembre de la même année. Le résultat est la Déclaration de Syrte du 9 septembre 1999 qui décide la création d'une Union africaine dont le traité est signé le 12 juillet 2000 à Lomé. En fait, la Déclaration de Syrte, pour l'essentiel reprend les dispositions du traité d'Abuja en insistant sur la nécessité d'accélérer le processus en raccourcissant les délais prévus de réalisation des institutions comme la banque centrale africaine et l'union monétaire africaine, la banque africaine d'investissement, la cour de justice, le parlement… L'objectif de renforcer et de consolider les communautés économiques sous-régionales est maintenu.

Le traité de l'Union africaine, dans le préambule alinéa 6 évoque explicitement le souci de *faire face de manière plus efficace aux défis de la mondialisation.* Là aussi, l'idée est de *coordonner et harmoniser les politiques entre les communautés économiques régionales existantes et les futures en vue de la réalisation graduelle des objectifs de l'Union* (article 3, alinéa 12). Le siège de l'Union est établi à Addis-Abeba (au siège de l'Oua). Dans les dispositions finales du traité (article 33), il est explicité que le traité de l'Union africaine remplace la Charte de l'Oua et le traité d'Abuja, tout en prévoyant une période intérimaire durant laquelle le secrétariat de l'Oua est celui de l'Union.

Il est frappant de constater que l'organigramme de l'Union est totalement calqué sur celui de l'Union européenne (à commencer par l'appellation "Union africaine") : Conseil exécutif, Commission, Parlement, Cour de Justice… Le modèle d'intégration envisagé est aussi comme en Europecelui des marchés, alors que les réalités de part et d'autre sont totalement différentes. L'Union européenne est (en dehors de l'insignifiante Association européenne de libre-échange) la seule communauté économique dans ce continent.

En Afrique, l'Ua est la dernière née des communautés économiques, pour venir coexister avec actuellement douze communautés économiques sous-régionales, sans parler des presque innombrables structures de coopération à objectifs limités (Omvs, Omvg, Cilss…) : une situation unique au monde. Ces communautés sous-régionales conçues sur le modèle d'intégration des marchés font du « sur place » depuis leur création, alors que les plus anciennes d'entre elles sont contemporaines de la Cee. L'Union africaine couvre l'ensemble du continent (si l'on prend en compte la réintégration attendue du Maroc).

On est alors en droit de se demander s'il est possible de faire au niveau continental ce qu'il n'a pas été possible de faire au niveau sous-régional. Les objectifs à atteindre sont établis sans aucun calendrier de réalisation, ce qui constitue un recul par rapport au traité d'Abuja. Les gouvernements africains sont-ils vraiment prêts aux abandons de souveraineté qu'implique l'Union ? En 1960 déjà, Cheikh Anta Diop invitait les Africains *à construire l'État fédéral africain dans les meilleurs délais, avant poursuivait-il, que les États n'aient le temps de s'ossifier pour devenir inaptes à la fédération.* Où en est t-on actuellement sur ce plan ? Le traité de l'Union (article 28) précise que l'entrée en vigueur du traité commence après ratification par les deux tiers des États signataires. Il a fallu près d'un an pour que le quorum soit atteint, ce qui ne prédispose guère à l'optimisme, pour ce qui est de la bonne volonté de promouvoir l'intégration au niveau continental.

Zone de libre-échange continentale (Continental Free Trade Area, Cfta)

En janvier 2012 à Addis-Abeba les chefs d'État et de gouvernement de l'Union africaine adoptent la décision de créer une Zone de libre-échange continentale, appelée à entrer en fonction en 2017.

Il s'agit de mettre en place un marché unique de libre circulation des biens, des services, des opérateurs économiques et des investissements, avec la perspective d'aller vers l'union douanière.

L'organisation couvrant 54 pays avec une population de 1 milliard d'habitants devrait être la plus grande zone de libre-échange du monde.

L'Europe étant le principal partenaire de coopération de l'Afrique, il est intéressant de voir ce que sont ses dispositions à l'égard du projet d'Union africaine. Cette coopération a été régie au cours des dernières décennies par les accords Ue-Acp. L'accord de Cotonou de juin 2000 qui prend le relais de la dernière Convention de Lomé (Lomé 4) prévoit dorénavant la coopération entre l'Ue et des zones de libre-échange à mettre en place dans les pays Acp.

6.

Intégration verticale de l'Afrique à l'Europe : l'Eurafrique

Le terme "Eurafrique" apparaît sous la plume de L. S. Senghor au début des années 50 pour désigner le type de relations particulières que l'Europe doit entretenir avec l'Afrique, dans un contexte colonial.

De l'association Cee-Outremer aux conventions de Yaoundé

Le traité de Rome de 1957 portant création de la Communauté économique européenne introduit un dispositif d'association avec les colonies d'Afrique (IVe partie, article 131) :

LesÉtats membres conviennent d'associer à la Communauté les pays et territoires non européens entretenant avec la Belgique, la France, les Pays-Bas, l'Italie des relations particulières.

Il convient de remarquer que les pays africains dont il s'agit ici ne s'associent pas : ils *sont associés* de façon unilatérale. La même formulation reste dans le traité de Rome au moment de l'adhésion en 1973 du Royaume-Uni et du Danemark, avec la seule différence que ces deux États sont ajoutés aux six premiers. L'association, prévue pour une période de 5 ans, comporte une disposition commerciale sous forme de zone de préférences douanières (réciprocité des avantages commerciaux, ou système de préférences inverses) et une disposition financière avec la mise en place d'une structure d'aide, le Fonds européen de développement (Fed).

Lorsque les colonies accèdent aux indépendances, l'association initialement *octroyée* devient *librement négociée* avec les États africains et malgache associés (Eama), et avec les mêmes dispositions, dans les deux conventions de Yaoundé en 1963 et 1969. Il s'agit cette fois de textes différents du traité de Rome dont les dispositions sont de la compétence des seuls partenaires européens. Dans Yaoundé II, les ressources du Fonds européen de développement sont augmentées pour compenser la suppression progressive des surprix payés par la France à certaines denrées tropicales comme l'arachide ; dans le même temps, les pays africains associés payaient les produits manufacturés français à des prix supérieurs aux prix du marché mondial.

Le fonctionnement de l'association ne va pas sans problèmes, et les partenaires africains vont perdre progressivement le monopole des relations commerciales particulières, du fait d'un certain nombre d'événements.

Dans un premier temps, ce sont les conflits d'intérêts au sein de la Cee qui ouvrent la première brèche. Si la France est historiquement liée aux pays africains, la Hollande est plutôt tournée vers l'Asie du Sud-Est, et l'Allemagne vers l'Amérique latine. Comment vont s'effectuer les compromis ? Ce qu'on a constaté c'est que les tarifs appliqués aux pays non-associés ont subi plusieurs baisses, notamment sur les produits tropicaux comme le café (de plus de moitié entre 1957 et 1968) et le cacao, ce qui s'est traduit par une forte augmentation des importations en provenance de l'Amérique latine (de l'ordre de 30pour cent pour le café).

La Convention d'association a toujours laissé la porte ouverte à la coopération avec des pays à structures économiques similaires à celles des partenaires africains. Ce qui, dans le cadre de Yaoundé II amène la Cee à signer des accords avec d'autres pays d'Afrique (pays du Maghreb, Nigeria, Kenya, Ouganda, Tanzanie), des pays de la Méditerranée (Grèce, Turquie, Espagne, Malte, Liban, Yougoslavie). Il s'agit d'accords de préférences réciproques, mais sans accès au financement du Fed. À partir de 1971, la mise en pratique par la Cee du Spg (Système de préférences généralisées) à tous les pays du Sud contribue encore à atténuer le traitement de faveur des Eama (lequel reste tout de même plus favorable que le Spg qui ne s'applique pas aux produits agricoles).

Bien que les conventions de Yaoundé se situent dans la période de fragmentation (contraire de la mondialisation), elles renferment des dispositions véhicules de libéralisation-mondialisation, comme la *vérité des prix* imposée aux matières premières d'exportation des pays africains, tenus dorénavant de s'aligner sur les cours mondiaux.

Dans cette période, l'Afrique se trouve dans une situation paradoxale. D'un côté, elle est l'objet de forte convoitise de la part des deux superpuissances belligérants de la guerre froide, les États-Unis et l'Union soviétique ; ce qui lui confère un certain potentiel d'importancestratégique. Mais d'un autre côté, l'Afrique noire francophone continue à traîner le boulet de la colonisation, la plupart de ses dirigeants ne faisant rien pour s'émanciper, se contentant d'une indépendance tout juste formelle (celle du drapeau et l'hymne national). Et pourtant, les anciens maîtres coloniaux devenus tuteurs néocoloniaux sont en position de faiblesse face aux deux superpuissances, d'où leur besoin de s'unir dans une communauté économique.

Alors l'Eurafrique, pourquoi faire ? Selon le traité de Rome (article 131), *le but de l'association est la promotion du développement économique et social des pays et territoires, et l'établissement de relations économiques étroites entre eux et la Communauté dans son ensemble*.

La seconde partie de la formulation « établissement de relations économiques étroites » est certainement celle qui colle le plus à la réalité. Mais au profit de qui ?

Premières conventions de Lomé

Il n'est pas sans intérêt de rappeler le contexte dans lequel se poursuit le projet Eurafrique, avec la signature de la première convention de Lomé en 1975. Le début des années 70 est marqué par la montée en puissance du tiers monde ; une puissance du reste relative, sans commune mesure avec son poids économique, mais due à sa situation stratégique dans le climat de guerre froide de l'époque. C'est dans ce contexte que surviennent deux événements qui contribuent à affaiblir le Nord, tout en renforçant le Sud : l'effondrement du système monétaire de Bretton-Woods, avec la dévaluation du dollar et l'abandon de la parité fixe au profit du change flottant, et l'augmentation du prix du pétrole en 1973 par l'Organisation des pays exportateurs de pétrole (Opep).

C'est la Libye avec son nouveau régime de 1969 qui déclenche le mouvement, en réclamant d'abord des participations dans le capital des compagnies pétrolières implantées sur son territoire, pour aboutir à leur nationalisation totale. Le processus avait été lancé en fait en Égypte par Nasser, avec la nationalisation de la société de gestion du canal de Suez en 1956. Le quadruplement du prix du pétrole et la fin de la parité fixe déclenchent une forte inflation mondiale, ce qui donne lieu à une défiance marquée envers les monnaies. Les matières premières constituent alors un refuge. Leurs cours enregistrent une augmentation sans précédent. Après la création du Conseil intergouvernemental des pays exportateurs de cuivre (Cipec) en 1967, l'Association internationalede la bauxite est créée en 1974. D'autres organisations de pays producteurs suivent, autour du fer, de l'uranium, du phosphate, de la banane, du caoutchouc et d'autres produits agricoles.

Lors du sommet des Non-alignés de 1974 à Alger, le président algérien en sa qualité de président en exercice du mouvement réclame une session spéciale de l'Assemblée générale des Nations unies pour discuter du problème des matières premières et du développement. Lors de cette session, les pays en développement présentent un document « Le Nouvel ordre économique international » (Noei), qui demande la restructuration totale des relations économiques internationales. Le document sur le Noei comporte trois volets : une déclaration de principe sur la nécessité de promouvoir un Noei ; un programme d'action pour traduire ces principes en actions et mesures concrètes ; une charte des droits et obligations des États, reconnaissant aux pays en développement la souveraineté sur leurs ressources naturelles, le droit de contrôle sur les firmes transnationales, le droit de nationalisation, le droit d'adopter le système économique de leur choix... La déclaration et le programme d'action sont adoptés sans problème lors de cette session (avril-mai 1974) ; mais il a fallu attendre la session régulière de l'Assemblée générale six mois après, pour soumettre la charte au vote.

Le Noei est perçu dans les milieux libéraux des pays développés comme une nouvelle guerre froide à motivations plus politiques qu'économiques :

En vérité, cette nouvelle guerre froide concerne plus la politique que l'économie. À la base, c'est un conflit d'idéologies politiques. Ce que le tiers monde dit n'est pas qu'il a besoin de notre assistance, mais que sa pauvreté est la faute de notre capitalisme.

Pour les responsables du Nord, notamment américains, accepter le Noei, c'est reconnaître une certaine responsabilité morale dans la situation de sous-développement du Sud. Or, celle-ci est due plutôt à l'ordre économique interne : étatisme, corruption, mauvaise gestion ... Le Noei est perçu comme une forme d'interventionnisme dans les relations économiques internationales, donc une menace pour le libéralisme et l'économie de marché qui doivent régir ces relations ; le commerce international ne saurait être culpabilisé, car les pays les plus pauvres sont justement ceux dont les échanges internationaux sont les plus réduits.

Les dirigeants des pays de la Cee sont conscients de cette nouvelle donne dans les relations économiques internationales. Leurs énormes besoins en matières premières ne peuvent leur provenir que d'une Afrique avec laquelle ils entretiennent « des relations étroites » ; pour renforcer ces relations, il convient de réaménager le dispositif de coopération.

Avec l'adhésion de l'Angleterre à la Cee en 1973, en compagnie de l'Irlande et du Danemark, l'association Cee -Eama arrivée à terme fait place à la convention Cee -Acp (Afrique, Caraïbes, Pacifique). Cela, parce que l'Angleterre entretenait aussi des relations particulières avec un ensemble de pays du Sud dans le cadre du Commonwealth. La première convention est signée à Lomé en 1975. Par la suite, quatre conventions ont été signées, toutes à Lomé (Togo), les trois premières ayant une durée d'application de cinq ans, et la quatrième prévue pour dix ans. Dans la première convention de 1975, il est mentionné *l'égalité des partenaires et le respect de leur souveraineté, ainsi que le droit de chaque État à déterminer ses choix politiques, sociaux, culturels, et économiques*.

Ce qui porte bien l'empreinte de la charte du Nouvel ordre économique international. Cette disposition novatrice de Lomé I (1975-79) sera reprise dans Lomé II (1980-84) et dans Lomé III (1985-89) bien que l'affaiblissement du tiers monde ait commencé à se dessiner depuis 1979.

Pour l'essentiel, les dispositions commerciales et financières sont les mêmes dans les trois premières conventions. Les Acp bénéficient de *préférences commerciales sans réciprocité* : leurs produits entrent librement sur les marchés de la Cee, alors qu'ils peuvent frapper de droits et taxes les produits en provenance de la Cee ; la préférence est ainsi à sens unique. C'est là un progrès par rapport aux accords de Yaoundé, mais il ne pouvait en être autrement, car les Acp membres du Commonwealth bénéficiaient des préférences réciproques de la part de l'Angleterre ; une pratique sur laquelle la Cee est tenue de s'aligner.

La disposition est toutefois assortie de restrictions. Elle comporte une clause de sauvegarde autorisant un État de la Cee à ne pas l'appliquer s'il est confronté à certaines difficultés économiques et financières. Les importations dans la Cee de produits agricoles bruts ou transformés originaires des Acp sont soumises à un « régime spécial » lorsqu'ils entrent en concurrence avec des produits similaires régis par la politique agricole commune de la Cee : c'est le cas du sucre qui fait l'objet de protocole particulier, parce que le sucre de canne des Acp est en concurrence avec le sucre de betterave de la Cee. Comme dans les accords de Yaoundé, la portée des préférences commerciales est limitée par l'extension de la coopération de la Cee avec d'autres pays, en plus de l'application du Spg depuis 1971.

Les conventions de Lomé introduisent aussi une innovation au niveau des dispositions financières. Le Fed finance un fonds de stabilisation des recettes d'exportation des ACP, le Stabex et le Sysmin (voir annexe).

Lomé IV : impact de la mondialisation

Les années 80 sont difficiles pour la plupart des pays en développement, et constituent la période la plus défavorable pour le dialogue Nord-Sud, compte tenu de la conjonction d'un certain nombre de facteurs.

Le début des années 80 est marqué par l'effritement du Sud : la seconde augmentation du prix du pétrole en 1979, jointe à la percée industrielle des Npi (nouveaux pays industrialisés d'Asie), contribue encore à la consolidation de la cassure qui a engendré un nouveau groupe de pays appelé « quart-monde » par la Commission Trilatérale ; ce qui donne trois blocs dans le Sud (tiers monde, quart monde, Npi), avec des intérêts différents, parfois divergents. Cette période est marquée aussi par une forte récession de l'économie mondiale, et ce sont naturellement certains pays du Sud qui sont les plus frappés : flambée des taux d'intérêt, ce qui se répercute sur le service de la dette ; forte baisse des cours des produits de base, les ramenant à leur niveau de la crise des années 30 ; facture pétrolière élevée pour les pays non pétroliers. Pour l'Afrique au sud du Sahara, on a parlé de « décennie perdue ».

L'urgence de solution à la crise de la dette et la pression des institutions de Bretton-Woods dans le cadre de la montée du libéralisme amènent alors la plupart des pays en développement à privilégier des stratégies de repli interne et libéral, comme les politiques d'ajustement structurel. Ce qui n'est pas pour encourager le dialogue Nord-Sud tel que conçu jusqu'à présent, d'autant plus que des actions sont mises en œuvre pour affaiblir la Cnuced. Cette situation ne peut que contribuer à l'élargissement du fossé entre pays développés et pays en développement. Le sommet de Cancun de 1981, conçu au départ comme une étape de progression des discussions sur le Noei, annonce sinon l'interruption, tout au moins la poursuite du dialogue Nord-Sud, sur des bases moins favorables à un Sud affaibli.

Pourtant dans toute la période 1980-90, l'Europe poursuit sa coopération avec l'Afrique sur les mêmes bases qu'en 1975, peut-être avec le calcul que l'affaiblissement du Sud dans son ensemble n'est qu'un phénomène cyclique, donc passager, et que dans le fond, il vaut mieux préserver l'avenir dans le cas où le rapport de forces se modifierait à nouveau. Mais au début des années 90, la mondialisation-libéralisation a tellement le vent en poupe qu'elle paraît irréversible. La quatrième convention signée en 1989 (Lomé IV) reflète bien cette ambiguïté : elle est prévue pour une durée de dix ans au lieu de cinq, ce qui constitue une première ; mais c'est pour faire l'objet de révision en 1995 ; une révision appelée à intégrer les nouvelles exigences de l'économie mondiale.

Le tournant dans la coopération est amorcé avec Lomé IV par deux innovations : introduction de la clause du respect des droits de l'homme comme aspect « fondamental » de la coopération (article 5) ; concertation entre la Cee et les institutions de Bretton-Woods sur les programmes d'ajustement structurel dans les Acp : ce qui conduit dans chaque État Acp à la conception d'un Programme indicatif national à négocier avec la Cee.

Le traité de Maastricht (1992) qui se substitue au traité de Rome et transforme la Communauté économique européenne en Union européenne donne une idée de ce que sera la coopération avec les Acp dans le futur, eu égard aux exigences de la mondialisation :

... intégration douce et graduelle des pays en développement dans l'économie mondiale (article 130 U du titre XVII : 'Coopération pour le développement').

La convention Lomé IV est révisée en 1995 à Maurice, pour se terminer en février de l'an 2000. Elle incorpore et approfondit les dispositions antérieures. Elle revient sur le problème des droits de l'homme avec de nouveaux termes tels que « principes démocratiques », « Etat de droit », « bonne gestion des affaires publiques »... Elle prévoit comme sanction la suspension de la coopération en cas de violation grave. Deux pays africains, le Niger en 1996 et le Togo en 1998 en ont fait les frais.

La révision opérée sur le traité de Lomé IV présente la particularité d'introduire explicitement l'exigence de politique d'ajustement structurelsur huit articles (articles 243 à 250) dans ses dispositions. Jusque-là, les Acp s'étaient pliés aux exigences de la Banque mondiale et du Fmi pour mettre en place des programmes d'ajustement. Cette fois, l'initiative vient de partenaires européens qui semblent bien plus raisonnables : les gouvernements des pays Acp sont invités à élaborer eux-mêmes leurs programmes d'ajustement (au lieu qu'ils leur soient imposés) pour tenir compte de leurs particularités, et reçoivent à cet effet des dons de l'Union européenne (et non des prêts), de même qu'ils bénéficient de mesures d'allégement de dette par la transformation de certains prêts en dons. Ces nouvelles dispositions contribuent à vaincre la résistance chez certains pour adopter des programmes d'ajustement, et surtout à les considérer comme incontournables. Alors que l'ajustement structurel tel que mis en pratique jusqu'à présent n'est rien d'autre qu'une politique de libéralisation-mondialisation.

C'est avec la banane, quatrième produit mondial d'exportation, que les pays Acp expérimentent leur première amertume avec l'un des maîtres d'œuvre de la mondialisation, l'Organisation mondiale du commerce. Le poids lourd de l'Ue, l'Allemagne, compte pour les deux tiers des importations de banane qui lui proviennent d'Amérique latine, alors que d'autres pays comme la France, s'approvisionnent auprès de pays africains. Les bananes d'Amérique latine (bananes-dollars), reçues au prix de 217 dollars la tonne, sont contingentées et soumises à l'intérieur de l'Ue à des droits élevés, pour les mettre à niveau avec les importations africaines qui reviennent à 455 dollars la tonne.

À la fin de l'année 1997, les producteurs latino-américains (Mexique,Équateur, Honduras, Guatemala) font cause commune avec les États-unis pour attaquer l'Ue devant l'Omc. Le gouvernement américain défend en fait ses multinationales de la banane (Chiquita, Dole, Del Monte) qui contrôlent 80pour cent du commerce mondial de la banane, commercialisant même une partie de la production des Acp. Les plaignants obtiennent gain de cause auprès de l'Omc : à partir de janvier 1999, les bananes-dollars peuvent entrer librement dans l'Ue sans restrictions.

À la veille de l'expiration de Lomé IV, les partenaires européens font clairement entendre que la prochaine convention devra en tous points s'aligner sur les dispositions de l'Omc. Les pays Acp n'ont pas le choix. Ils ne sont plus dans la même position de négociation que lors de la signature de Lomé I en 1975, ayant perdu leur importance stratégique avec la fin de l'ordre mondial bipolaire. Les dispositions incluses dans Lomé IV sont seulement maintenues jusqu'en février 2000 par une autorisation exceptionnelle du Gatt.

Accord de Cotonou et mondialisation

Un Accord de partenariat entre les quinze (15) pays de l'Ue et les soixante- dix-sept (77) pays Acp est signé en juin 2000 à Cotonou. Certains passages du préambule montrent clairement les nouvelles orientations de la coopération :

Affirmant leur engagement à travailler ensemble pour la réalisation des objectifs de d'éradication de la pauvreté, le développement durable et l'intégration des pays ACP dans l'économie mondiale... affirmant leur résolution (Ue) à aider les pays ACP à faire face au défi de la mondialisation et à renforcer le partenariat ACP-Ue dans l'effort de conférer au processus de mondialisation une dimension sociale plus forte... reconnaissant qu'un environnement politique garantissant la paix, la sécurité et la stabilité, le respect des droits de l'homme, les principes démocratiques et la règle de droit et la bonne gouvernance sont parties intégrantes du développement à long terme...reconnaissant que des politiques économiques rigoureuses et soutenables sont des préalables au développement... rappelant les engagements pris dans le cadre de l'Organisation mondiale du commerce, avons décidé de conclure cet accord.

Toutes les dispositions de l'accord portent la marque de la démarchede libéralisation-mondialisation. Elles se traduisent par la libéralisation du commerce telle que dictée par l'Omc, la promotion du secteur privé, le dépérissement progressif de l'État africain, l'exigence d'intégration des marchés.

Libéralisation commerciale

L'accord stipule que *la coopération économique et commerciale vise à promouvoir l'intégration progressive et harmonieuse des États Acp dans l'économie mondiale...* (art. 34, alinéa 1), même si par simple clause de style il est ajouté... *dans le respect de leurs choix politiques et de leurs priorités de développement.* Le système de tarifs préférentiels non réciproques de Lomé est maintenu jusqu'au 31 décembre 2007. Il convient de préciser que les préférences commerciales consenties aux Acp continuent à perdre de leur valeur relative, du fait de l'extension des concessions par l'Ue à de nouveaux partenaires comme les pays d'Europede l'Est et le Mexique. Le protocole sucrier est maintenu, mais avec abaissement du seuil d'intervention (de soutien des prix d'exportation), ce qui ressemble à une annonce de sa liquidation. Après, il faudra se mettre sous le régime de l'Omc. À partir de septembre 2002, débutent les négociations pour la mise en place des *Accords de partenariat économique* (Ape). Le Stabex et le Sysmin supprimés en tant qu'instruments séparés avec des budgets spécifiques autonomes, ce qui toutefois n'exclut pas des interventions financières de l'Ue à partir du Fed. L'aide devient flexible selon les performances, augmentée ou diminuée.

Il est prévu une période préparatoire de 8 ans, de 2000 à 2007, au cours de laquelle des accords de partenariat sont négociés, pour ensuite arriver à des accords de libre-échange entre l'Europe et des zones d'union douanières sous-régionales à créer dans le cadre des pays d'Afrique, des Caraïbes et du Pacifique. Cela suppose que les structures d'intégration économique dans les pays Acp soient opérationnelles ; ce qui n'est pas encore le cas. Bien entendu, il ne sera plus question de préférences commerciales unilatérales, de libre accès de produits Acp sur le marché européen. La voie de la libéralisation tous azimuts a été ouverte avec le nouveau régime d'importation des bananes. Ces zones de libre-échange vont tout simplement ouvrir les marchés des Acp aux pays de l'Ue. Ils vont subir la concurrence des pays Ue et perdre des recettes douanières, comme la République Sud-africaine (admise depuis 1999 en système de préférences réciproques) l'a expérimenté. Des études d'impact effectuées par l'Ue en 1999 montrent que les nouveaux accords vont faire subir aux Acp des pertes de recettes publiques de l'ordre de 16 pour cent.

Promotion du secteur privé

Il est attendu du secteur privé qu'il soit le moteur de la croissance, de créer les emplois, de lutter contre la pauvreté. Un des moyens de promouvoir le secteur privé est l'ajustement structurel. Des moyens sont prévus pour accompagner le développement du secteur privé. Le

« Centre de développement industriel »(Cdi) créé en 1977 est devenu « Centre de développement de l'entreprise » (Cde), pour couvrir le tourisme, le transport, les communications... Le Cde est basé à Bruxelles ; il ne finance pas les investissements, il intervient seulement dans l'assistance aux études de faisabilité (dans une proportion de 2/3 ; la source de financement du secteur privé est la Banque européenne d'investissement (avec sa nouvelle Facilité d'investissement).

La transformation du Cdi (même s'il n'a joué aucun rôle effectif) en Cde n'est pas sans signification : elle traduit le processus de désindustrialisation dans lequel les programmes d'ajustement structurel ont conduit la plupart des pays du tiers monde au cours des vingt dernières années. Dans le cadre de la nouvelle mondialisation, l'industrialisation des pays en développement n'est plus à l'ordre du jour. Le paradoxe est qu'en dépit de l'accent mis sur la libéralisation qui suppose tout de même le risque, le traité de Cotonou contient en annexe une clause (chapitre 5) de protection et de garantie de l'investissement extérieur.

Intégration des marchés en priorité

l'Ue encourage les Acp à signer avec elle des accords de libre-échange, non pas individuellement, mais collectivement, en tant que groupes régionaux. Pour signer un accord de libre-échange avec l'Ue, l'organisation africaine doit être une zone de libre-échange effective ou bien une union douanière comme l'Union douanière Sud-africaine. C'est cette exigence qui a amené 9 des 21 membres de Comesa à mettre en place la première zone de libre-échange d'Afrique, en octobre 2000. Seulement, il se pose une difficulté à laquelle le traité de Cotonou ne fournit aucun élément de réponse : un grand nombre de pays africains appartiennent à plus d'une communauté économique, comme c'est le cas en Afrique de l'Ouest avec l'Uemoa et la Cedeao, en Afrique de l'Est et du Sud avec Sadc et Comesa. Avec laquelle de ces organisations l'Ue va- t-elle négocier ?

Le plus important est que l'Ue encourage les pays africains à s'engager dans des expériences d'intégration des marchés. Or, une des causes de l'échec de l'intégration économique en Afrique depuis les indépendances a été la tentative de transposition mécanique du modèle européen d'intégration des marchés dans un environnement dépourvu de structures de facilitation. Comment réaliser la zone de libre-échange ou l'union douanière en l'absence d'infrastructures de communication, de moyens de paiements adéquats compte tenu de la prolifération de monnaies inconvertibles, et même de simple base d'information commerciale (sur les produits, les clients et les fournisseurs potentiels) ? En outre, l'Ue en tant qu'entité unique, cherche à avoir comme interlocuteurs des partenaires dispersés. Logiquement, le partenariat devrait opérer sur une base de monopole bilatéral, c'est-à-dire une entité unique de chaque côté. Or, l'accord de Cotonou ne fait cas nulle part de la perspective de regroupement plus large que le projet d'Union africaine. C'est comme si un syndicat patronal décidait de négocier non pas avec le syndicat des travailleurs, mais avec les travailleurs pris individuellement.

Accords de partenariat économique (Ape)

Jusqu'au 31 décembre 2007, la coopération commerciale entre l'Union européenne et les pays Acp (Afrique au sud du Sahara, Caraïbes, Pacifique) est régie par le *principe de non-réciprocité* : les produits en provenance des Acp sont admis librement sur les marchés européens, sans droits de douane, alors que les produits européens peuvent être frappés de droits de douane lorsqu'ils sont importés dans les Acp.

Le grand changement apporté dans la nouvelle coopération est l'introduction des Accords de partenariat économique (Ape) qui reposent pour l'essentiel sur le *principe de réciprocité* : dorénavant, les produits européens devront entrer sur les marchés africains sans droits de douane, exactement comme c'est le cas pour les produits africains sur le marché européen.

Un autre changement apporté par la nouvelle coopération est de ne plus avoir les États comme seuls ayants droit de regard dans les pays Acp : invitation est faite à toutes les composantes de la société civile (groupements professionnels, syndicats patronaux, syndicats de travailleurs, communicateurs, simples citoyens...) à s'impliquer pour donner leur avis.

Les Ape présentent au départ, entre autres, des inconvénients pour les producteurs africains, dans l'agriculture comme dans l'industrie :

(1) Les produits agricoles européens qui sont subventionnés (ce qui permet de les vendre moins cher) vont inonder les marchés africains ; les produits africains similaires (comme la volaille, les œufs par

exemple) ne pourront pas résister à la concurrence. Il faut dire que le terrain a été préparé par les programmes d'ajustement de la Banque mondiale et du Fonds monétaire international qui ont supprimé les subventions en Afrique.

(2) Les embryons d'industrie qui existent dans les pays africains pour ne satisfaire que le marché local (allumettes, piles électriques par exemple) vont être étouffés par la concurrence européenne, surtout avec cette préférence marquée des Africains pour tout ce qui est importé ; ce qui va se traduire par des fermetures d'usines avec le cortège bien connu de nouveaux chômeurs. Les nouveaux venus dans l'Union européenne, des pays comme la Grèce, les anciens pays socialistes d'Europe de l'Est qui n'avaient pas de tradition commerciale avec l'Afrique vont s'en donner à cœur joie. Pour ne rien dire des énormes pertes de recettes douanières pour les États.

Les Ape ne sont ainsi rien d'autre qu'une réédition accentuée de la promenade du pot de fer et du pot de terre. L'Union européenne est d'ailleurs bien consciente des plumes que les pays Acp vont laisser dans l'opération : elle leur a prévu un fonds de compensation (Forape), sournoisement appelé "aide", et qui n'est rien d'autre qu'une rémunération pour "bonne conduite". Ce qui n'a d'ailleurs rien de nouveau ; cette méthode a toujours régi les relations entre l'Europe et l'Afrique, avec les résultats que l'on sait pour cette dernière.

En fait, les produits africains même s'ils sont théoriquement admis librement sur le marché européen sans droits de douane, y sont soumis à d'autres discriminations comme les normes de qualité contraignantes qui leur sont imposées pour ne pas concurrencer les produits européens similaires ; c'est le cas dans le secteur de la pêche où les exigences de critères de navires ne peuvent être satisfaites par les pêcheurs locaux, ce qui ouvre la voie aux bateaux de pêche européens pour venir se servir abondamment sur les côtes africaines.

Il convient d'ailleurs de s'interroger sur les avantages réels retirés par les pays Acp de cette coopération. L'Union européenne avait elle-même en 1997 publié un Livre Vert dressant un bilan peu reluisant pour les partenaires du Sud. La situation s'est même détériorée depuis lors : au seul plan commercial, sous le régime de la non-réciprocité, la part des exportations des Acp sur le marché européen qui était déjà faible (8 pour cent) est tombée à 3 pour cent, alors que le marché européen s'est élargi avec les nouvelles adhésions : parce que de nouveaux membres

(Espagne, Portugal, Grèce) ont certains produits agricoles qui concurrencent des produis africains.

Dans la nouvelle coopération, il était question au départ de mettre en place des Accords régionaux de partenariat économique (Arpe) : utiliser les communautés économiques qui existent dans les Acp pour faire le libre-échange avec l'Union européenne ; parce qu'il est plus avantageux d'avoir un seul accord dans une région. Mais c'était sans compter avec la réticence des États africains à s'engager ainsi de façon collective. À côté des Arpe on introduit alors les Ape : chaque État pourra séparément négocier avec l'Union européenne. Ce qui ne fera que mettre à mal les communautés africaines d'intégration économique qui n'étaient déjà pas performantes.

Les Ape se présentent ainsi comme une entreprise de désintégration, de néo-balkanisation de l'Afrique, au moment où l'Europe s'intègre pleinement. En toute logique, c'est l'Union africaine (même si elle n'est pas encore zone de libre-échange) qui devrait négocier avec l'Union européenne, et non des États africains séparés. C'est comme si un syndicat patronal contournait les syndicats des travailleurs pour négocier directement avec des travailleurs pris individuellement.

Au regard des Ape, les Acp peuvent être scindés en trois groupes.

(1) Le groupe des Caraïbes, le seul à avoir signé un accord complet au niveau régional

Le groupe de pays dont il est dit, sans précision, qu'ils ont paraphé un Accord individuel intérimaire qui se présente ainsi : dans une proportion de 80 pour cent, les exportations de l'Union européenne dans les pays africains signataires seront exonérées de droits d'entrée. Les produits exportés dans l'Union européenne par les pays africains signataires de l'accord intérimaire y seront à 100 pour cent exonérés de droits. Dès l'annonce de la mesure, les organisations syndicales régionales africaines, les syndicats du Ghana et des organisations de la société civile ont demandé aux États de ne pas signer l'accord.

Cela n'a pas empêché certains gouvernements africains de signer l'accord intérimaire : en Afrique de l'Ouest, Côte d'Ivoire et Ghana ; en Afrique centrale, Cameroun. Ces pays qui ne figurent pas parmi les pays moins avancés (pma), pensent avoir plus intérêt que les autres à avoir un accès libre sur le marché européen pour leurs produits (cacao, bananes, ananas, aluminium) qui constituent l'essentiel de leurs recettes d'exportation. Ces produits ne peuvent y être compétitifs que s'ils sont exonérés de droits de douane, face aux mêmes produits en provenance d'Asie, d'Amérique latine ou des Antilles françaises. Cela permettra d'engranger des recettes d'exportation substantielles, comme auparavant, mais cette fois au détriment des industries locales déprotégées qui ne pourront pas résister à la concurrence européenne.

(2) Les pays qui n'ont pas signé ou paraphé l'accord. Ce sont tous les autres, à commencer par le Nigeria dont la principale exportation est le pétrole fortement demandé, pour lequel il ne se pose pas un problème de marché. Ce pays n'a aucun intérêt à signer un Ape qui ne pourra que compromettre son industrialisation. Les autres non signataires sont des pma qui ont une part de marché beaucoup plus faible dans l'Union européenne. Ce sont les pays auxquels les Ape portent le plus préjudice, en termes de calcul économique coût-avantage : il n'y aura rien de changé au niveau de leurs exportations, mais leurs industries et leurs finances publiques vont en souffrir.

La question qui ne manquera pas d'être posée est : qu'adviendra-t-il de ces pays ? Ce scénario est déjà prévu au niveau des instances européennes. Les pays non-Ape seront versés dans le Système de préférences généralisées (Spg) mis en place depuis 1971, et qui accorde un traitement commercial préférentiel à l'ensemble des pays en développement. Mais le Spg est moins favorable que le système des conventions Ue-Acp. Un régime intermédiaire est prévu pour les pays les moins avancés (trois quarts des pays africains) pour tous les produits, à l'exception des armes.

La philosophie du Spg était au départ de permettre aux pays en développement d'avoir libre accès sur les marchés des pays développés pour leurs produits manufacturés. C'est sous ce régime que Taiwan, Singapour, Corée du Sud, Hongkong, Malaisie, Thaïlande, pourtant non riches en matières premières, ont consolidé leurs programmes d'industrialisation, avec la réussite que l'on sait. Pendant que les pays africains se confortaient paresseusement dans l'exportation de matières premières sous le régime soi-disant plus favorable des conventions avec l'Europe.

Cela dit, quelle est l'origine des Ape ? Avec le tintamarre actuellement orchestré sur la question avec sa dose poussée de théâtralisation, on a l'impression d'une nouveauté. Or, les Ape sont contenus dans l'Accord de Cotonou qui fait suite aux conventions de Lomé, pour régir la nouvelle coopération entre l'Union européenne et les Acp (articles 34 à 37). Les Ape sont justifiés par le souci de se conformer aux règles de l'Organisation mondiale du commerce (Omc) dans le cadre de la mondialisation : des dispositions qui ne servent que les seuls intérêts des pays développés. Seulement, l'Accord de Cotonou, avec sa composante Ape qui est officiellement dénoncée aujourd'hui, a été signé par les chefs d'État africains en exercice à l'époque (en pleine connaissance de cause ?). C'était le 23 juin 2000.

Lisons l'article 37 de l'Accord de Cotonou, alinéa 1 :

Des Accords de partenariat économique seront négociés durant la phase préparatoire qui se termine au 31 décembre 2007 au plus tard. Les négociations formelles pour les nouveaux arrangements commerciaux débuteront en Septembre 2002 et les nouveaux arrangements commerciaux entreront en vigueur le 1er Janvier 2008…

En quoi consistent les nouveaux arrangements commerciaux ? L'alinéa 7 de l'article 37 le dit clairement :

Les négociations des accords de partenariat économique auront principalement pour objet d'établir un calendrier pour la suppression progressive des barrières commerciales entre les parties, en conformité avec les règles de l'Omc.

Les dirigeants africains qui ont signé ce document en juin 2000 n'ont donc pas été pris en traîtres.

Personnellement, c'est très tôt que j'ai attiré l'attention sur les Ape dans un livre publié en 2002, "L'Afrique dans la mondialisation", qui n'a suscité ici au Sénégal aucune réaction, ni de la part des pouvoirs publics, ni de la part de la presse.

Cela dit, c'est une erreur de se polariser sur les Ape qui ne sont qu'un maillon d'une chaîne qu'il faut saisir dans son ensemble. Les Ape viennent seulement s'inscrire dans une entreprise de marginalisation accentuée de l'Afrique, sous couvert de libéralisation et de mondialisation. Les Ape sont appelés à ouvrir totalement les marchés africains à la production agricole et industrielle des pays de l'Union européenne.

Et pourtant, aucun de ces pays d'Amérique, d'Asie, d'Europe, n'a développé son industrie sans une forte protection douanière. Ce qu'on demande aux Africains, c'est : « Ne faites pas ce nous avons fait. »C'est toute cette chaîne d'exploitation des pays africains qu'il faut briser.

La solution pour les pays africains est la valorisation industrielle, c'est-à-dire la transformation sur place d'une bonne partie de leurs matières premières, dans le cadre de leurs communautés économiques, sous une protection adéquate. Aucun pays au monde ne peut se développer en ne comptant que sur des exportations de matières premières, quel que soit le traitement commercial qui leur est accordé. La lutte contre la pauvreté ne peut reposer que sur une politique saine de développement.

Les deux dernières communautés économiques créées en Afrique, la Zone de libre-échange continentale (Continental Free Trade Area, Cfta) en 2012, et l'Accord tripartite de libre-échange en 2015 se situent dans le cadre des Ape : permettre à l'Union européenne de ne négocier qu'avec un seul partenaire.

TITRE 4

BILAN ET PROBLÈMES DE L'INTÉGRATION AFRICAINE

Dans l'ensemble, le bilan de l'intégration économique en Afrique a été jusqu'à présent globalement négatif. Aucun progrès n'a été enregistré dans la voie de l'intégration des marchés. S'il a fallu une dizaine d'années à la Cee pour accéder à l'étape de l'union douanière (avec deux années d'avance sur le calendrier), les communautés économiques africaines, dont certaines ont la même durée, n'ont pas encore réalisé une véritable intégration de leurs marchés. Le commerce intracommunautaire officiel se situe à peine autour de 5pour cent de l'ensemble des échanges commerciaux officiels.

Le commerce frontalier pratiqué sur des bases informelles est sûrement bien plus important. Toutefois, certaines composantes de ce commerce informel devraient être appréciées de façon plus réaliste : lorsque des opérateurs économiques béninois, profitant de l'attrait du franc Cfa convertible, font venir du Nigeria voisin du cacao pour le réexporter sur le marché mondial, peut-on vraiment enregistrer une telle opération comme flux d'échange commercial (formel ou informel) entre les deux pays? Il en est de même lorsque des produits d'origine européenne ou asiatique sont écoulés sur le marché sénégalais de façon frauduleuse, en ayant simplement transité par la Gambie.

Les communautés économiques en place n'ont eu aucun impact sur le développement, ni même sur la croissance à court terme : le retrait d'un pays africain d'une communauté quelconque, n'entraînerait pour celui-ci aucun préjudice marginal net. C'est même plutôt son budget qui se trouverait soulagé de contributions financières non négligeables. Alors qu'il en serait autrement pour des pays comme l'Allemagne ou la France au sein de l'Union européenne. La Mauritanie a quitté la Cedeao en 2000, sans aucun impact négatif sur son économie.

Ces contreperformances tiennent à un certain nombre de raisons qu'on peut essayer d'identifier : l'adoption d'une stratégie d'intégration inappropriée, l'absence d'intégration physique, l'insuffisance d'intégration monétaire, la hantise du développement inégal, des acteurs qui n'ont pas joué leur rôle. À cela s'ajoutent les ingérences extérieures manifestes qui font que les pays africains n’ont jamais eu la maîtrise de leur politique d’intégration.

1.

Un modèle d'intégration inadapté

La stratégie d'intégration a été mal engagée. Les communautés africaines ont d'emblée adopté le modèle d'intégration des marchés de la Cee. Les traités de la Ceao et de l'Udeac, qui ont inspiré le premier traité de la Cedeao ont été conçus par voie d'assistance technique par un fonctionnaire français de la Cee, Jacques David, ancien inspecteur des douanes en Afrique Centrale. Dans un ouvrage publié au milieu des années 60 (*L'Afrique sans frontières*), celui-ci ne craint pas de présenter la Cee comme un modèle d'exportation pour l'Afrique :

Il était inévitable qu'un évènement de cette importance apparaisse tout naturellement comme une recette de prospérité commune, et que les gouvernements africains si préoccupés de leur développement, recherchent les moyens de transférer et d'adapter des techniques et des procédés qui donnaient en Europe des résultats très encourageants (David, Anguille, 1965 : 5).

C'est lui-même qui procède à la démarche de transfert et d'adaptation ; il est conscient que le schéma européen de désarmement douanier total risque de se heurter à des problèmes ; c'est pourquoi il en élabore une version relativement tropicalisée, en suggérant toute cette terminologie commerciale qu'on retrouve dans le traité de la Ceao : "*produits du cru,*" "*zone d'échanges organisés*"... (David, Anguille : 14-

17). David se situe manifestement dans la perspective Rostowienne[31]d'une voie universelle et linéaire de développement :

Toutes proportions gardées, les problèmes que l'Udeac aura à résoudre seront de même ordre que ceux avec lesquels les Etats de l'Europe des six se trouvent aux prises depuis des années (David, Anguille : 83).

Le Professeur François Perroux avait déjà et très pertinemment, mis en garde contre une telle démarche (Perroux 1962 : 168).

Cette vision douanière de l'intégration est en grande partie à l'origine des dégâts que l'on constate aujourd'hui. Durant les dix premières années de la création de la Ceao, ce sont des inspecteurs des douanes qui ont été nommés pour en constituer le personnel de direction et de gestion. Et dans un projet, lorsque le départ est mal engagé ....

Par contre, il est tout à fait logique que le souci premier des autorités de la Cee soit le désarmement douanier, parce c'est là que se situe le principal obstacle aux échanges commerciaux. Mais si la suppression des barrières douanières entre la France et l'Allemagne peut entrainer un développement important des échanges entre les deux pays, il n'en va pas de même en Afrique, où les obstacles déterminants se situent à d'autres niveaux, particulièrement l'absence d'intégration physique entre les pays.

[31] De Walter Rostow, économiste américain contemporain, auteur d'un ouvrage célèbre, *les cinq étapes de la croissance économique*, dans lequel il présente un schéma contestable de développement qui serait valable pour tous les pays.

2

Déficience d'intégration physique les transports

Les communautés économiques africaines ont été mises en place avec leurs dispositions d'intégration des marchés, en l'absence quasi-totale des infrastructures de base constituée par les moyens de transport. Autrement dit, l'intégration économique a été tentée dans le vide, sans l'intégration physique préalable. Comme s'il suffisait d'un simple désarmement douanier pour créer et stimuler des échanges commerciaux substantiels entre des pays africains même limitrophes. La charrue a été mise avant les bœufs.

Le commerce ne peut pas se développer sans un réseau de transport adéquat, par voie terrestre, maritime et ferroviaire. Le secteur le plus réussi du transport en Afrique de l'Ouest est sans aucun doute celui du transport aérien qui permet de relier au moins les différentes capitales, soit directement, soit par correspondance. Actuellement, l'idéal pour les autres secteurs de transport (routier, ferroviaire, maritime) serait d'arriver au niveau de liaison atteint par le trafic aérien, en dépit de toutes les imperfections constatées dans ce domaine.

Le réseau routier

Le réseau routier qui intervient pour au moins 80 pour cent dans le transport des marchandises et des personnes en Afrique, est doublement défectueux, aux plans quantitatif et qualitatif. Le continent ne compte que 242 000 km de routes bitumées, soit 5 km pour 1000 kilomètres carrés de superficie. Et la plupart de ces routes sont dans un état déplorable. Les frais de transport routier comptent pour plus de 15 pour cent dans le prix de vente de bon nombre de marchandises ; ainsi, c'est en Afrique qu'on trouve les coûts élevés de transport routier les plus élevés, deux fois et demi à trois fois plus que dans les autres régions du monde.

Si quelques progrès ont été réalisés dans la construction des infrastructures routières au cours des dernières années, desactions prioritaires sont à entreprendre : construire les tronçons manquants ; procéder régulièrement à des travaux de réhabilitation et d'entretien du réseau ; supprimer les barrières non physiques comme les nombreuses procédures fiscales (taxes de transit), juridico-administratives ; harmoniser les codes routiers nationaux, la signalisation routière et les charges maximales à l'essieu. Quel que soit l'état des routes, ces contraintes administratives bloquent ou retardent la circulation aux frontières. Nous avons vu que la Comesa était assez en avance dans cette voie.

Il est prévu qu'en l'an 2025, plus de 100 000 km de routes transafricaines pourront être ouvertes à la circulation, avec la concrétisation du plan routier de la Cea : axes Tripoli-Luanda-Windhoek, Nouakchott-Lagos-Le Caire, Lagos-Mombasa, Dakar-Ndjamena-Massawa (Éthiopie), Beira (Mozambique)-Lobito (Angola).

Le réseau ferroviaire

L'Afrique d'une manière générale dispose d'un réseau ferroviaire de très faible densité : 80 706 km de voies ferrées : ce qui dans l'ensemble, pour 1000 kilomètres carrés, donne 2, 7 km de voie ferrée, contre 400 km pour l'Europe. Sur le total, la part de la seule République Sud-africaine est de 22 464, soit 28 pour cent. (Cea, Untacda II 1991-2000).

Le réseau ferroviaire a été pour l'essentiel construit pendant la période coloniale, pour les seuls besoins de la mise en valeur des économies, au profit des métropoles. Les colonisateurs, à partir de l'expérience de leurs propres pays, ont compris que le chemin de fer est un facteur irremplaçable lorsqu'il s'agit de mettre en valeur une économie. C'est ainsi que le tracé du réseau ferroviaire, en forme d'entonnoir, a été dicté par les besoins de l'économie de traite : dans chaque pays à doter de chemin de fer, les zones de l'intérieur, réservoirs de matières premières agricoles et minières sont reliées aux centres portuaires d'exportation : Kumasi-Accra, Kano-Lagos, Jos-Lagos, Kankan-Conakry, Parakou-Cotonou, Dakar-Bamako, Abidjan-Ouagadougou, Brazzaville-Pointe noire. En Afrique centrale et australe, la zone minière du Katanga au Congo "belge" est reliée par voie ferrée au port de Benguela en Angola sur l'Atlantique et le Copperbelt (ceinture de cuivre) de la Rhodésie du Nord (Zambie) est reliée aux ports de Beira et Lourenço Marquès (actuel Maputo), au Mozambique sur l'océan Indien ; dans les deux cas, il s'agit de régions enclavées, pour lesquelles le seul débouché sur la mer est constitué par une autre colonie, ce qui à l'époque conduit à un accord de coopération ferroviaire entre Belges, Britanniques et Portugais.

Depuis les indépendances, l'Afrique de l'Ouest est la sous-région qui a été le plus en retard dans la politique de promotion du chemin de fer. Dans d'autres sous-régions, ce sont les gouvernements qui ont pris l'initiative de créer de nouvelles lignes : NGaoundéré-Yaoundé au Cameroun, Libreville-Franceville au Gabon, ligne internationale Tanzanie-Zambie (grâce à la coopération chinoise).

Plus de 26 000 km de voies ferrées nouvelles peuvent être mises en circulation, avec possibilité d'électrification des réseaux, si le potentiel électrique est bien exploité grâce aux interconnexions nécessaires ; ce qui permet d'accroître très sensiblement la vitesse des locomotives. Le développement du chemin de fer induit d'ailleurs celui des industries mécaniques : fabrique de wagons, montage de locomotives.

Le transport maritime

La situation est encore plus déplorable dans le domaine du transport maritime. L'Afrique n'intervient que pour 7,8 pour cent seulement du total mondial du fret maritime, avec une flotte de 1pour cent du total mondial. La mise en place de compagnies communautaires de transport maritime, tout à fait envisageable, aurait un double avantage : assurer des liaisons plus intenses entre pays africains, et réduire le fret dans le commerce Nord-Sud (la situation actuelle contribue à alourdir sensiblement le coût des importations).

3.

Le système des télécommunications

L'état du système des télécommunications ne favorise pas une intégration effective des économies africaines et leur développement. La densité téléphonique était de 0.72 ligne téléphonique pour 100 habitants (0.32 au-dessous du Sahara), contre 3.45 pour l'Asie, 5.87 pour l'Amérique latine, 22.79 pour l'Europe, 32.83 pour l'Amérique du Nord (Cea, Untacda, *Telecommunications* 1991). Le téléphone mobile a grandement contribué à atténuer cet écart. Le vecteur de réduction de la fracture numérique a été la mise en place au cours des dernières années de systèmes télécommunication par satellite et par voie de câbles sous-marins avec Panaftel et Rascom.

Panaftel

La décision de mettre en place un réseau panafricain de télécommunication pour relier entre eux les pays africains est prise lors d'une réunion à Dakar en 1962. Le projet ne devient opérationnel qu'en 1975 sous la conduite de l'Unité panafricaine de télécommunication qui est un organe de l'Oua et l'Union internationale des télécommunications, organe de l'Onu. Panaftel voit le jour.

En 1983, 39 pays africains disposent d'une station de satellite terrestre reliés au réseau Panaftel. Le nombre passe à 42 (sur les 45 États membres) en 1990. Panaftel comporte alors 40 000 km d'artères terrestres (à base de faisceaux hertziens), et 8 000 km de câbles sous-marins, et 42 centres de transit international.

Avant Panaftel il n'existait pratiquement pas de liaisons intra-régionales de télécommunication entre les pays africains. En 1992, 14 pour cent du trafic international de télécommunication des pays africains s'effectue maintenant au plan intra-régional.

Mais par la suite, le projet s'immobilise, compte tenu de difficultés d'ordre technique et politique, particulièrement dans les trois sous-régions Est, Centre et Ouest. La situation n'est relativement satisfaisantequ'en Afrique du Nord et en Afrique australe.De l'avis de certains observateurs, le modèle Panaftel n'est pas viable, car les opérateurs de télécommunication ne seront pas en mesure de continuer à le financer. Il faudra le compléter par un système de satellite.

Même avec Panaftel, les pays africains payaient en moyenne chaque année 500 millions de dollars pour des appels téléphoniques à des opérateurs européens de téléphonie, parce que les appels passaient par l'Europe via son satellite Intelsat.

Le projet avorté *Africa One*

En 1993 l'idée de projet "Africa One" est lancée : mettre en place un cable sous-marin à fibre optique de 37 000 km entourant le continent africain comme un anneau, pour intégrer tous les systèmes de télécommunication existants comme le Panaftel. Mais le projet est déclaré mort-né en 2003, du fait du non-engagement de beaucoup d'États, dont l'Afrique du Sud et le Sénégal.

Rascom

C'est ainsi qu'en 1992 est décidée la création d'un nouvel organisme Rascom (« Regional African Satellite Communication », Satellite africain de communication, avec siège établi à Abidjan en 1993.

La mise en œuvre de Rascom requiert un financement de 400 millions de dollars (200 milliards de francs Cfa). À partir de 1992, pendant 14 ans, les pays africains ont attendu de leurs « partenaires au développement » un financement qui n'est jamais venu. Et pour cause : ce projet évitait à l'Afrique de passer par le satellite Intelsat pour ainsi économiser chaque année les 500 millions de dollars qui tombaient dans l'escarcelle d'opérateurs européens. Rascom était perçu au plan africain comme « un moyen puissant, un outil indispensable d'intégration politique, économique, commerciale et culturelle ».

En 2006, le guide libyen Mouammar Kadhafi, par le « Fonds libyen d'investissement en Afrique » octroie la somme de 300 Millions de dollars (150 Mds francs Cfa sur les 200 Mds francs requis). La Banque africaine de développement et la Banque ouest-africaine de développement complètent en donnant respectivement 50 Millions et 27 Millions de dollars.

C'est ainsi qu'est acheté et installé le satellite « Rascomstar QAF-1R » fabriqué en France par un groupe européen. Il pèse 3 tonnes et est placé en position géostationnaire, face à l'Afrique, dans le plan de l'Équateur, à 36 000 km d'altitude. Son lancement est effectué avec réussite en 2010 depuis la base de Kourou en Guyane française par la fusée française Ariane 5. Avec un terminal parabolique, il est maintenant possible de se connecter sur le satellite Rascom, jusque dans les zones rurales.

La durée de vie du satellite est prévue pour une quinzaine d'années. Mais Khadafi promet la construction d'une université technique africaine où seront formés entre autres, des techniciens pour fabriquer sur place des satellites au lieu de les importer. Le Rascom présente comme avantages de permettre des économies aux pays africains, de réduire le prix des connections et d'assurer une certaine autonomie au continent.

Un autre satellite égyptien « Nilesat 201 » conçu dans les mêmes conditions par un opérateur égyptien doit couvrir l'Afrique du Nord et le Moyen-Orient.

Le modèle Sat-3/Wasc

Le modèle « Sat-3/Wasc » (South Atlantic3 /West Africa cable submarine) est conçu en 2001 et lancé à Dakar en 2002. C'est un câble sous-marin de 28 000 km reliant ces pays : Portugal, Espagne (Îles Canaries), Sénégal, Ghana, Benin, Côte d'Ivoire, Nigeria, Cameroun, Gabon, Angola, Afrique du Sud, France (Réunion), Maurice, Inde et Malaisie. La façade atlantique de l'Afrique se trouve ainsi reliée à des réseaux mondiaux avec 12 stations d'atterrissement.

Ce modèle est à l'opposé de « Africa One » qui était beaucoup plus intégrateur. C'est le même type de modèle qui est en cours dans les autres parties de l'Afrique.

En outre, l'Afrique est actuellement le seul continent au monde qui n'intervient à aucun stade dans la conception et dans la fabrication du matériel de télécommunication qu'il utilise. Tout est importé ; d'où une technologie imposée, avec une obsolescence prématurée et des investissements lourds que ne justifie pas toujours la réalité des besoins locaux. Ces investissements importants n'ont aucun effet multiplicateur sur l'économie (création d'emplois, génération de revenus) et font que l'Afrique a les tarifs de télécommunication les plus élevés au monde (voir Annexe).

4.

Information commerciale défectueuse

Les moyens de télécommunication n'ont d'autre objet que de transmettre de l'information. Dans les sociétés modernes, le système d'information est devenu une infrastructure au même titre que les routes, ports, aéroports... Le meilleur système économique possible, l'idéal de référence imaginé par les économistes est la concurrence pure et parfaite dans laquelle l'une des conditions de base est la disponibilité d'une information parfaite, en quantité et en qualité. Il n'est donc pas étonnant que la science économique se soit enrichie au début des années 60 d'un chapitre nouveau, *Économie de l'Information,* sous l'impulsion de Fritz Machlup. À la même période, les Japonais lancent le concept de *société de l'Information.*

Dans ce domaine, la situation africaine se présente ainsi : des flux intenses d'information à sens vertical avec l'extérieur, et des flux à sens horizontal faibles ou inexistants. Cela se manifeste particulièrement au niveau des relations commerciales. C'est ainsi qu'un pays peut être confronté à une situation de pénurie ou de déficit alimentaire, alors que des excédents sont disponibles dans un autre pays de la même sous-région : si les produits ne circulent pas, c'est parce que l'information ne circule pas. C'est la déficience de l'information commerciale qui explique en partie la faiblesse des flux de commerce entre pays africains. La Banque mondiale a estimé le potentiel à court terme de commerce interafricain dans une fourchette de 16pour cent à 20 pourcent contre 5 pour cent au maximum actuellement. Les pays africains importent chaque année de l'extérieur et pour des milliards de dollars des produits qui sont disponibles dans les différentes sous-régions, parce que les opérateurs économiques ne disposent pas des informations nécessaires.

La seule stratégie de libéralisation commerciale exclusivement envisagée jusqu'ici par les communautés économiques africaines ne peut pas déclencher des échanges significatifs si l'information commerciale fait défaut. L'information commerciale restreinte existant sur l'Afrique a toujours été élaborée dans les pays développés, pour le seul compte de ces derniers. Certains partenaires du développement l'ont compris et n'ont pas hésité à fournir l'assistance technique appropriée aux communautés économiques africaines. Les actions ont été menées à partir des années 1980 par le Programme des Nations unies pour le développement (Pnud) comme agence de financement, avec la Conférence des Nations unies pour le commerce et le développement (Cnuced) et le Centre international du commerce (Cic), comme agences d'exécution.

On peut mentionner aussi comme initiatives la mise en place de systèmes automatisés de traitement de statistiques commerciales :

– *Centre régional pour l'information et la documentation commerciale* (Cric) établi à Abidjan depuis 1983, et fonctionnant pour le compte de la Ceao : 700 sociétés (importateurs et exportateurs) et un millier de produits ont été recensés. Avec la disparition de la Ceao, cette structure est appelée à être gérée par le Centre sénégalais du commerce extérieur ;

–*Réseau d'information commerciale* de la Zep, ou Pta/Tinet (Trade Information Network) depuis 1987 ; le réseau comporte des données sur des possibilités d'importation et d'exportation portant sur un millier de produits (dont : engrais, outils et machines agricoles, produits pharmaceutiques, produits en cuir, sel, pièces détachées automobiles, ciment...), un fichier de 4000 entreprises, des informations sur les droits d'importation et autres mesures de contrôle sur les prix, les sources d'importation, les disponibilités de transport et les possibilités de financement ;

– Il existe un projet pour la Cedeao et la Ceeac mis en place dans les années 90. Celui de la Cedeao (Ecowas/Tinet) installé à Lomé compte tenu de sa situation géographique centrale et aussi de la qualité de ses infrastructures de télécommunication.

On peut mentionner aussi les systèmes automatisés de traitement des données douanières, comme Asycuda (*Automated System of Customs Data*, ou Sydonia en français) introduits à la Zep-Comesa et à la

Cedeao (l'unité centrale d'informatique est basée à Lomé, ce qui en fait une place de choix pour abriter Ecowas /Tinet).

L'Afrique du Nord n'a pas encore de réseau d'information commerciale. Le projet est à l'étude dans l'Union du Maghreb arabe, et le système de télécommunication Magrebnet devrait en faciliter l'implantation.

Au niveau continental, il existe actuellement deux structures :

– *Associationdes organisations africaines de promotion commerciale,* créee en 1974 sous les auspices de la Cea et de l'Oua. Mais seul un pays africain sur deux en est membre ;

–*Système panafricain de documentation et d'information*, Padis (*Pan-african Documentation and Information System)*, créé en 1980 par la Cea, mais destiné surtout à l'information des planificateurs africains pour élaborer leurs politiques économiques.

Le traité de la Communauté économique panafricaine (article 42) prévoit de développer un réseau communautaire d'information pour relier les systèmes de traitement de données des communautés économiques sous-régionales africaines. Le projet doit se matérialiser par Panaftis (*Pan-african Trade Information System*, Système pan-africain d'information commerciale). Panaftis consiste en un réseau de correspondants établis sur tous les marchés africains pour la collecte, le traitement et le partage de l'information commerciale.

L'organisation de foires est une autre modalité d'information commerciale par l'établissement de contacts directs entre les opérateurs économiques venant exposer leurs produits. Après les trois initiatives de la Zep, la Cedeao a organisé sa première foire commerciale en mai 1995 à Dakar ; celle-ci, financée par l'Union européenne, devait déboucher sur la mise en place d'un « système d'échanges de marchandises » et du système « Eurotrace » conçu pour tirer des données statistiques à partir de Sydonia.

5.

Potentiel énergétique non exploité

L'énergie constitue un des goulots d'étranglement les plus sérieux du développement africain, mais le problème n'est pas encore perçu comme il se devrait au niveau des décideurs publics. C'est ainsi qu'il n'existe encore nulle part pour l'Afrique de structure de planification ou de coordination de l'énergie. Cheikh Anta Diop avait pourtant attiré l'attention sur la question, avant les indépendances : *au commencement est l'énergie ; tout le reste en découle*.

Même si le bois de chauffe représente 70pour cent de la consommation d'énergie, le continent n'en dispose pas moins de réserves appréciables d'autres sources énergétiques. L'Afrique a une production de pétrole équivalente à 8,5 pour cent de la production mondiale, pour une consommation qui n'est que de 3 pour cent de la consommation mondiale. Le tiers du potentiel d'énergie hydraulique mondial est localisé en Afrique, et une proportion de seulement 6 pourcent de ce potentiel est actuellement exploité. Le site de Inga en Rdc (ex Zaïre)est l'un des plus importants au monde, avec un potentiel de 106 000 mégawatts.

En plus de Inga, l'Afrique compte d'autres grands barrages : Caborra Bassa (2075 mégawatts) au Mozambique, Kariba au Zimbabwe (705 mégawatts) et en Zambie (600 mégawatts), Akosombo (792 mégawatts) au Ghana, Kainji (760 mégawatts), Jebba (560 mégawatts), Shiroro (600 mégawatts) au Nigeria. Des barrages de moindre envergure fonctionnent dans d'autres pays. Il suffit de réaliser les interconnexions qui s'imposent, pour électrifier à bon marché tout le continent, condition essentielle pour le développement des industries motrices qui sont la base de tout développement.

À partir des seuls barrages de Inga, il est possible d'électrifier toute l'Afrique. Il existe d'ailleurs un projet d'interconnexion de Inga à l'Égypte, sur une distance de 4500 km, en passant par le Tchad, la République centrafricaine et le Soudan. On peut envisager dans le cadre de l'Union africaine la mise en place d'une *Communauté africaine de l'énergie*. De telle sorte qu'à l'horizon 2025, l'hydroélectricité arrive à couvrir au moins 90 pour cent des besoins énergétiques en Afrique.

À ce jour, c'est dans le seul domaine des interconnexions électriques que l'intégration a été effective entre pays africains : dans la Communauté économique des pays des grands lacs, de la Rdc au Congo-Brazaville, de la Zambie en Rdc, du Ghana à la Côte d'Ivoire, du Ghana au Togo et au Bénin (qui coopèrent à cet effet dans le cadre de la *Communauté électrique du Bénin*), pour ne citer que ces exemples. Mais il reste encore beaucoup à faire.

6.

Industries motrices inexistantes

Aucun développement réel et soutenu n'est possible sans la mise en place d'industries motrices. Les pays africains qui ont misé sur l'aménagement de zones franches industrielles pour l'exportation de produits de l'industrie légère comme les textiles, sont tout simplement en train de sacrifier le développement à long terme.

Les industries motrices sont intégrées aux autres branches industrielles et à l'agriculture, sur lesquelles elles exercent des effets d'entraînement. C'est l'existence d'industries motrices qui donne naissance dans une économie à un *tissu industriel*, c'est-à-dire un ensemble d'industries pour intégrer les usines aux autres, comme les mailles d'un tissu. Ce sont :

– les industries métallurgiques, qui élaborent et transforment les minerais extraits à l'état brut ;

– les industries mécaniques, qui utilisent des produits de l'industrie métallurgique (fer, fonte, aluminium...) pour fabriquer des pièces détachées, des machines-outils, des outils manuels, du matériel agricole... ;

– les industries de matériaux de construction, à partir des ressources du sol et du sous-sol : argile, calcaire, gypse, marbre ... ; le principal produit fabriqué est le ciment qui est utilisé pour les besoins d'urbanisation et d'infrastructures (barrages, ponts ...)

– les industries chimiques : fabrication d'engrais, qui sont au service de l'agriculture; fabrication de verre pour le bâtiment et de bouteilles pour les brasseries.

Les industries motrices sont celles qui se prêtent le mieux à l'intégration économique : par l'intensité des liaisons input-output, par les possibilités de spécialisation et de coproduction, enfin par les économies d'échelle permises par la taille du marché sous-régional. Or actuellement, dans la plupart des pays africains, on ne trouve que des industries légères conçues pour le seul marché national. Les industries motrices auraient dû être au centre de la stratégie d'intégration, avec des implantations bien déterminées : les industries chimiques et les industries de matériaux de construction auprès des sources de matières premières, la métallurgie auprès des grands centres de production d'énergie hydroélectrique, les industries mécaniques qui sont à localisation libre pouvant convenir à tous les pays.

Il est certain que la mise en place de telles industries implique des investissements importants dont une bonne partie ne peut venir que de l'extérieur. Seulement, les règles d'origine telles que fixées dans la plupart des communautés économiques (pourcentage du capital social devant être détenu par des nationaux) peuvent sembler contraignantes pour les éventuels partenaires extérieurs.

L'absence ou la déficience de ces infrastructures de base fait que les marchés africains que l'on cherche à intégrer restent toujours cloisonnés. Pour reprendre la terminologie mathématique, les marchés africains sont des ensembles disjoints, sans point commun : l'intersectiondonne le vide. Et il en sera ainsi tant que les infrastructures de base ne seront pas en place, même si tous les tarifs douaniers sont abolis.

7.

Le lancinant problème monétaire

La monnaie est une donnée incontournable de l'intégration économique. Des communautés économiques peuvent avoir soit la même monnaie, soit des monnaies différentes et convertibles, soit des monnaies différentes et inconvertibles.

Les pays de l'Union européenne ont été dans la deuxième situation de monnaies différentes et inconvertibles jusqu'à la création de monnaie commune. Dans les communautés économiques africaines en règle générale c'est la situation de monnaies différentes et inconvertibles qui prévaut. L'exception est constituée par les pays membres de la zone franc.

La zone franc

En Afrique au sud du Sahara, la zone franc concerne les pays de la Cemac et les pays de l'Uemoa. La zone franc est créée par le gouvernement français en 1939, dans le souci de se constituer un trésor de guerre : les devises disponibles dans l'ensemble de son empire colonial en Afrique et en Indochine sont centralisées auprès de la Caisse de stabilisation des changes à Paris.

À la fin de la guerre, le franc métropolitain est dévalué. Mais la dévaluation n'est pas répercutée aux colonies ; il s'ensuit un changement de parité qui donne lieu en 1945 à la création du franc Cfa (Colonies françaises d'Afrique) qui vaut 1,70 franc métropolitain ; la parité passe à 2 francs en 1948, à la suite d'une seconde dévaluation de la monnaie métropolitaine non répercutée aux colonies.

Après les indépendances, la zone franc est maintenue, de même que le franc Cfa qui change d'appellation : Communauté financière africaine. Le franc Cfa est actuellement émis par les deux banques centrales sous-régionales : Banque centrale des États de l'Afrique de l'Ouest (siège à Dakar) pour les pays de l'Union monétaire ouest-africaine et Banque des États de l'Afrique centrale (siège à Yaoundé) pour les pays de la Coopération monétaire de l'Afrique centrale.

La zone franc fonctionne selon les dispositions suivantes : une parité fixe est maintenue entre le franc français et le franc Cfa ; les monnaies font l'objet de transfert libre et illimité à l'intérieur de la zone ; les avoirs extérieurs des pays africains sont, comme pendant la période coloniale, centralisés auprès du Trésor français où un compte d'opérations (importations et exportations) est ouvert pour chaque membre (le compte est crédité lorsque le pays perçoit des devises à la suite d'exportations hors zone franc, et le compte est débité lorsque le pays règle des importations hors zone franc).Il est dit que la garantie monétaire de la France est assurée aux banques centrales africaines, leur assurant la couverture de devises en cas de besoin.

Quels avantages la zone franc présente-t-elle pour les pays africains ? Assurément une bonne stabilité monétaire, et un approvisionnement en devises en cas de besoin. Mais l'appartenance à la zone franc pose aussi des problèmes pour les partenaires africains :

La zone franc met en œuvre une politique de limitation excessive des crédits, ce qui ne permet pas l'émergence d'une classe d'opérateurs économiques africains ; c'est cette prudence monétaire trop poussée qui a fait que la garantie monétaire de la France n'a eu à jouer que très rarement, et encore uniquement parce que les réserves de change des pays africains alimentées par leurs recettes d'exportation avaient baissé à la suite d'une baisse des cours de leurs matières premières exportées.

La zone franc entraîne aussi une sortie massive et régulière de capitaux africains en direction de l'extérieur, et une répercussion automatique de toute dévaluation ou dépréciation du franc français (maintenant de l'euro) sur les économies africaines, avec ses conséquences inflationnistes. Le franc Cfa favorise aussi ces importations massives qui handicapent le développement des pays.

Bien entendu, il se pose dans ces conditions un problème de souveraineté. Comment un dispositif conçu à l'origine pour des colonies, peut-il continuer à régir des pays devenus indépendants ?

Ceci étant, la zone franc peut-elle être perçue comme un environnement efficace de développement ? Ce qui est sûr, c'est que les pays africains les plus performants sur le plan économique ne se situent pas dans la zone franc. Par contre, cinq des sept membres de l'Union monétaire ouest-africaine, quatre des six membres de la Coopération monétaire de l'Afrique centrale sont classés par les Nations unies comme pays moins avancés (pma). Pour ne rien dire de la grande instabilité politique constatée dans la plupart des pays africains de la zone franc.

La zone franc a été un instrument d'intégration verticale des partenaires africains avec la France, plus qu'elle n'a facilité l'intégration horizontale de ces mêmes pays africains entre eux : comme le montrent la faiblesse des échanges commerciaux intracommunautaires et l'intensité des échanges commerciaux de chacun des pays africains de la zone franc avec la France.

En janvier 1994, sous la pression du Fmi, le gouvernement français consent à la dévaluation du franc Cfa, ce qui le ramène à la même parité que le franc français, c'est-à-dire à la situation d'avant 1945. Dans l'immédiat, la dévaluation s'est traduite surtout par une hausse brutale des prix du fait du renchérissement des importations et une accentuation de la paupérisation. Ni les productions locales, ni les échanges communautaires n'ont été stimulées. La croissance économique de l'ordre de 4pour cent à 5pour cent en moyenne observée au cours des trois années ayant suivi la dévaluation n'a été due qu'à une augmentation des prix des matières premières sur les bourses de commerce ; les pays africains hors zone franc en ont aussi bénéficié. Avec la disparition du franc français à la suite de la création d'une monnaie européenne unique, le franc Cfa est devenu arrimé à l'euro pour ce qui est de son cours, mais toujours sous tutelle de la France.

Les tentatives d'intégration monétaire

Le problème des moyens de paiement se pose dans les communautés économiques africaines du fait de l'existence d'une mosaïque de monnaies inconvertibles (en dehors des pays du franc Cfa), et de l'absence de marchés de change. Pendant longtemps, les pays africains pour régler leurs paiements ont eu recours aux banques des pays développés, particulièrement celles des anciennes métropoles. Une procédure qui présente beaucoup d'inconvénients : l'obligation de payer en devises fortes, le coût des commissions (seigneurie) à supporter, pour ne rien dire des délais très longs de l'ensemble des opérations.

Les premières expériences africaines d'arrangement de paiement sont tentées immédiatement après les indépendances : en 1962 un *Accord multilatéral de paiements* est conclu au Caire entre les membres du groupe de Casablanca (Algérie, Maroc, Égypte, Ghana, Guinée-Conakry, Mali), mais sans suite.

En 1963, la Cea, à la suite d'une étude confiée à l'économiste américain Robert Triffin, lance le projet d'une *Union africaine des paiements*: il s'agit de créer un système africain de compensation, par lequel les banques centrales ouvrent des comptes en unités de compte (équivalente au dollar) auprès de l'Uap. Mais là non plus, la réalisation n'a pas suivi.

En 1970, le Ghana et la Haute-Volta signent un accord bilatéral de paiements : les paiements entre les deux partenaires sont effectués par imputation sur les comptes en dollars ouverts dans leurs banques centrales, en exonération d'intérêts et de frais de commission. Des accords bilatéraux de ce type seront signés par d'autres pays : entre le Niger et le Nigeria, entre le Sénégal et la Gambie... Mais cette procédure présente au moins deux inconvénients : elle limite les échanges, car seuls deux pays sont concernés ; elle favorise les comportements irrationnels, car un pays peut importer à des prix non compétitifs auprès de son partenaire, du seul fait de la commodité monétaire, le détournement de commerce ainsi occasionné pouvant se faire au détriment d'un autre pays voisin.

L'Association des banques centrales africaines créée en 1966 recommande la mise en place de chambres de compensation des paiements dans chaque sous-région. Dans un système multilatéral, c'est-à-dire entre plusieurs pays : les créances réciproques se compensent, l'excédent d'un partenaire sur les uns servant à couvrir sa position débitrice sur d'autres. C'est de cette recommandation qu'est née la *Chambre de compensation de l'Afrique de l'Ouest* Ccao) en1975, la *Chambre de compensation Udeac-Zaïre* en1979 élargie par la suite à l'ensemble de la Ceeac, et la *Chambre de compensation de la Zep* en1984.

Le mécanisme de fonctionnement d'une chambre de compensation se présente ainsi : chaque banque centrale ouvre un compte auprès de la chambre de compensation, et il est créé une unité de compte équivalente au droit de tirage spécial(Dts)[32]du Fmi pour servir de pont entre les différentes monnaies. Le cours de change de chacune des monnaies en Dts est calculé tous les quinze jours.

Ainsi, lorsqu'un importateur ghanéen s'approvisionne auprès d'un exportateur nigérian, la banque commerciale qui tient le compte du ghanéen ordonne un transfert en cédi (monnaie du Ghana) à la banque centrale du Ghana, laquelle alerte la Ccao : là, le compte de la banque centrale du Ghana est débité du montant de la transaction, et le compte de la banque centrale du Nigeria est crédité du même montant ; cette dernière informée, effectue un transfert auprès de la banque commerciale où l'exportateur nigérian a son compte qui se trouve alors crédité en naira(monnaie du Nigeria). Au bout du compte, l'importateur paie dans sa monnaie nationale et l'exportateur est réglé dans sa monnaie nationale, ce qui se traduit par une économie de devises. Les paiements entre les banques centrales et la Ccao s'effectuent en unité de compte. Périodiquement, la position de chaque banque centrale auprès de la Ccao est créditrice ou débitrice, car pour revenir à l'exemple donné ci-haut, il est peu probable que les importations et exportations entre le Nigeria et le Ghana s'équilibrent totalement en valeur ; il est alors accordé un délai de 15 jours pour le règlement du solde débiteur en devises fortes. La Ccao doit surveiller les comptes pour éviter le dépassement de certains seuils de solde débiteur ou créditeur.

La chambre de compensation qui a posé le plus de problèmes dans son fonctionnement a été celle de l'Afrique de l'Ouest, la Ccao, dont le siège était à Freetown : de son démarrage en 1976 au début des années 90, la Ccao a traité moins de 10 pour cent des échanges commerciaux intracommunautaires (contre 73 pour cent pour la Zep) ; sur la valeur totale des transactions , une proportion de 20pour cent seulement a été réglée en monnaies locales (contre 58 pour cent pour la Zep). Ces chiffres montrent que la Cc de la Zep, bien qu'ayant démarré ses opérations près de dix ans après, est de loin plus performante que la Ccao. D'importants arriérés de paiement étaient accumulés, surtout par les banques centrales des monnaies non convertibles, le partenaire à position créditrice étant la Bceao.

---

[32]Le droit de tirage spécial (Dts) est constitué par un panier de monnaies convertibles : de 1974, date de sa création, à 1978, 16 monnaies étaient retenues : les monnaies des pays constituant au moins 1 pour cent des exportations mondiales. Depuis 1981, le panier a été réduit à 5 monnaies : dollar américain, mark allemand, livre sterling britannique, franc français, yen japonais.

Les facteurs de contreperformance de la Ccao ont été multiples : l'insuffisance d'information sur l'institution et son fonctionnement auprès des opérateurs économiques africains, souvent analphabètes ; la réticence des exportateurs à passer par la Ccao, car compte tenu des taux de change officiels surévalués, ils préfèrent être réglés en devises ; la lourdeur administrative et bureaucratique des procédures de la Ccao qui décourage ses utilisateurs potentiels, leur faisant perdre beaucoup de temps ; l'absence de liaisons entre les banques commerciales de la sous-région, particulièrement entre celles de l'Umoa et les autres ; la déficience des moyens de télécommunication (télex, fax, télégramme, téléphone...), particulièrement à Freetown qui abrite le siège ; la réticence du gouvernement du Nigeria à faire passer le règlement de ses exportations de pétrole par la Ccao, tenant à être payé en devises : ce qui occasionne d'énormes difficultés à certains partenaires ; la coexistence du franc Cfa des pays de l'Umoa et de monnaies inconvertibles : bien entendu, les transactions commerciales entre pays de l'Umoa n'ont pas à passer par la Ccao, ce qui réduit d'autant le volume de ses opérations. Cette situation de dualité monétaire est à coup sûr un handicap, à la différence de la Zep où toutes les monnaies sont inconvertibles.

Des propositions ont été faites pour améliorer l'efficacité de la Ccao : (1) création de nouveaux moyens de paiement comme les chèques de voyage (comme dans la Zep) ; (2) création de marchés de change sous-régionaux et d'unions monétaires sous-régionales pour les monnaies inconvertibles ; (3) mise en place d'un système de crédit à court terme au sein de la Ccao (comme cela a existé dans l'Union européenne des paiements, formule de compensation des paiements entre les pays d'Europe entre 1950 et 1958, lorsque leurs monnaies étaient temporairement inconvertibles au sortir de la guerre ; le crédit ainsi accordé aux banques centrales était financé par l'aide du Plan Marshall. Dans la Ccao, un tel crédit pourrait être financé par la Bad, et accessoirement par des partenaires extérieurs ; (4) la convocation des débiteurs autour d'une table de négociations, sur le modèle du Club de Paris et du Club de Londres[33]pour leur demander de s'expliquer, leur fixer de nouvelles échéances, et à la limite les sanctionner.

---

[33] Deux institutions mises en place pour s'occuper de la dette des pays du tiers monde : le Club de Paris pour la dette publique et le Club de Londres pour la dette privée, celle due aux banques commerciales. C'est lors de ces négociations, que la dette d'un pays débiteur est rééchelonnée, à condition qu'il négocie un programme d'ajustement

Il convient tout de même d'attirer l'attention sur un point : la compensation multilatérale ne peut pas être une fin en soi ; elle n'est que la première étape dans la voie de la coopération monétaire. Les chambres de compensation sont appelées dans un second temps à promouvoir la convertibilité des monnaies, pour déboucher sur la création de monnaies sous-régionales. L'étape finale pourra être la monnaie africaine commune telle que prévue par le traité d'Abuja.

En 1996 la Ccao est transformée en *Agence monétaire de l'Afrique de l'Ouest* (Amao) ; elle est une agence autonome et spécialisée de la Cedeao. Le siège est toujours à Freetown.

L'Amao assure les mêmes fonctions que la Ccao en plus d'œuvrer à la mise en place d'une monnaie commune à l'Afrique de l'Ouest. À cet effet il est créé en 2000 la *Zone monétaire ouest-africaine* (West African Monetary Zone, Wamz) entre les pays de la sous-région à monnaies inconvertibles : Guinée-Conakry, Gambie, Sierra Leone, Liberia, Ghana, Nigeria dont l'objet est de créer une monnaie unique *Eco*, appelée à se fondre avec le franc Cfa pour constituer une monnaie unique ouest-africaine.

L'Amao collabore avec le Fmi, la Bad, la Banque des règlements internationaux (Bri) de Bâle en Suisse, l'Association des banques centrales africaines (Abca) et la Banque mondiale.

Après avoir largement contribué à la mise en place du réseau de télécommunication Rascom, Khadafi avait le projet de création d'une banque centrale africaine, émettant la même monnaie pour toute l'Afrique (voir Annexe 2).

---

structurel avec le Fonds monétaire international. Les dettes dues au FMI lui-même et à la Banque mondiale ne sont pas négociables pour le rééchelonnement.

8.

Absence de volonté politique et léthargie des états

Il n'est pas un document de diagnostic de l'échec de l'intégration économique en Afrique dans lequel il n'est pas fait mention de l'absence de volonté politique. Le phénomène est réel. Paradoxalement, ce sont les gouvernements africains qui sont les plus disposés à apposer leur signature sur des traités portant création de structures d'intégration qui traînent les pieds lorsqu'il s'agit de passer à la mise en application. Le mythe de l'unité africaine est resté intact, même si on ne lui donne aucun contour précis. C'est ainsi que la Constitution de l'État africain se réfère presque toujours à l'unité africaine dans son préambule. Il n'est pas un seul chef d'État sur le continent qui ne cherche à soigner son image de marque panafricaniste. Aucun d'entre eux ne tient à courir le risque de se voir accusé de saper l'unité africaine. On peut être mécontent d'une organisation jusqu'à bouder les rencontres au plus haut niveau, décider de suspendre ses cotisations sans rien en dire, mais sans toujours envoyer une lettre de démission.

Sinon, comment comprendre que des traités une fois signés attendent des années pour être ratifiés et sans jamais être appliqués, que les réunions les plus importantes soient désertées par la majorité des chefs d'État, alors que les sommets franco-africains font toujours le plein ?

Il se produit dans certains domaines un phénomène de désintégration pure et simple, sans que les gouvernements concernés interviennent pour prendre les mesures de sauvegarde nécessaires : la société d'édition de livres *Nouvelles éditions africaines*, créée en 1973 par les gouvernements du Sénégal et de Côte d'Ivoire, puis du Togo, a volé en éclats au milieu des années 80, pour donner lieu aux *Nouvelles éditions du Sénégal* à Dakar et aux *Nouvelles éditions ivoiriennes* à Abidjan.

En 1992, pendant que Dakar abrite presque chaque mois une rencontre sur l'intégration économique sous l'égide du ministère de l'Intégration africaine (qui n'a aucun sens), la société de distribution d'électricité du Sénégal retire de l'École supérieure interafricaine d'électricité de Bingerville (Côte d'Ivoire) ses élèves-ingénieurs en formation pour les envoyer au Canada, et en même temps rappelle ses agents-formateurs qui y étaient détachés ; ceci à la suite d'un conflit interne que les gouvernements pourtant bien informés n'ont rien fait pour résoudre.

Que devient la volonté proclamée d'intégration, lorsque toujours au Sénégal en 1993, le gouvernement décide de multiplier par 5 le montant des droits d'inscription des étudiants africains non sénégalais à l'université Cheikh Anta Diop de Dakar, consacrant ainsi ce que l'un des intéressés a appelé « expulsion à la sénégalaise »? Et lorsque le gouvernement ivoirien institue la carte de séjour pour des ressortissants de la sous-région ?

Le problème de l'immigration est sans doute le plus révélateur de l'incohérence et du manque de volonté politique de certains responsables africains. Curieusement, la politique de limitation ou de freinage de l'immigration est un phénomène qui commence après les indépendances.

C'est en 1967 qu'on assiste aux premières grandes mesures de rétorsion à l'égard d'Africains non nationaux : expulsion des Guinéens du Sénégal, des Nigérians du Cameroun, des pêcheurs ghanéens de Sierra Leone. En 1970, la même mesure est prise au Ghana contre les étrangers.

La mesure la plus spectaculaire est l'expulsion massive des Africains non nationaux du Nigeria en 1983 : 2 millions de personnes (dont une moitié de Ghanéens) en sont victimes. Et pourtant, en 1979, le Nigeria a été un des premiers pays à signer le Protocole de la Cedeao qui prévoit la liberté de circulation des personnes, la liberté de résidence et d'établissement ; sans compter que ce pays abrite le siège de la Cedeao et contribue pour un tiers au budget de l'organisation. L'évènement s'est produit aussi après l'adoption en 1981 à Nairobi de la Charte africaine des droits de l'homme dont l'article 12, alinéa 5 interdit l'expulsion massive des étrangers.

C'est après la signature du traité d'Abuja instituant la Communauté économique panafricainequ'un grand nombre de travailleurs originaires du Sénégal, du Mali, de la Gambie, sont expulsés de la Zambie par le nouveau gouvernement démocratiquement élu. Au début de 1995, c'est au tour du gouvernement gabonais de procéder à l'expulsion de centaines "d'irréguliers" d'origine ouest-africaine. Il ne se passe pratiquement plus une année sans que l'on assiste à des expulsions massives d'Africains, de pays africains, par des Africains.

On voit ainsi qu'il existe une tendance naturelle et spontanée des populations à se mouvoir dans l'espace géographique africain, ce qui après tout, est le signe le plus manifeste d'une intégration à la base. Mais ce sont les gouvernements africains, les mêmes qui signent les traités d'intégration économique qui s'emploient à contrecarrer ce mouvement. Ils ne voient dans l'immigration que des inconvénients, et aucun avantage. Et les immigrés sont toujours pointés de l'index commebouc-émissaires, lorsque la situation économique ou sociale se dégrade.

En Europe, en France surtout, se pose depuis quelques années le problème de l'immigration ; les travailleurs immigrés africains, et ils sont nombreux, même s'ils sont persécutés par les groupes politiques de l'extrême droite bénéficient de la protection de mouvements progressistes militants des droits de l'homme, qui constituent de puissants groupes de pression. De telles structures de protection des travailleurs immigrés n'existent pas encore en Afrique. L'immigration est à coup sûr, l'un des grands problèmes à résoudre pour que l'intégration économique en Afrique devienne véritablement opérationnelle.

C'est aussi le manque de volonté politique qui est à l'origine des conflits répétés entre pays africains. Parfois, ce sont des gouvernements qui, incapables de résoudre leurs problèmes intérieurs, cherchent à détourner l'attention des populations en attisant le chauvinisme national à l'occasion de rencontres sportives (le football surtout) : l'équipe africaine visiteuse et ses supporters deviennent les cibles à abattre, ce qui se traduit dans certains cas par des morts et des blessés.

L'absence constatée de volonté politique de la part des dirigeants africains pour promouvoir l'intégration de façon effective est telle qu'on peut se demander si la crainte de Cheikh Anta Diop, formulée avant les indépendances, n'est pas confirmée aujourd'hui :

« Attendre en alléguant des motifs secondaires, c'est laisser aux États le temps de s'ossifier pour devenir inaptes à la fédération, comme en Amérique latine (Diop 1960 : 121). »

Le micronationalisme et le territorialisme que décriait Mamadou Dia, sont malheureusement toujours à l'œuvre.

9.

Conflits d'intérêts entre pays africains

L'intégration régionale peut révéler des oppositions d'intérêts entre pays partenaires. De stratégies économiques différentes peuvent être des obstacles à l'intégration.

Hantise de développement inégal

La réalité est là. Toutes les expériences africaines d'intégration exclusive des marchés ont été des échecs : parce que du fait de l'absence d'infrastructures solides, de production manufacturée et de transport de marchandises, de moyens adéquats de règlement des transactions commerciales, des flux substantiels d'échanges intra - régionaux n'ont pu prendre forme. Lorsque comme dans le cas unique de la Communauté économique de l'Afrique de l'Est, des courants commerciaux d'une certaine intensité sont enregistrés à la suite d'arrangements spéciaux, ils sont de type inter-sectoriel (produits agricoles contre produits manufacturés) : ce qui engendre le phénomènede développement industriel inégal, qui dans le cas d'espèce a sonné le glas de l'expérience communautaire en 1977.

La Cee n'a pas connu ce type de problème avant son élargissement aux pays méditerranéens, parce que les six partenaires signataires du traité de Rome se situaient à peu près à un niveau identique de développement. L'Europe des six dans son ensemble était une région relativement *homogène*, les disparités n'étant enregistrées alors qu'entre zones intérieures d'un même pays.

Par contre en Afrique, les pays qui se lancent dans des expériences de regroupement économique sont situés dans des sous-régions de type *nodal* : les disparités de développement industriel sont naturellement assez fortes entre pays côtiers et pays enclavés, pour ne rien dire de celles héritées de la politique coloniale de discrimination en faveur de pays comme la Rhodésie du Nord (Zimbabwe), le Kenya, le Sénégal, le Congo.

L'Union Mano River formée entre le Libéria, la Sierra Leone et la Guinée-Conakry constitue à cet égard la seule exception de région nodale : il s'agit de trois pays côtiers situés à peu près à un même niveau de revenu par tête d'habitant et de potentiel économique.

La théorie économique néoclassique a imaginé une solution au phénomène de développement inégal constaté au niveau de l'économie domestique, et aussi au niveau de l'économie mondiale, par le *principe de la compensation.* Selon cette théorie, un ensemble économique fonctionnant selon le libre jeu des mécanismes du marché réalise automatiquement l'allocation la plus optimale des ressources ; ce qui engendre le gain le plus élevé possible matérialisé par une forte croissance économique. Mais il se trouve que ce gain a toutes chances d'être polarisé au profit de groupes sociaux donnés dans le cas de l'économie domestique, ou bien au profit d'un groupe de pays dans le cas de l'économie internationale. Autrement dit, le fonctionnement de l'économie de marché génère des gagnants et des perdants. La solution de loin la plus rationnelle consiste à ne pas tenter d'entraver le jeu du marché par des mesures interventionnistes comme le protectionnisme. Il suffit simplement de procéder à une compensation à postériori : que les gagnants acceptent de prélever sur leur part pour dédommager les perdants. Cette théorie de la compensation a été développée à la suite de la crise de 1929, comme correctif à la répartition primaire inégale des revenus dans le cadre de l'économie domestique, par Hicks (1939), Kaldor (1939), Scitovski (1941), Samuelson (1956). Elle sera étendue sous la forme de l'aide comme mesure de redistribution dans les relations économiques internationales entre pays développés et pays sous-développés : ainsi il sera possible de concilier l'optimum mondial réalisé par le marché et la justice internationale réalisée par l'aide aux pays sous-développés (Kindleberger 1968 : 202/218).

C'est au principe de la compensation qu'il sera fait recours souvent de façon implicite dans les expériences africaines d'intégration.

Dans la défunte Communauté économique de l'Afrique de l'Est, le Kenya, qui par son statut de colonie de peuplement avait bénéficié de l'essentiel des investissements d'infrastructures et de potentiel de production a continué à polariser à son profit les activités économiques stimulées par la dynamique de l'intégration : alors que les échanges commerciaux sont pratiquement inexistants entre l'Ouganda et la Tanzanie, chacun de ces deux pays enregistre des flux importants d'exportation de produits agricoles vers le Kenya, et d'importation de produits manufacturés en provenance du même Kenya. Les deux partenaires perdants ne manquent pas bien entendu de faire état de leurs inquiétudes. Des mesures de redressement sont alors tentées.

En 1960, la Commission Raisman d'enquête instituée à cet effet, propose un nouveau système de répartition des recettes budgétaires et douanières en faveur de l'Ouganda et de la Tanzanie. Mais cette mesure de simple compensation financière laisse le problème entier. Les accords de Kampala signés en 1964 vont plus loin en recommandant une redistribution des activités industrielles : unités de production de postes radio, de pneus, de montage de voitures pour la Tanzanie ; fabrication de bicyclettes et d'engrais pour l'Ouganda. Mais comme l'espace communautaire est régi par les mécanismes du marché, les investissements continuent à converger vers le Kenya où la rentabilité est plus assurée, compte tenu des infrastructures matérielles et humaines en place. Le traité de Kampala signé en 1967, et qui pour la première fois consacre officiellement l'existence de la communauté, adopte de nouvelles mesures par une redistribution plus équitable des sièges des services communs : Régie des chemins de fer au Kenya ; Régie des transports maritimes et siège de la communauté à la Tanzanie ; Office des postes et télécommunications et Banque est-africaine de développement (nouvellement créée) à l'Ouganda ; cette banque doit consacrer ses crédits dans une proportion de 77,5 pour cent à l'Ouganda et à la Tanzanie, et 22,5 pour cent au Kenya ; le libre-échange intégral qui prévalait est tempéré par l'introduction d'une *taxe de transfert* qui permet à l'Ouganda et à la Tanzanie de protéger leurs industries de la production du Kenya. Toutes ces mesures de compensation n'ont pas suffi pour empêcher l'éclatement de la communauté en 1977.

L'Union douanière et économique de l'Afrique centrale (Udeac) a connu le même problème de développement industriel inégal. Le nombre d'entreprises agréées à la *taxe unique*, c'est-à-dire exportatrices sur le marché communautaire est un bon indice de repère du phénomène

: de 1973 à 1984, le nombre est passé de 60 à 83 pour le Cameroun, de 25 à 29 pour le Congo, de 11 à 29 pour le Gabon, de 15 à 16 pour la RCA (source : *Udeac an XX*). C'est cette situation qui avait amené la Rca et le Tchad à se retirer en 1968, pour tenter de former avec le Zaïre une *Union des États d'Afrique centrale* qui finalement n'a pas dépassé le stade des intentions. La Rca est revenue dans l'Udeac la même année pour en abriter le siège. La réintégration du Tchad ne s'est faite qu'en 1983, et encore pour des raisons exclusivement politiques, ne concernant que le chef d'État de l'époque, Hissène Habré, alors en quête de légitimité au plan sous-régional.

Le même scénario a été enregistré dans la Communauté économiquede l'Afrique de l'Ouest (Ceao). Compte tenu des expériences antérieures de libre-échange (Udao et Udeao) qui ont avorté, des précautions sont prises au départ avec l'institution de la *taxe de coopération régionale* perçue par les partenaires importateurs de produits manufacturés. Le nombre d'entreprises agréées à la Tcr est comme dans l'Udeacl'indice de repère des disparités de développement industriel à l'intérieur de l'espace communautaire. La Côte d'Ivoire et le Sénégal ont abrité plus de 90 pour cent des entreprises agréées, c'est-à-dire exportatrices de produits manufacturés ; en contrepartie ce sont aussi ces deux pays qui ont alimenté pour l'essentiel le Fonds communautaire de développement destiné à compenser les autres partenaires.

Finalement, le dispositif s'est ramené à une subvention à l'exportation versée par la Côte d'Ivoire et le Sénégal au bénéfice de leurs entreprises agréées. À la différence de ce qui s'est passé en Afrique de l'Est, ici les partenaires importateurs nets de produits manufacturés ont joué le jeu tant qu'ils ont continué à percevoir les compensations financières, sans se poser trop de questions sur leur avenir industriel. Les difficultés ont surgi lorsque la Côte d'Ivoire et le Sénégal, confrontés à des problèmes budgétaires ont commencé à accumuler les arriérés de versement au Fcd : tout l'édifice de la Tcr qui faisait la fierté des autorités de la Ceao s'est trouvé alors ébranlé, les pays importateurs se mettant à frapper de droits à des taux à leur convenance les produits manufacturés ivoiriens et sénégalais. Les mêmes signes apparaissent déjà dans l'Uemoa où pour l'essentiel, les entreprises agréées à la Taxe préférentielle communautaire sont pour l'essentiel ivoiriennes et sénégalaises. Fin 1996, la répartition des entreprises agréées se présente ainsi : Côte d'Ivoire : 23, Sénégal : 19, Burkina Faso : 6, Bénin : 5, Togo : 2, Mali : 1, Niger : 0.

C'est la hantise du partage inégal des gains de l'intégration avec le spectre de la domination du Nigeria qui bloque toute perspective de faire de la Cedeao la seule communauté économique de la sous-région.

Dans l'Union douanière sud-africaine, le développement à long terme des BLSN est gravement hypothéqué, et ne saurait être compensé par les revenus financiers que leur verse la Rsa : le niveau relativement élevé de revenu par tête observé au Botswana n'est dû qu'aux recettes d'exportation du diamant dont les cours sont favorables depuis des années. La Côte d'Ivoire a connu la même situation dans les années 70 avec le cacao, mais chacun sait aujourd'hui ce qu'il est advenu du « miracle ».

La hantise du développement industriel inégal au niveau sous-régional contribue incontestablement à bloquer le processus d'intégration économique en Afrique. Dans la mesure où certains des partenaires s'engagent avec des acquis industriels bien plus importants, l'intégration menée sur la base des seules forces du marché ne peut que se réduire à un *jeu à somme nulle* : les gains des uns ne sont rien d'autre que les pertes des autres. Les partenaires les moins privilégiés courent ainsi le risque de se voir marginalisés : être transformés en simples débouchés pour la production industrielle des autres. Exactement le type de relations décriées au plan international entre le Nord et le Sud, générateur d'échange inégal.

On comprend ainsi que certains États puissent hésiter à s'engager à fond dans la voie d'une intégration effective. Le climat d'ultra libéralisme qui prévaut actuellement sur le continent conduit malheureusement à faire fi de ce problème de développement inégal (traités Uemoa et Cemac), ce qui ne fera que retarder encore le processus d'intégration économique.

Divergences de stratégies économiques

La présence des anciennes métropoles se double depuis au moins une décennie de celle des institutions multilatérales de financement, la Banque mondiale et le Fonds monétaire international. Celles-ci sont à l'origine des programmes d'ajustement structurel qui ont des incidences directes sur les arrangements d'intégration des marchés entre pays africains partenaires communautaires.

Ainsi en 1979, le gouvernement sénégalais qui inaugure les programmes d'ajustement structurel avec son premier plan de redressement économique et financier à court terme prend la décision d'élever son droit de douane à l'égard de ses partenaires de la Ceao de 5 pour cent (taux communautaire) à 15 pour cent.

Lors de la réunion du conseil des ministres de la Zep tenue en janvier 1992 à Lusaka, le délégué du Ruanda souligne l'incompatibilité pour son pays entre la recommandation faite par le Fmi de lever un droit minimal de 10 pour cent sur toutes les importations et l'arrangement communautaire consistant à maintenir les droits dans la fourchette de zéro à moins de 10 pour cent ; comme les entreprises ruandaises qui importent des intrants frappés à un taux supérieur à 10 pour cent vont être pénalisées dans leur compétitivité, le gouvernement décide d'identifier une liste de 24 produits à soustraire des mesures d'arrangement commercial adoptées par la Zep, jusqu'à la fin de son programme d'ajustement prévu pour 1994.

C'est le constat de ces incidences néfastes sur l'intégration économique qui est à l'origine de la recommandation faite de concevoir dorénavant des *programmes d'ajustement régionalisés*. En réalité, les programmes d'ajustement tels que conçus jusqu'à présent sont bel et bien régionalisés au niveau du continent africain, pour ne pas dire mondialisés, en prenant en compte l'ensemble des pays du tiers monde. En effet, ce sont les mêmes mesures standard de réduction des composantes de la demande globale et de dévaluation qui sont appliquées partout, avec seulement quelques variations d'amplitude selon les pays. La prétendue régionalisation ne sera rien d'autre qu'un renforcement des programmes d'ajustement (P.a.s), ce qui va à l'encontre de l'intégration horizontale. Parce que les P.a.s. visent à intégrer davantage les économies africaines de façon verticale à l'économie mondiale, pour accentuer leur marginalisation : au plan économique, renforcement de la politique d'exportation de produits primaires, d'importation de produits manufacturés et de produits alimentaires, ce qui dans chacun des deux cas contribue à détruire les productions locales ; au plan social, accentuation de la paupérisation avec le développement de la vie chère, du chômage et de la délinquance. Des conditions qui ne sont guère de nature à faciliter l'intégration, car chaque État aura tendance à prendre des mesures de sauvegarde, comme le freinage de l'immigration (afin de *ne pas importer des bandits,* selon les termes d'un chef d'État africain, pourtant farouche partisan de l'intégration).

Ce sont aussi les méfaits économiques et sociaux des P.a.s. qui sont à l'origine de ce développement hypertrophié du secteur informel que connaissent actuellement les pays africains. Les opérateurs économiques commerçants qui de plus en plus constituent la plus grosse part du secteur informel ont leurs intérêts bien spécifiques : ils commercialisent sur le marché national et sur celui des pays limitrophes des produits importés sur le marché mondial ; certains de ces produits ne sont pas encore fabriqués en Afrique (appareils électroniques), mais d'autres comme les textiles, concurrencent à leur avantage la production africaine.

Lorsque ce groupe social domine l'appareil d'État, on se trouve alors en présence de ce que certains chercheurs africains ont appelé *l'Etat-entrepôt* (Igué, Soule1992), qu'on voit à l'œuvre dans des pays comme le Bénin, le Togo, la Gambie, en Afrique de l'Ouest, Djibouti en Afrique de l'Est. C'est le franc Cfa, monnaie convertible, qui sert de support à de telles activités de contrebande légalisée (l'État prend sa part sous forme de taxes), et qui portent gravement préjudice aux économies des pays voisins. Bien entendu, l'État-entrepôt ne peut en aucun cas être un promoteur actif de l'intégration économique sous-régionale. Cela se voit nettement dans les multiples et vains efforts déployés par le gouvernement du Sénégal depuis bientôt une trentaine d'années, pour réaliser un même ensemble économique avec la Gambie. L'inexistence d'États-entrepôts dans les pays d'Afrique australe, liée à l'absence de monnaie convertible pourrait être un élément d'explication de leur engagement plus net dans l'intégration régionale.

C'est aussi l'absence d'une intégration effective des économies africaines qui est parfois à l'origine de cette émergence de l'État-entrepôt dans certains pays : par exemple, les commerçants du Bénin font venir sur le marché national le pétrole et divers produits manufacturés du Nigéria pour réexporter vers ce même pays des produits tels que alcools, cigarettes, tissus, friperie, électronique... importés sur le marché mondial. Ces opérations de transit-réexportation ne sont possibles que compte tenu de deux facteurs : d'une part, la disparité des politiques économiques entre les deux pays (le Nigeria cherche à développer son industrie, alors que le Bénin est un port franc), et d'autre part, la différence monétaire (le franc Cfa est convertible alors que le naira du Nigeria est inconvertible etconstamment déprécié. Une harmonisation des politiques économiques et l'avènement d'une monnaie unique comme l'exige une intégration effective rendraient difficiles de telles pratiques. Mais justement, le gouvernement du Bénin est-il prêt à s'engager dans cette voie qui lui ferait perdre sa rente actuelle ? Ceci permet en tout cas de comprendre l'intérêt économique du gouvernement fédéral du Nigéria pour l'intégration économique dans le cadre de la Cedeao (ce qui n'exclut pas des motivations purement politiques).

10

Défi à la rationalité économique

Le paradoxe est là : c'est l'Afrique, le continent le moins développé, qui compte de loin le plus grand nombre d'organisations intergouvernementales d'intégration et de coopération, avec onze communautés économiques et plus d'une cinquantaine de structures de coopération économique. Il convient du reste de préciser que cette anomalie est spécifique à l'Afrique au sud du Sahara, car le Maghreb ne compte qu'une seule communauté économique.

Et au sud du Sahara, la palme revient à la sous-région de l'Afrique de l'Ouest : en plus des trois communautés économiques, c'est là que se trouvent concentrées presque toutes les organisations de coopération à objectif limité. Un seul pays de la sous-région, le Cap-Vert, échappe à ce phénomène d'irrationalité, puisque n'étant membre qu'à deux oig, la Cedeao et le Cilss. C'est le cas d'une manière générale pour les anciennes colonies portugaises : en Afrique centrale et australe, leur participation ne dépasse pas en général deux organisations : Sao Tomé-et-Principe (Ceeac), Angola (Sadc), Mozambique (Sadc). À l'autre bout, on trouve des pays sahéliens comme le Burkina Faso et le Niger qui sont membres d'une vingtaine d'organisations.

La multiplicité des organisations obéit à des considérations qu'il n'est pas toujours facile d'élucider, mais où la rationalité économique est totalement absente. Elles n'ont jamais rien pu rapporter aux populations, compte tenu de leurs bilans chroniquement négatifs. Par contre, elles leur ont coûté et continuent à leur coûter extrêmement cher en termes de contributions fiscales. Ce sont les cotisations des États qui entretiennent le train de vie élevé de ces bureaucraties sous-régionales : masses salariales importantes, frais de voyage et de missions à longueur d'année, constructions de locaux somptuaires (sièges de la

Ceao à Ouagadougou, de la Cedeao à Abuja, du Fonds de la Cedeao à Lomé)... Paradoxalement (ou logiquement ?) les deux seules organisations d'intégration relativement opérationnelles en Afrique, tout en étant les moins coûteuses, sont les moins structurées, Sacu (sans secrétariat général) et Sadc (avec un secrétariat très réduit).

Le poids financier de ces oig sur les budgets des États gagnerait à être apprécié en terme de coût d'opportunité : avec les cotisations cumulées sur une période de dix ou quinze années d'un pays sahélien dans une vingtaine d'organisations, combien de forages auraient pu être creusés, tant pour les besoins en eau potable des populations rurales que pour les besoins de l'agriculture irriguée ? Malheureusement, l'opinion qui prévaut, défendue par certains responsables des communautés est que celles-ci sont d'utilité publique, et ne sauraient par conséquent être assujetties à une vulgaire comptabilité de boutique. Ce faisant, on semble oublier qu'elles ont été conçues à l'origine comme des projets de développement : les fonds qui y sont engagés devraient par conséquent être considérés non pas comme des dépenses de fonctionnement, mais comme des dépenses d'investissement, devant être soumises à l'exigence de rentabilité.

Malgré tout, on ne peut pas dire que les oig n'ont été d'aucune utilité pour les gouvernements africains : elles ont été des centres lucratifs de placement pour militants politiques à récompenser, enfants et parents de ministres et de hauts fonctionnaires, souvent à l'exclusion de toute considération de compétence ou d'expérience. Les postes à pourvoir n'étaient pas mis en compétition par appel de candidatures, en direction des jeunes diplômés ; les rares fois où des appels de candidatures ont lieu, ce fut de façon formelle, les postes ayant été réservés à l'avance, à la suite de tractations politiques. Aussi n'est-il pas rare de trouver dans certaines organisations des fonctionnaires sans formation, sans expérience, ne correspondant en rien au profil du poste de travail occupé. La situation peut être aggravée dans certains cas par le principe de répartition géographique des postes : tel État tiendra coûte que coûte à conserver son quota, alors qu'il ne dispose pas au niveau national des cadres compétents requis. Ce sont là autant de pratiques constatées qui constituent des handicaps lourds pour le fonctionnement efficace de ces institutions. Leur léthargie chronique, sempiternellement déplorée, tient en grande partie à de tels facteurs.

Sur chacun de ces points, les communautés économiques africaines gagneraient à s'inspirer de l'exemple de l'Europe. Il a été dit plus haut que l'Afrique ne doit pas adopter tel quel et sans préalables, le modèle européen d'intégration des marchés. Par contre, ce que l'Afrique peut prendre et doit prendre de l'Europe, c'est la démarche de rationalité économique dans la gestion des affaires publiques. Un exemple : la Communauté européenne du charbon et de l'acier (Ceca) et la Communauté européenne de l'énergie atomique (Euratom), deux organisations de coopération sectorielle, ont été fondues dans la Cee lorsque celle-ci a atteint sa vitesse de croisière. Une démarche tout à fait logique, qui tranche singulièrement avec la pratique des multiplications et chevauchements en vigueur dans les expériences africaines d'intégration et de coopération.

L'absence de rationalité se manifeste aussi par la prolifération à l'intérieur d'une même sous-région de projets industriels identiques, conçus pour le seul marché national, sans aucune perspective de coopération, comme si des structures d'intégration économique n'existaient pas. Les exemples les plus édifiants à cet égard se rencontrent encore en Afrique de l'Ouest. Chaque État tient à avoir sa cimenterie et son complexe sucrier, même quand la matière première doit être importée (le clinker pour le ciment) ou bien produite à des coûts surélevés (plantations de canne à sucre dans des pays sahéliens confrontés à la sécheresse).

Un pays comme le Sénégal a un avantage comparatif net pour la production de ciment : la cimenterie qui transforme pour l'essentiel des matériaux locaux (en dehors du gypse importé de Mauritanie ou du Maroc) a un potentiel d'exportation non exploité, comme le montre l'augmentation de sa capacité de production pour les besoins de la construction des barrages de Diama et de Manantali maintenant terminés. Par contre, le Sénégal n'a aucune disposition pour la production du sucre : les plantations de canne du complexe sucrier ont pris l'emplacement d'anciennes rizières, pendant que les importations de riz continuent à grever lourdement la balance des paiements.

La Côte d'Ivoire a la possibilité d'approvisionner en sucre la grande majorité des pays de la sous-région : son programme initial de seize complexes sucriers a été réduit finalement à quatre unités, pour des raisons de financement et de marché (c'est le marché international devenu saturé qui était ciblé au départ). Par contre, la Côte d'Ivoire n'est pas bien placée pour la production de ciment (le clinker est importé), ni pour la conserve de thon (le poisson est importé et le produit fini est exporté en dehors du continent).

La Mauritanie a un avantage comparatif évident pour la conserve de poisson, tout comme la République du Cap Vert. Compte tenu de ses gisements de fer, la Mauritanie a aussi un certain avantage, le problème de l'énergie mis à part, pour la production sidérurgique.

Mais, pendant que la Côte d'Ivoire fait de la conserve de thon, et le Togo de la sidérurgie en important leurs matières premières, la Mauritanie met en service une "sucrerie" dont l'activité consiste à mettre en cubes du sucre en poudre importé d'Europe, et une "cimenterie" réduite à mettre en sac du ciment importé en vrac.

Les communautés économiques devraient au moins être en mesure d'élaborer des programmes régionaux d'industrialisation, et d'éclairer les orientations de politique économique des États, jouant dans certains cas le rôle de conseillers techniques.

À tout cela s'ajoute que la formule actuelle de financement des communautés économiques africaines par prélèvement à la source sur les recettes d'exportation des États a ouvert un immense boulevard aux gaspillages. Ces sommes auraient pu trouver des emplois alternatifs beaucoup plus utiles dans les secteurs de santé et d'éducation. La Cedeao avait-elle besoin de mettre en place une structure de réflexion sur l'intégration économique basée à Praia (Cap-Vert) ? Les innombrables études sur l'intégration, suivies de recommandations de rationalisation, initiées par la Commission économique des Nations unies pour l'Afrique au cours des trente dernières années dorment toujours dans les tiroirs des ministères. Sans un commencement d'application.

La conception et la gestion des organisations d'intégration et de coopération telles que menées jusqu'à présent en Afrique, (surtout en Afrique de l'Ouest) constituent un défi aux principes les plus élémentaires du calcul économique.

11.

Pesanteurs extérieures

Les États africains doivent compter dans la stratégie d'intégration économique avec certains groupes de pression : l'ancienne métropole (pour les francophones surtout) et de plus en plus les institutions internationales comme celles de Bretton-Woods. L'intégration économique est devenue le domaine de prédilection de ces ingérences extérieures.

Emprise de la France dans l'espace francophone

Les gouvernements français, qu'ils soient de droite ou qu'ils se réclament de la gauche, considèrent toujours l'Afrique comme leur chasse gardée. Ils ont eu la même politique dans le domaine de l'intégration économique des anciennes colonies françaises : les soustraire des grands ensembles que la France ne peut pas contrôler ; les confiner dans des sous-ensembles qui ne sont que la continuation des anciennes fédérations de l'Aof et de l'Aef.

La France qui désintègre

Il a été vu plus haut que le Tchad et la Rca, invoquant comme raison le manque à gagner au plan économique, s'étaient retiré de l'Udeac en 1968, pour tenter de créer une autre structure d'intégration avec le Zaïre. Mais selon des sources sûres, la tentative de création de *l'Union des États d'Afrique centrale* (Ueac) entre le Zaïre, la Rca et le Tchad n'aurait eu que des motivations politiques. Au cours du dernier trimestre de 1968, ce sont les deux chefs d'État, Mobutu du Zaïre et Tombalbaye du Tchad, qui influencés par les Américains et les Belges, réussissent à entraîner Bokassa dans cette tentative de saper l'Udeac, laquelle bénéficiait de l'appui de la France pour faire contrepoids au Zaïre. La charte de l'Ueac est signée à Fort-Lamy (actuel Ndjamena), la Rca devant en abriter le siège.

Le général de Gaulle dépêche alors à Bangui son secrétaire d'État aux affaires africaines, Jacques Foccart, son "Monsieur Afrique" ; celui-ci arrive par chantage, à dissuader Bokassa qui tenait particulièrement à la visite officielle qu'il voulait effectuer en France au mois de février 1969, et qui devait lui servir de légitimation après son accession au pouvoir par coup d'État. C'est ainsi que le projet Ueac a avorté après le désistement de Bokassa. Cette version a été donnée par un témoin de taille, Jacques Foccart lui-même (Foccart 1995 : 291-300).

C'est le même Jacques Foccart qui déclare que l'intérêt de la France pour l'Udeac tenait à son objectif de faire contrepoids au Zaïre. On peut donc en inférer que c'est la même motivation qui a conduit la France à soutenir la Ceao afin de faire contrepoids à un autre géant, le Nigeria qui n'a pas été dans sa sphère d'influence coloniale.

En 1959, la fédération du Mali demande l'indépendance. Le général de Gaulle dit qu'il est prêt à accorder l'indépendance au Sénégal et au Soudan séparément, mais pas à la fédération (Yves Guéna 1962 : 113). N'oublions pas que le général de Gaulle avait fermement soutenu la sécession du Biafra par des envois importants de matériel militaire convoyé la nuit. Il fallait partitionner le Nigeria.

Les réticences les plus marquées au moment de la création de la Cedeao sont venues du côté francophone (Côte d'Ivoire et Sénégal). L'épouvantail nigérian est toujours brandi. La domination réelle de l'ancienne métropole est préférée à une domination simplement hypothétique du Nigeria. On ne peut pas perdre de vue que dans les pays francophones, le secteur industriel peu dynamique, est toujours dominé par des intérêts français qui cherchent par-dessus tout à en faire leur monopole ; parce que les marchés captifs de la Ceao et de l'Udeac sont certainement plus sécurisants pour les entreprises françaises que les marchés étendus et ouverts de la Cedeao et de la Ceeac, où la compétition serait plus dure, du fait de la présence inévitable d'autres concurrents européens, américains, asiatiques.

Les autorités françaises (État et groupements d'intérêts privés) n'ont pas manqué de mettre à contribution des universitaires « spécialistes des problèmes de développement » pour défendre leur cause. Au moment de la constitution de la Cedeao on pouvait lire sous la plume de l'un d'eux :

Les conditions d'une véritable intégration ne sont pas réalisées dans cette partie du continent où les économies sont plus concurrentes que complémentaires.... Nous voyons ainsi se profiler une politique nigérianne qui vise à créer une zone d'influence élargie, tant politique qu'économique ; utiliser l'arme de l'unité africaine pour parvenir à cette fin est une stratégie des plus normales, mais le déséquilibre des forces est trop grand pour que ce système soit viable. Que certains États combattent un certain "impérialisme nigérian" cela devient de plus en plus probable, alors qu'en sens inverse, certains petits États ont pu trouver dans la Cedeao un moyen de réduire l'influence par trop exclusive de certains partenaires francophones "Marc Penouil", in *Le Monde Diplomatique*, octobre 1975.

Le propos est encore plus net dans une publication des milieux d'affaires coloniaux :

Le Nigeria, le "géant africain" domine la communauté dont le siège est à Lagos, de tout son poids démographique, politique, économique et militaire... Le renforcement des relations avec les États-Unis peut faire craindre que par l'intermédiaire du Nigéria, la Cedeao soit tirée vers les États-Unis au détriment de l'Europe (Robert Taton, *Europe Outremer* n° 591, 1979).

Les États anglophones beaucoup plus indépendants sont davantage partisans des grands ensembles comme la Cedeao, la Zep-Comesa et Sadc.

La France qui intègre

Les communautés économiques mises en place dans l'Afrique francophone après les indépendances n'ont été que la reconduction des fédérations de l'Aof et de l'Aef. N'oublions pas que le traité de la Ceao de 1973 avait été rédigé par le Français Jacques David, ancien inspecteur des douanes en Afrique centrale où il avait été aussi très actif dans la constitution de l'Udeac.

En juillet 1991, lors d'un sommet tenu à Banjul, les chefs d'État de la Cedeao, décidant la révision du traité de 1975, déclarent dans un communiqué que

L'Autorité désigne la Cedeao comme la seule communauté économique d'Afrique de l'Ouest pour tout ce qui concerne l'intégration régionale.

Ce qui signifie que les deux autres communautés de la sous-région, la Ceao et l'Union Mano River doivent disparaître.

Le président français Mitterrand convoque alors une réunion des ministres africains de la zone franc qui se tient deux mois après à Paris le 3 octobre. Mme Edwige Avice, ministre de la Coopération et du Développement y fait cette déclaration :

> Il faut transformer progressivement l'union monétaire (zone franc) en une véritable communauté économique avec des règles et règlements communs et des autorités économiques régionales.

Il s'agit de transformer l'Umoa (union monétaire ouest-africaine) en Uemoa (Union économique et monétaire ouest-africaine). Autrement dit, mettre en place une nouvelle communauté économique en remplacement de la Ceao moribonde. Elle précise que l'extension de la coopération entre les pays de la zone franc permettra de négocier sur le même pied d'égalité avec le Nigéria et l'Afrique du Sud, pour ainsi rééquilibrer leur puissance économique.

La même stratégie est appliquée en Afrique centrale où l'Udeac est remplacée par la Communauté économique et monétaire d'Afrique centrale (Cemac).

Emprise des institutions internationales

Exemple de l'Uemoa : intégration économique ou ajustement structurel ?

Durant les années de guerre froide, la Commission économique des Nations unies pour l'Afrique est pratiquement la seule institution internationale qui œuvre pour l'intégration des économies africaines, avant et après le Plan d'action de Lagos de 1980. À partir de 1988, la Banque mondiale commence à marquer un certain intérêt pour l'intégration économique en Afrique par l'organisation de séminaires sur la question. Des institutions nationales d'aide comme l'Agence canadienne de coopération et de développement, les fondations allemandes Conrad Adenauer et Friedricht Ebert, lui emboîtent le pas. La Banque africaine de développement, à la suite de l'élargissement de son capital à des partenaires non africains, tente de s'impliquer davantage dans les problèmes d'intégration au-delà du financement de projets sous-régionaux.

C'est sous la pression de l'Union européenne que les institutions de Bretton-Woods s'impliquent de façon concrète dans l'intégration africaine. L'Initiative transfrontières (Cbi) est conçue au départ pour la zone Afrique de l'Est et du Sud. Mais c'est dans l'Uemoa que ses dispositions sont expérimentées, avec comme maître-d'œuvre le Fmi[34].

C'est le Fmi qui en 1996 introduit dans l'Uemoa le dispositif de *Surveillance macro-économique multilatérale*, suivi en 1999 du *Pacte de convergence, de stabilité, de croissance et de solidarité.*

En vue d'assurer l'insertion harmonieuse des économies de l'Uemoa dans l'économie mondiale (Acte Additionnel N° 04/99).

Sous la plume de Poul Nielson, Commissaire au développement de l'Union européenne, on peut lire :

Le Fmi a installé la surveillance économique régulière au niveau régional avec l'Uemoa, la Cemac et Sadc ("Rediscovering the Regional Dimension in Development Cooperation Today", conférence donnée à la London School of Economics, 7 février 2001).

Il s'agit de maintenir l'évolution de certains indicateurs de conjoncture (croissance du Pib, inflation, solde budgétaire, solde extérieur) de même que les recettes fiscales, la masse salariale, le service de la dette, les dépenses publiques dans des limites préfixées[35]. Il est stipulé que :

« Les objectifs de convergence doivent être compatibles avec les objectifs de la politique monétaire et tenir compte des engagements souscrits, notamment dans le cadre des programmes d'ajustement structurel » (Acte Additionnel N°04/99, article 6).

Le nouveau rôle de l'Uemoa dans la régionalisation de l'ajustement structurel apparaît clairement dans l'exposé des motifs de la directive N°02/2001Cm/Uemoa :

Soucieux de garantir une meilleure prise en compte de la dimension régionale dans les programmes d'ajustement structurel..., édicte la directive dont la teneur suit : Article 1 : les Etats membres sont invités à

---

[34]C'est le Département des Politiques financières de l'Uemoa qui déclare : « le département a continué à bénéficier de la coopération développée avec les partenaires, notamment le FMI et la coopération française pour la mise au point du départ.

[35] Égal ou supérieur à 0 pour cent pour le solde budgétaire rapporté au Pib ; 3 pour cent pour le taux annuel moyen d'inflation ; moins de 70 pour cent du Pib pour l'encours de la dette intérieure et extérieure.

associer la Commission (de l'Uemoa) aux consultations et négociations avec les institutions de Bretton-Woods.

Le 29 juillet 2000, le Conseil de Ministres de l'Uemoa adopte une directive donnant mandat à la Commission de l'Uemoa pour ouvrir et conduire des négociations d'un Accord de Partenariat avec l'Union européenne.

C'est le Fmi qui est à l'origine du tarif extérieur commun (Tec)[36]qui officiellement, a fait passer l'Uemoa à l'étape de l'union douanière. Le droit de douane, l'élément le plus important des droits de porte couvre quatre catégories de produits avec des taux variant d'un minimum de 0pour cent à un maximum de 20pour cent ; le taux de redevance statistique est établi à 1pour cent. Ce qui fait que le taux maximum des droits de porte est ramené de 65pour cent à 22pour cent, et le taux moyen de taxation de 13.1pour cent à 11.6pour cent. Le Président de la Commission de l'Uemoa en fait ce commentaire lors d'une visite à Bruxelles :

Ce choix courageux qui rompt avec les stratégies d'import-substitution du Plan d'action de Lagos procède de la conviction qu'une intégration par l'ouverture sur les marchés extérieurs est plus porteuse d'opportunités de croissance qu'une intégration par le repli sur soi (Bruxelles, 20 septembre 2001, Chambre de Commerce Benelux/Acp).

C'est le Fmi qui en 1998 introduit dans l'Uemoa l'harmonisation du taux de la taxe à la valeur ajoutée (Tva) porté à 18pour cent pour tous les produits et pour tous les pays membres. L'Uemoa se trouve ainsi dans une situation unique au monde. Dans l'Union européenne, on dénombre une quarantaine de taux de Tva différents selon les produits et les pays. La mesure d'harmonisation de la Tva a fait l'objet d'une directive du conseil des ministres (02/98/CM/1998) pour entrer en application au plus tard en 2002. Le Sénégal est le premier à l'appliquer, condition imposée par le Fmi pour obtenir un financement au titre de la « facilité de croissance et de réduction de la pauvreté ».

Ces dispositions (surveillance multilatérale, tarif extérieur commun, harmonisation de la Tva…) fortement médiatisées, ont été officiellement présentées comme des avancées dans le processus d'intégration économique. En réalité ce sont des mesures d'ajustement structurel. Les programmes d'ajustement structurel, véhicules de pauvreté, ont été

[36] L'ensemble des droits de porte comprend : le droit de douane, la redevance statistique, la taxe conjoncturelle à l'importation, la taxe dégressive de protection (éventuellement).

appliqués dans les pays africains individuellement au cours des vingt dernières années. La réprobation dont ils ont fait l'objet en Afrique et ailleurs a amené les institutions de Bretton-Woods, soutenues en cela par l'Union européenne, à changer de tactique : ces mesures d'ajustement structurel régionalisé sont présentées comme des mesures d'intégration économique.

La surveillance multilatérale et le pacte de convergence servent tout simplement à disposer d'un tableau de bord groupé à partir duquel on déclenche les soi-disant politiques de rétablissement des grands équilibres qui ne sont rien d'autre que des mesures d'austérité et de régression économique et sociale. Le taux de Tva à 18pour cent est supérieur aux taux antérieurs (il était de 10pour cent au Sénégal pour les produits de grande consommation), ce qui se traduit par une hausse sensible des prix. L'augmentation des prix a toujours été une des mesures privilégiées du Fmi dans ses programmes d'ajustement. Selon le Fmi, la forte consommation des Africains est une des causes des déséquilibres internes ; il convient donc de la réduire en augmentant périodiquement les prix. Avec un taux unique de Tva, il sera désormais possible d'intervenir sur les prix en une seule fois pour l'ensemble des produits et pour l'ensemble des partenaires communautaires.

Le tarif extérieur commun de l'Uemoa est une création artificielle. D'abord, la mise en place du Tec qui marque le passage à l'union douanière doit être précédée par le désarmement douanier total entre pays membres et pour tous les types de produits ; autrement dit, par l'avènement préalable d'une zone de libre-échange ; or, rien de tel dans l'Uemoa, où les produits industriels non agréés étaient encore soumis aux droits de douane. Ensuite, dans un ensemble économique, le Tec s'obtient en faisant la moyenne arithmétique des tarifs des pays membres[37] ; dans l'Uemoa, le Fmi a procédé à une simple harmonisation tarifaire, chaque pays devant porter son taux maximum dans la fourchette 20 pour cent à 25 pour cent, conformément à la recommandation faite par le Cbi en 1998. La forte baisse du taux de protection extérieure qui en résulte ne bénéficie qu'aux multinationales qui exportent sur le marché de l'Uemoa.

[37]Dans la Communauté économique européenne, le Tec avait été obtenu en 1968 en faisant la moyenne entre le taux le plus élevé (celui de la France) et le taux le plus faible (celui de l'Allemagne). La France ainsi défavorisée, devait trouver compensation dans la politique agricole commune.

Conclusion et recommandations

Il ne suffit pas de créer des communautés économiques pour que l'intégration soit effective. Les tentatives d'intégration exclusive des marchés ont partout échoué en Afrique, comme aussi en Amérique latine. D'ailleurs une intégration des marchés même réussie, ne permettant à des pays africains de n'échanger que des produits primaires et des produits d'industries légères ne peut pas promouvoir le développement.

Ce qu'il faut c'est une intégration physique des pays pour la transformation de leurs économies : évolution du secteur informel vers le secteur formel, évolution des petites entreprises vers des entreprises de taille moyenne et grande, seules capables de soutenir des investissements d'envergure. Cela ne peut être assuré que par une intégration par projets qui est une formule réduite de l'intégration de la production.

Pour que l'intégration soit effective comme facteur de développement, le redressement doit porter sur la stratégie d'intégration selon des modalités précises.

L'adoption d'un schéma *d'intégration par projets* dans des domaines prioritaires : d'abord Énergie, Transport et Communications, Monnaie et Finances, ensuite Agriculture, et Industrie (agro-industrie et industrie lourde) pour, dans chaque secteur, identifier des projets concrets à réaliser dans l'immédiat. En effet, les obstacles qui freinent l'intégration des marchés en Afrique ne sont rien d'autre que des indices de sous-développement. En toute logique, l'intégration sous-régionale en tant que stratégie de développement, devrait les prendre comme cibles. Il ne sert à rien d'assigner à une communauté économique des objectifs multiples, diffus et vagues, alors qu'elle ne dispose pas des moyens humains nécessaires. De tels projets clairement identifiés auraient toutes chances d'attirer le financement extérieur, en plus des contributions à attendre de la Banque africaine de développement dont le potentiel de financement de projets communautaires est encore largement sous-utilisé, du fait de l'absence ou de l'insuffisance d'initiatives de la part des demandeurs.

Le projet de *Communauté africaine de l'énergie*, lancé il y a quelques années par le Président Mobutu, devrait être réexaminé avec la plus grande attention : le développement de l'industrie lourde, base de tout développement autocentré, n'est pas possible sans énergie électrique à bon marché, c'est-à-dire l'énergie d'origine hydraulique. La Communauté économique panafricaine nouvellement créée est le cadre idéal pour concrétiser un tel projet.

C'est en partant de ce constat que les promoteurs de Sadcc ont cherché dès le départ à mettre en place une structure d'intégration par projets, qui est une forme réduite d'intégration de la production. Cette expérience s'est révélée bien plus féconde au vu des résultats enregistrés, mais les autorités de cette organisation ont par la suite pris conscience de l'impératif de se doter de structures d'intégration des marchés, pour éviter le blocage du processus. Sadcc dans sa conception originelle et dans son évolution actuelle, paraît avoir montré la voie à suivre : combinaison de l'intégration de la production (par projets pour la mise en place des infrastructures nécessaires) et de l'intégration des marchés.

Une autre originalité de Sadcc réside dans la légèreté de ses structures administratives, à la différence des autres organisations intergouvernementales qu'on trouve en Afrique. Et avec la Zep, L'Afrique australe a donné une autre leçon importante à l'intégration africaine, en procédant au début des années 1990 à l'appel de candidatures pour pourvoir le poste de Secrétaire général. Ce qui a permis le recrutement d'un professionnel de haut niveau, très au courant des problèmes d'intégration économique. Une initiative qui tranche singulièrement avec les pratiques de clientélisme et de népotisme qui sont de mise ailleurs.

Il convient de rendre effectives les propositions déjà suggérées de réduction du nombre des organisations intergouvernementales ; de sorte que chacune des cinq sous-régions soit dotée d'une seule communauté économique, dans laquelle viendraient se fondre les organisations de coopération sectorielle jugées nécessaires, mais pour en être de simples divisions. Cela permettrait une rationalisation et une coordination des activités, et aussi des économies substantielles de frais d'administration, donc de charges financières pour les États. Des recommandations ont déjà été faites dans ce sens à la suite d'études, mais elles sont toujours rangées dans les tiroirs. Il est curieux que les bureaucraties des communautés économiques aient été toujours épargnées par les mesures d'austérité des programmes d'ajustement structurel qui frappent impitoyablement les populations démunies.

De telles mesures de rationalisation sont à coup sûr incompatibles avec toute proposition de création de nouvelles structures à incidence financière telles que Parlement sous-régional ou régional, Conseil économique et social... Ces initiatives n'ont pas germé à partir d'une réflexion sur la situation africaine, mais du mimétisme habituel qui a toujours ciblé l'Europe comme modèle obligé de référence. C'est vraiment mal connaître l'expérience européenne d'intégration que de s'imaginer que c'est l'existence d'un parlement communautaire qui a été à l'origine de son dynamisme.

De même, la création de ministères de l'Intégration n'est d'aucune opportunité : l'essentiel est de mettre en place dans chaque pays une cellule chargée des problèmes d'intégration (avec une ou deux personnes), de préférence auprès de la structure gouvernementale chargée des problèmes de planification. Le ministère du Plan est certainement la structure la mieux placée pour s'occuper des problèmes d'intégration, compte tenu de sa vision synthétique des problèmes de développement. Dans chaque communauté économique, la réunion du Conseil des ministres (du Plan) serait l'occasion de présenter les différents programmes nationaux, pour les harmoniser et régionaliser certains projets, évitant ainsi les duplications irrationnelles.

Les communautés économiques devraient aussi avoir leur rôle à jouer dans la politique d'austérité des pays membres : pourquoi ne pas envisager des *représentations diplomatiques communes* dans certains pays comme le Japon où le coût de la vie, donc le coût de fonctionnement d'ambassades nationales est particulièrement dévastateur pour des finances publiques essoufflées ? Les Africains devraient aussi commencer à réfléchir sur les perspectives de création *d'armées sous-régionales* en lieu et place des armées nationales : cela aurait le double avantage de réduire leurs énormes frais de fonctionnement, et certainement aussi, de mettre fin aux coups d'État qui sont un des freins au développement du continent.

La pratique de *l'appel de candidatures* pour les postes à pourvoir doit devenir la règle, de façon à ce que chaque organisation d'intégration puisse bénéficier de toutes les compétences techniques disponibles dans une sous-région, et désireuses de s'y investir.

Il faut exiger aussi des secrétariats des communautés économiques, et les contrôler à cet effet, qu'ils s'en tiennent exclusivement à des activités liées à leur mandat. Il est devenu courant de voir des structures d'intégration économique, soucieuses de donner une impression d'activité, organiser des tournois de football en lieu et place des structures créées à cet effet, comme la Confédération africaine de Football ou le Conseil supérieur du Sport en Afrique.

Une fois ces mesures prises, il faut que les États se décident à les mettre en application. Un environnement d'intégration économique efficace sera après tout le meilleur garant de réussite de leurs politiques nationales de développement. Cela a déjà été souligné : l'intégration économique est la condition sans laquelle aucun développement réel n'est actuellement possible en Afrique.

Le drame est que les chefs d'État africains en général ne se posent pas de question sur l'efficacité des communautés économiques et l'opportunité de les maintenir. Chacun s'intéresse à placer ses pions (ancien premier ministre, ancien ministre) à la tête de l'organisation pour en recueillir un « succès diplomatique ».

Quelques lueurs d'optimisme tout de même. L'évolution politique en cours un peu partout sur le continent au cours des dernières années peut inciter à l'optimisme, pour ce qui est de la liquidation des pesanteurs qui ont jusque-là bloqué le processus d'intégration. Et un élément nouveau et important est survenu, et avec lequel il faudra compter : la disposition du traité d'Abuja qui rend obligatoires pour les États les décisions prises au niveau communautaire. Cette disposition devrait régir toutes les communautés sous-régionales. Il s'agit là assurément d'une innovation de taille, pour dynamiser l'intégration africaine.

On est aussi en droit de s'attendre à ce que le progrès de la démocratie dans les différents États se traduise par des répercussions positives sur l'organisation et la gestion des communautés économiques, pour mettre fin à la pratique du parachutage. Ce sont des techniciens compétents, indépendants de leurs gouvernements, parce que recrutés objectivement sur appel à candidatures, qui peuvent traiter des problèmes d'intégration avec l'efficacité requise.

Les nouveaux responsables des communautés économiques recrutés sur de telles bases pourront ainsi s'employer enfin à confectionner des projets multinationaux fiables, à présenter aux bailleurs de fonds, les amenant ainsi à intervenir de façon effective dans le financement de l'intégration.

Au rang des principaux acteurs de l'intégration économique devraient figurer les opérateurs économiques africains. L'esprit d'entreprise est partie intégrante de la culture et de l'histoire de l'Afrique. C'est la colonisation qui s'est opposée à l'éclosion d'une classe d'opérateurs économiques africains. Une nouvelle classe d'entrepreneurs a commencé à émerger un peu partout en Afrique dans les années 80. Elle peut très bien connaître son heure de gloire à l'entrée du vingt et unième siècle, pour propulser l'intégration économique dans le domaine de la production. Les opérateurs économiques africains ont déjà fait leurs preuves en créant avec des partenaires extérieurs des structures comme *Ecobank*, *Bank of Africa…* qui peuvent être appelées à jouer un grand rôle dans le processus d'intégration économique. Le partenariat qu'ils ont ainsi amorcé dans le domaine de la finance, peut très bien être reconduit et développé dans le secteur industriel. Ils peuvent ainsi prendre le relais de certaines des entreprises privées d'origine coloniale.

Il est tout à fait possible d'orienter les consommateurs africains vers les produits de fabrication locale, en respectant les exigences de qualité et de prix ; deux facteurs peuvent y contribuer : le dynamisme attendu des opérateurs économiques et la réduction sensible des coûts unitaires, avec une production destinée à un marché communautaire beaucoup plus vaste et relativement protégé.

L'intégration effective des économies africaines ne devrait surtout pas être entendue comme une stratégie de repli interne de type autarcique. L'Afrique intégrée devra être ouverte au reste du monde. La réussite même de l'intégration économique sur le continent sera tributaire d'une amélioration nette de l'environnement extérieur, c'est-à-dire une modification profonde des relations Nord-Sud : meilleure valorisation des produits primaires sur les bourses de commerce (pour la part exportée), réduction sensible du poids de la dette, afflux d'investissements productifs ...

Les États occidentaux devraient afficher de meilleures dispositions à l'égard de l'intégration africaine, à partir des grands ensembles (Cedeao, Ceeac, Comesa...). Ne serait-ce que, parce qu'étant eux-mêmes davantage intégrés (Europe surtout), leurs relations avec l'Afrique s'inscriraient ainsi dans une logique de monopole bilatéral, de bloc économique à bloc économique. Les relations économiques, commerciales et financières seraient certainement plus facilitées sur cette nouvelle base.

De plus en plus, les bailleurs de fonds semblent d'ailleurs comprendre que l'intégration économique est une stratégie incontournable pour le développement de l'Afrique.

Le dernier mot sera une mise en garde : l'intégration économique est la condition *sine qua non* (sans laquelle) du développement, mais la condition *per quam* (par laquelle) s'opère le développement réside dans l'efficacité des politiques économiques nationales. Ce qui passe par le sérieux, la compétence et l'intégrité du personnel en place dans l'appareil d'État à tous les niveaux. Autrement dit, un *nouvel ordre économique interne* dans chaque pays africain. Mais ces efforts devront aussi prendre appui sur un réseau de relations économiques, commerciales et financières plus équitables, entre l'Afrique et ses partenaires occidentaux, dans le cadre d'un *nouvel ordre économique international.*

Les communautés économiques africaines d'intégration devraient être évaluées en terme de calcul économique coût-bénéfice comme toute opération d'investissement. Mais il est important de sérier ce que l'intégration économique la plus réussie peut apporter, et ce qu'elle ne peut pas apporter.

RÉFÉRENCES BIBLIOGRAPHIQUES

Ouvrages en langue française

Commission Sud (1990). *Défis au Sud.*Paris : Economica.

COUSSY, J. ; Ph., HUGON (1991). *Intégration régionale et ajustement structurel en Afrique subsaharienne*. Paris : Ministère de la Coopération et du Développement.

DAVID, Jacques ; ANGUILÉ (1965). *L'Afrique sans frontières*. Monaco :Bory

DE BENOIST, J. R. (1979). *La balkanisation de l'Afrique occidentale française* , avec la préface de L.S. Senghor, Dakar : Nouvelles éditions africaines.

DEMBÉLÉ, M., NUBUKPO, K., TINEL, B. (2016). *Sortir l'Afrique de la servitude monétaire. A qui profite la zone franc ?,* Paris : La Dispute.

DIA, Mamadou (1953). *Réflexions sur l'Économie de l'Afrique noire*, Paris : Présence africaine.

(1960) *Nations et Solidarité Mondiale*. Paris : Presses universitaires de France.

(1969) *Émancipation des économies captives.* Paris : Anthropos.

DIAGNE, Pathé (1972). *Pour l'unité ouest-africaine*. Paris : Anthropos.

DIAKITÉ, Moussa ( ). Le Défi de l'intégration économique en Afrique de l' Ouest. Paris : L'harmattan.

DIENG, Amady (1982). *Le Rôle du système bancaire dans la mise en valeur de l'Afrique de l'Ouest*. Dakar : Nea.

DIÈYE, Cheikh Tidiane, sous la direction (2010). *Le Futur du commerce intra-regional en Afrique de l'ouest*, Dakar ; Enda.

DIOP, Cheikh Anta (1960). *Les Fondements économiques et culturels d'un État fédéral d'Afrique noire*. Paris : Présence africaine.

DIOUF, Makhtar (1985). *Intégration économique : Perspectives africaines.* Préface de Cheikh anta Diop. Paris : PubliSud ; Dakar : Nouvelles éditions africaines.

FOCCART, Jacques (1995). *Foccart parle. Entretiens avec Philippe Gaillard.* Paris : Fayard-Jeune Afrique.

GUÉNA, Yves (1962). *Histoire de la Communauté.* Paris : Arthème Fayard.

IGUE, J., B. SOULE (1992), *L'État-entrepôt au Bénin : commerce informel ou solution à la crise ?* Paris : Karthala.

KABA, Lansiné (1991). *Nkrumah ou le rêve de l'unité africaine.* Paris, Dakar : Éditions Chaka.

KANE, Falilou (2017). *OCAM pionnière de l'intégration africaine.* Dakar : Harmattan.

KASSÉ, Moustapha (1992). *Développement par l'intégration.* Dakar : Neas.

NKRUMAH, K. (1963). *L'Afrique doit s'unir*, traduit de l'anglais. Paris : Payot.

OCDE (2002). *L'Intégration régionale en Afrique*. Ocde Development Centre.

OUALI, Kamanda ed. (1990). *Integration et Développement.* Paris : Economica.

PERROUX, François (1962). *L'Économie des jeunes nations.* Paris : Puf.

ROPIVIA, M. L. (1994). *Géopolitique de l'Intégration en Afrique noire*, Paris : Harmattan.

SANGARÉ, Louis (2000). *Les Fondements économiques d'un État confédéral en Afrique de l'Oues*t, Paris : Harmattan.

(2004). *Défis de la renaissance africaine au début du XXIe siècle : du pouvoir patrimonial à la souveraineté collective*. Paris : Harmattan.

(2015). *Industrialisation et développement économique accélérés en Afrique : création de bases industrielles régionales.* Paris : Harmattan.

SENGHOR, Léopold Sédar (1962). *Liberté I : Négritude et Humanisme. Discours et conférences*. Paris : Le Seuil.

TRAORÉ, Bakary (1989). *L'Intégration économique de la paysannerie en Afrique subsaharienne*. Paris : Harmattan.

ZOGBÉLÉMOU, Togba (2015). *L'Intégration économique en Afrique*. Paris : Harmattan.

Articles publiés en langue française

BARRY, Boubacar (1990). « Les problèmes de l'intégration régionale de la Sénégambie » In *Le Chercheur,* Association des chercheurs sénégalais, (1) : 103-112.

ELLIOT, Berg (1991). « Intégration économique en Afrique de l'Ouest, problèmes et Perspective », *Club du Sahel*, novembre.

BOGANDA, Barthélémy. *Ecrits et discours* publiés par Penel.

BYÉ, Maurice (1950). « Unions douanières et données nationales », *Economie appliquée,* vol. 3.

DE BENOIST, J. R. (1995). « De l'Aof à l'Uemoa », *Marchés Tropicaux et* Méditerranéns, juin.

DIAITÉ, Ibou (1978). « Intégration et Droit international », *Revue de Droit contemporain,* n°1 : 37-52

DIOUF, Makhtar (1978). « Le Problème du développement inégal dans les expériences africaines d'intégration économique », *Africa Development* , (3) : 17-28.

(1980). « Les Expériences d'intégration économique en Afrique noire » : Évaluation et suggestions. *Bulletin de Liaison Ocde*, Paris, n° 5, nouvelle série.

(1983). « L'intégration monétaire en Afrique de l'Ouest »,*Tiers-Monde,* tome XXIV, n° 96, octobre/décembre.

(1989). « Les Politiques de sortie de la crise : L'intégration économique régionale », In *Politiques de sortie de la crise et Relations Nord-Sud* , ed. B. Hamdouch, 237-249. Rabat : Emer.

(1990). « La Problématique de l'intégration africaine dans l'oeuvre de Cheikh Anta Diop », In *Le Chercheur*, Revue scientifique des chercheurs sénégalais, (1) : 89-102.

(1994). « La Marginalisation de l'Afrique dans le système-monde », In *L'intégration régionale dans le monde, Innovations et ruptures*, Gemdv. Paris : Karthala.

KIZERBO, Joseph (1990). « Les Trois dimensions d'une intégration authentique ». In *Le Chercheur*, 73-87, Dakar : Association des chercheurs sénégalais.

LEYMAIRE, Ph. (1977). « Les dix ans de la Communauté économique est-africaine : une expérience originale à la recherche d'un second souffle ». *Revue française d'études politiques africaines* , janvier, (135) : 22-36.

MARX, M. T., PETER-BERRIES, Ch. (1998). SADC : Les difficultés de l'intégration régionale, *Développement et Coopération*, DES, Berlin, n° 2, mars avril, pp. 16-21.

Shankama, A. (1981). « Inga et l'avenir industriel du Zaïre », *Africa Development,* n° 4, vol. VI : 35-52.

Ouvrages en langue anglaise

AHMAD A. H. Aly (1994). *Economic Cooperation in Africa* : *In Search of Direction*, Boulder : Lynne Rienner Publishers.

AKINTAN, S. A. (1977). *The Law of International Economic Institutions in Africa.* Sijthoff: Leyden.

AROWOSEGBE, Jeremiah (2011a). *The State and the Challenges of Nationhood in Africa: Ake's Theory of Political Integration*, Saarbrücken: Lambert Academic Publishing.

AROWOSEGBE, Jeremiah (2011b). *Reflections on the Challenge of Reconstructing Post-Conflict States in West Africa: Insights from Claude Ake's Political Writings*, Uppsala: Nordiska Afrika Institutet.

ASANTE, S. K. B. (1986). "The Political Economy of Regionalism in Africa. A Decade of the Economic Community of West African States Ecowas", New York : Praeger Publishers.

ASIWAJU, A. I., ed. (1984). "Partitioned Africans : Ethnic Relations across Africa's International Boundaries 1884-1984". Lagos : University of Lagos Press.

ATMORE, A., R. OLIVER. (1981). *Africa since 1800*, Cambridge : Cambridge University Press,1967; 3e ed.

BALASSA, Bela (1962). *The Theory of Economic Integration,* Homewood : Irwin ; London : Allen-Unwin.

BLUMENFELD, Jesmond (1992). *Economic Interdependence in South Africa : from Conflict to Cooperation* , Cape Town : Oxford University Press.

CARDOSO, C., DEMBELÉ, M. eds (2015). *Wither The Franc Zone in Africa* ? Daraja Press

CHIME, Chimelu (1977). *Integration and Politics among African States.* Uppsala, Sweden : The Scandinavian Institute of African Studies.

De Melo, J., A. Panagariya (1993). *New Dimensions in Regional Integration* , Cambridge : Cambridge University Press

DEUTCH, Karl (1954). *Political Communication at the International Level. Problems of Definition and Measurement*, New York : Doubleday.

(1957). *Nationalism and Social Communication*. New York.

(1988). *The Analysis of International Relations*, 3rd edition, New York : Prentice- Hall.

DIOP, M. C., LAVERGNE, R. (Direc. Publ.). *Regional Integration in West Africa*, Dakar/Ottawa : IDRC.

EL AGRAA, Ali (1989). *The Theory and Measurement of International Economic Integration*. London : Mc Millan.

EZENWE, Uka (1983). *Ecowas and The Economic Integration of West Africa* .New York : St Martin's Press.

FRASER,Cameron (2010), *The European Union as a Model for Regional Integration*, Council on Foreign Relations Press.

GAMBLE, A., PAYNE, A. (1996), *Regionalism and World Order* , New York : St Martin Press

GREEN, R., A. SEIDMAN (1968). *Unity or poverty : The Economics of Panafricanism.* London : Penguin Books.

HALLET, Robin (1974). *Africa since 1975 : A Modern History*, Ann Arbor, Michigan : The University of Michigan Press.

HAZLEWOOD, A. (1967). *African Integration and Disintegration*, Oxford : Oxford University Press.

JALLOH, A. Aziz (1973). *Political Integration in French Speaking Africa* . San Francisco : University of California.

KINDLEBERGER, C. P. (1968). *International Economics*. Homewood : Irwin.

KAHNERT, F. *et al.* (1969). *Economic Integration among Developing Countries*. Paris : Ocde.

KUCK, Gert ed. (1977). *Economic Integration : Concepts, Theories and Problems*. Budapest : Akademia Kiado.

LEGUM, Colin (1962). *Panafricanism*. New York.

MAASDORP, G. and WHITESIDE, A. (1993). *Rethinking Economic Cooperation in Southern Africa : Trade and Investment*, Johannesburg : Konrad Adenauer Stiftung.

MEADE, James (1955). *The Theory of Customs Unions*. Amsterdam.

DE MELO, J., PANAGARIYA A. eds (1993). *New Dimensions in Regional Integration,* Cambridge : CEPR.

MITRANY, David (1943). *A Working Peace System. Argument for The Functional Development of International Organization*, London.

MUTHARIKA, B. W. (1972).*Towards Multinational Economic Cooperation in Africa* .New York : Praeger Publishers.

NCUBE,M.,FAYE, I.,VERDIER-CHOUCHANE, A.,LEFEBURE, eds. (2015).*Regional Integration, Economic Development and Global Governance*, Palgrave Mac Millan.

NOMVETE, D. BAX ed. (1993). *The Economic Democratisation of South Africa*, Cape Town : The African Institute for Policy analysis and Economic Integration.

PLESSZ, N. G. (1966). *Problems and Prospects of Economic Integration in West Africa*. New York : Cornelle University Press.

RICHARDSON, W. H. (1978). *Regional and Urban Economics*. New York : Penguin Books.

ROBSON, Peter ed. (1972). *Readings in International Economic Integration.* Harmondsworth, England : Penguin Books.

(1983). *Integration, Development and Equity. Economic integration in West Africa*. London : Allen-Unwin.

(1987). *The Economics of International Integration*. London, 3e ed.

ROSAMOND, Ben (2000). *Theories of European Integration* : Hampshire: Palgrave.

SANWALD, R. STOHLER (1959). *Economic Integration : Theoretical Assumptions and Consequences of European Unification,* Princeton : Princeton University Press.

SCITOVSKI, Tibor (1958). *Economic Theory and Western European Integration*. California : Stanford University Press.

Swann, D. (1972). *The Economics of Common Market*, Harmondsworth, England : Penguin.

THOMPSON, Vincent B. (1984). *Africa and Unity. The Evolution of Pan-Africanism.* London : Longman.

TINBERGEN, J. (1965). *International Economic Integration.* Amsterdam :Elsevier.

UDO, Reuben K. (1982). *The Human Geography of Tropical Africa*. Ibadan, Nigeria : Heinemann.

VAJDA, Imre (1965). *The Role of Foreign Trade in a Socialist Economy,* Budapest : Corvina Press.

VINER, Jacob (1950). *The Customs Unions Issue*. The Carnegie Endowment for International Peace.

WELCH, C. E. (1966). *Dream of Unity : Panafricanism and Political Union in West Africa*. New York : Cornell University Press.

Articles publiés en langue anglaise

AJAYI, J. F. Ade (1990). Population Movements and Exchange in Precolonial West Africa, In *The Long Term Perspective Study on Subsaharan Africa : Proceedings of a Workshop on Regional Cooperation and Integration, vol.4* . Washington D.C. :World Bank.

AKWEN, Gabriel (2011). *The African Union and the Challenges of Regional Integration in Africa: What Hope for Africa's Development*. Saarbrücken: Lambert Academic Publishing.

ALEME, Yared Tesfaye (2011). *Regional Integration Schemes in Africa: Limits and Benefits of Taking on EU's model to the AU.* Saarbrücken: Lambert Academic Publishing.

ADEDEJI, A. (1970). "Prospects of Regional Economic Cooperation in West Africa". *Journal of Modern African Studies*. 8,2, : 213-32.

(1990). "The African Challenges in The 1990s : New Perspectives for Development". *Indian Journal of Social Sciences*. 3, 2, january.

BARBOUR, K. M. (1972). "Industrialization in West Africa : The Need for Subregional Groupings within an Integrated Economic Community". *Journal of Modern African Studies* (oct) : 357-82.

BROWN, A. J. (1961). "Economic Separatism versus a Common Market in Developing Countries",*Yorkshire Bulletin of Economic and Social Research*, vol. 13.

COBHAM, D. and ROBSON, P. (1994). "Monetary Integration in Africa : A Deliberately European Perspective", *The World Development* , 22(3) : 285-299.

COOPER, C. A., B. F., MASELL (1965). "Towards a General Theory of Customs Unions for Developing Countries", *Journal of Political Economy*, vol. 73.

COOPER, C. A., B. F. MASELL (1965). "A New Look at Customs Unions Theory". *Economic Journal*, vol. 75 : 742-747.

DIOUF, Makhtar (1990). "Evaluation of West African Experiments in Economic Integration" In *Long Term Perspective Study for SubSaharan Africa,* n°4 : 21-26. Washington DC. : World Bank.

(1994). "Scenarios for African Economic Integration", *Futures, the Journal of Forecasting Planning and Policy,* vol. 26, numb.9, november : 993/998.

EWING, A. F. (1967). "Prospects for Economic Integration in Africa", *Journal of Modern African Studies*, 5, 1, May.

EZENWE, Uka (1980). "The Applicability of The Conventional Theory of Integration to West Africa : a Closer Look",*West African Economic Journal*, vol. 1, n° 1 : 1-23.

JABER, Tayser (1971). "The Relevance of Traditional Integration Theory to LDCs", *Journal of Common Market Studies,* vol. 9, March.

JOHAN, H. (1977). "Economic Integration among Developing Countries", *Economics,* vol 15 : 141-158.

HABERLER, Gottfried (1964). "Integration and Growth in The World Economy in Historical Perspective", *American Economic Review*, vol. 54.

HICKS, J. R. (1939). The Foundations of Welfare Economics. *EconomicJournal,* Dec.

JOHNSON, H.G. (1965). "An Economic Theory of Protectionnism : Tariff Bargaining, and The Formation of Customs Unions", *Journal of Political Economy* .vol. 73 : 256-283.

KALDOR, N. 1(939). "Welfare Propositions in Economics and Interpersonal Comparisons of Utility", *Economic Journal*, Dec.

LALL, D. (1993). "Trade Blocs and Multilateral Free Trade", *Journal of Common Market Studies*, 31(3).

LANGHAMMER, R. (1977). "Regional Integration and Cooperation in Africa : A History of Disappointments ?", *Intereconomics* , vol. 12, n° 9/10 : 257-267.

(1992). "The Developing Countries and Regionalism", *Journal of Common Market Studies* , 30(2).

LIPSEY, R. G. (1960). "The Theory of Customs Unions : A General Survey", *Economic Journal,* vol. 70 : 496-513.

LIPSEY, R. G. K., LANCASTER (1956/57). "The General Theory of Second Best", *Review of Economic Studies* , vol. 24 : 111-32.

MACHLUP, Fritz (1976). "A History of Thought on Economic Integration", In F. Machlup ed., *Economic Integration*, International Economic Association.

MATTLI, Walter (2000). "Sovereignty Bargains in Regional Integration", *International Studies Review*2(2) :149-80.

MARTIN, Guy (1992). "African Regional Cooperation and Integration :Achievements, Problems and Prospects", In Ann Seidman, F. Anang (Dir. Publ.) *Twenty-first Century Africa : Towards a New Vision of Self-Sustainable Development*, Trenton & Atlanta : Africa World Press/ASA Press, p. 69-99.

MIKESELL, R. F. (1972). „The Theory of Common Markets and Developing Countries", In *Readings in International Economic Integration*, ed. P. Robson : 166-193. London : Penguin Books.

MONETA, J. C. (1976). "Africa Occidental en el subsistema regional y nacional", *Relaciones Internacionales*, jul-sep, n° 4 : 51-69

Mosley, P. (1976), "The Southern African Customs Union : A Reappraisal",*World Development*, vol 6, (1) : 31-43.

(1996). "Globalization and Liberalization in Sub-Saharan Africa : Implications for Poverty", In Unctad, *Globalization and Liberalization : Effects of International Economic Relations on Poverty*, New York/Geneva, pp. 225-234.

MWASE, Ngila (1994). "Economic Integration for Development in Eastern and Southern Africa : Assesments and Prospects", *Insitute of Delopment Studies, UKBulletin*, vol. 25, n° 3, july.

MYTELKA, L. A. (1974). "A Genealogy of Francophone West and Equatorial African Regional Organizations", *Journal of Modern African Studies,* vol. 12, june, (2) : 297-320.

NDONGKO, W. (1976). "The Economic Implications of Multimembershipin Regional Groupings : The Case of Cameroun and Nigeria", *Africa Spectrum*, vol. 11 (3) : 319-323.

NUGENT, J. B. (1975). "The Selection of Industries for Regional Coordination among Developing Countries", *Journal of Common Market Studies*, dec. , vol. 14 : 198-212.

OLU-ADEYEMI, Lanre and Bonnie AYODELE (2007). "The Challenges of Regional Integration for Development in Africa: Problems and Prospects", *Journal of Social Sciences* 15 (3) : 213-18.

ONWUKA, R. I. (1977). Independance within Ecowas,*West Africa,* Oct.

OTIENO, J.W.T(1990),''The Experience of The Adb in Financing Integration Projects in Africa'', In *The long Term Perspective Study of Subsaharan Africa,* vol. 4 :140-146. Washington D.C. :World Bank.

PELMANS, J. (1980). "Economic Theories of Integration Revisited", *Journal of Common Market Studies,* vol. 18, n° 4, June :332-354.

ROBSON, Peter (1965). "The Problem of Senegambia", *Journal of Modern African Studies*, vol. 3 : 393-407.

SALGADO-PENA, Herrera (1980). "Viable Integration and The EconomicCooperation. Problems of The Developing World", *Journal of Common Market Studies*, vol. 19, (1) May : 65-76.

SAMUELSON, Paul A. (1956). "Social Indifference Curves", *Quarterly Journal of Economics* , Feb.

SCITOVSKi, Tibor (1941). "A Note on Welfare Propositions in Economics", *Review of Economic Studies* , Nov.

STRAUBHAAR, T. (1987). "South-South Trade : Is Integration a Solution?" *Intereconomics*, Jan-Feb.

VAITSOS, C. (1978). "Crisis in Economic Cooperation (Integration) among Developing Countries". *World Development*, June.

VARGAS-HIDALGO (1979). "The Crisis of The Andean Pact : Lessons for Integration among Developing Countries", *Journal of Common Market Studies* , (3) March : 213 -s.

UMESH, Kumar (1992). "Southern African Customs Union : Lessons for The Southern African Region", *Southern African Perspectives*, a Working Paper Series, August.

VERDOORN, P. J. (1954). "A Customs Union for Western Europe : Advantages and Feasibility", *World Politics*, July.

YANSANÉ, Aguibou (1977). "The State of Economic Integration in North-West Africa South of The Sahara : The Emergence of The Ecowas", *African Studies Review*, 20 Sept. : 63-87.

(1977). "The Economic Community of West African States", *Review of Black Political Economy,* 7, Spring : 215-237.

INDEX

B

D

E

F

G

H

I

J

K

L

M

R

S

T

U

V

Z

ANNEXES

Annexe 1

Stabex et Sysmin

Le mécanisme fonctionne comme suit : les produits concernés par la stabilisation sont ceux qui contribuent dans une proportion de 7.5pour cent (6.5pour cent depuis Lomé II) aux recettes d'exportation du pays Acp (seuil de dépendance) ; mais la liste est restrictive, ne comportant que des produits d'origine agricole, à l'exception du fer dans Lomé I. La moyenne des recettes d'exportation pour un produit au cours des quatre dernières années est prise comme référence : lorsque au cours d'une année donnée, les recettes d'exportation de l'un de ces produits baissent de 7.5pour cent (6.5pour cent depuis Lomé II) par rapport à cette norme, le pays Acp perçoit du Fed des indemnités financières de compensation ; la baisse des recettes d'exportation peut provenir d'une baisse du prix sur le marché mondialou d'une baisse des quantités produites, à la suite de mauvaises récoltes.

En règle générale, les fonds reçus au titre du Stabex sont des prêts devant être remboursés au cours des cinq prochaines années, et les Acp doivent avoir réalisé leurs exportations sur les marchés de la Cee. Toutefois, un traitement particulier est réservé aux pays Acp les moins développés, notamment ceux enclavés ou insulaires : un groupe de pays pour lesquels le seuil de dépendance est de 2.5pour cent (2pour cent depuis Lomé II) au lieu de 6.5pour cent ; un second groupe plus restreint de pays pour lesquels les fonds perçus au titre du Stabex sont des dons ; un troisième groupe de pays plus restreint encore, qui ne sont pas tenus d'avoir réalisé leurs exportations dans la Cee.

Après la signature de la première convention de Lomé, les Acp persistent à demander que tous les produits miniers soient introduits dans le régime du Stabex. Ce qui se traduit par l'introduction dans Lomé II du *Sysmin*, régime spécial de stabilisation des recettes d'exportation des produits miniers : cobalt, cuivre, phosphates, manganèse, bauxite, alumine, étain, minerai de fer. Le seuil de déclenchement est ici de 15pour cent (10pour cent pour les Acp les moins développés). Le Sysmin fonctionne comme une assurance accidents lorsqu'un pays se trouve « dans l'impossibilité de renouveler normalement ou de maintenir son outil de production ou sa capacité de production en raison de circonstances échappant à son contrôle » ; ces circonstances pouvant être une catastrophe naturelle, un événement politique grave, une chute de prix. Le pays Acp a alors droit à des prêts spéciaux remboursables en quatre ans avec dix ans de différé, au taux de 1pour cent (0.75pour cent pour les moins développés), pour le financement de projets de restauration du potentiel de production et d'exportation vers la Cee.

Annexe 2

Satellite et câble sous-marin

Les deux systèmes de transmission sont le satellite et le câble optique sous-marin.

Le satellite est un engin de forme elliptique lancé dans l'espace en orbite autour de la terre par une fusée ou par un véhicule spatial. Il tourne dans le même sens que la terre (sens contraire des aiguilles d'une montre), souvent à la même vitesse, ce qui donne l'impression d'immobilisme. Il est en communication avec une station terrestre et est utilisé à des fins diverses : météorologie, transmission d'images télévisées à travers le monde, (grands évènements sportifs), et bien entendu pour les télécommunications comme le téléphone.

Le câble coaxial ou ligne coaxiale est une ligne de transmission en cuivre qui permet de ne produire (et de ne capter) aucun flux net extérieur. Le câble coaxial est progressivement remplacé depuis la fin du 20e siècle par la fibre optiquesur les longues distances (supérieures à quelques kilomètres).

Une fibre optique est un fil en verre ou en plastiquetrès fin qui a la propriété d'être un conducteur de la lumière et sert dans la transmission de donnéeset de lumière support à un réseau « large bande » par lequel transitent aussi bien la télévision, le téléphone, lavisioconférence ou les données informatiques. Le principe de la fibre optique a été développé au cours des années 1970.

On estime qu'aujourd'hui plus de 80 pour cent des communications à longue distance sont transportées le long de plus de 25 millions de kilomètres de câbles à fibres optiques partout dans le monde. Les deux systèmes de transmission sont le satellite et le câble optique sous-marin.

Les câbles sous-marins sont posés sur fonds des mers par des navires câbliers ou par des robots munis d'une sorte de charrue à soc. Il est creusé un sillon idéal, très court et profond jusqu'à 1500 m pour éviter les écueils comme les chalutiers, les requins qui pourraient les mordre. Le câble est relié à la station de départ et à la station finale d'arrivée.

Le satellite est plus approprié pour la réception des programmes de télévision, le téléphone mobile et l'accès à des zones reculées comme le milieu rural. Mais sa vitesse de transmission est relativement lente et son coût est plus élevé. En outre, le satellite opérant à ciel ouvert est sujet à toutes sortes de perturbations atmosphériques qui affectent la transmission.

Le câble optique sous-marin offre une bien plus large bande passante, avec un coût plus bas, une vitesse de transmission 6 fois plus élevée. Il est plus approprié pour le télé-enseignement et la télé-médecine.

Actuellement le satellite et le câble sous-marin sont utilisés en même temps comme moyens de transmission dans tous les pays.

Annexe 3

Le Franc Cfa ou le chaos ?

D'éminents économistes africains et français ont attiré l'attention sur le franc Cfa avec des éclairages pertinents. Mais bon nombre d'Africains francophones sont sceptiques, résistants au changement, pensant que le franc Cfa est la panacée, et que les pays africains de la zone franc (pazf) sont incapables de prendre en mains leur destinée monétaire. Sans le franc Cfa ce sera le chaos. Ils sont comme cet esclave dont parlait Cheikh Anta Diop : « libéré par son maître, il va jusqu'à la porte, puis revient ; il ne sait pas où aller, il a perdu tout repère, toute idée d'émancipation, pensant que la servitude est sa condition naturelle. »

Commençons par attirer l'attention sur l'historique du franc Cfa, dans ses aspects techniques, mais d'abord dans son côté crapuleux jonché de délits et de crimes, pour voir qui y tenait vraiment et pourquoi.

La face crapuleuse de l'historique du franc Cfa

Deux présidents français pourtant assez différents, de Gaulle et Sarkozy ont fait du franc Cfa un cactus : qui s'y frotte s'y pique. Comme le montrent les exemples suivants.

Guinée : Faux monnayage contre Sékou Touré

Lorsque Sékou Touré proclame l'indépendance de la Guinée en 1958 et sort de la zone franc en 1960 pour créer le franc guinéen devenu syli, il devient pour de Gaulle l'homme à abattre. Le témoignage nous vient d'un de ses hommes de main pour les affaires africaines, surnommé « Ministre de l'Afrique », Maurice Robert, un des piliers de la Françafrique, moins connu que Jacques Foccart dont il est un proche collaborateur. Il est chargé du secteur Afrique du Sdece (Service de documentation extérieure d'espionnage et de contre-espionnage).

En 2004, un an avant sa mort, il libère sa conscience en publiant un ouvrage intitulé *Maurice Robert, ministre de l'Afrique*. Voici ce qu'il écrit sur leurs rapports avec Sékou Touré :

Nous devions déstabiliser Sékou Touré, le rendre vulnérable, impopulaire et faciliter la prise du pouvoir par l'opposition... Parmi ces actions de déstabilisation, je peux citer l'opération "Persil", par exemple, qui a consisté à introduire dans le pays une grande quantité de faux billets de banque guinéens dans le but de déséquilibrer l'économie... Cette méthode du faux monnayage est en revanche redoutablement efficace : les billets (fabriqués en France), de très bonne qualité, font tabac à Conakry, où le climat humide détériore la monnaie (guinéenne) imprimée à Prague, et inondent le marché guinéen. Cette phase de l'opération ''Persil'' est un succès, ce qui ne fut pas le cas des autres.

Les « autres cas », c'est l'armement et l'entraînement de mercenairespour faire tomber Sékou Touré, comme l'écrit Maurice Robert, ajoutant que sa liquidation physique avait même été envisagée. Le faux monnayage est un délit contre lequel la police internationale Interpol a été créée en 1923. De Gaulle s'y est livré pour défendre son franc Cfa.

Togo : Sylvanus Olympio assassiné

Sylvanus Olympio n'a pas le profil du « président africain ami de la France ». Par ses origines lointaines (Brésil, Nigéria). Par sa formation : diplômé de London School of Economics and Political Science, ancien cadre de la multinationale Unilever. Il est polyglotte : anglais, français, allemand (né à Lomé sous la présence allemande).

En mai 1960 il déclare à l'Agence France Presse : *Je vais faire mon possible pour que mon pays se passe de la France*. Selon Maurice Robert, à l'Elysée, Olympio est considéré comme plus dangereux que Sékou Touré. Début janvier 1963 il décide de quitter la zone franc pour créer une monnaie togolaise indexée au deutchmark allemand. Le 13 de ce mois il est criblé de balles à 7 h du matin, alors que la radio France Inter a annoncé sa mort une heure plus tôt. Selon le vétéran togolais Goodwin Teteh, il a été tué par des militaires français. L'ambassadeur de France au Togo Henri Mazoyer avait demandé à un légionnaire français Gnassingbé Eyadéma (futur président) d'endosser le crime contre paiement de 300 000 francs, une fortune à l'époque.

Mali : Coup d'État contre Modibo Keita

Au Mali, le président Modibo Keita quitte la zone franc en 1962 et crée une monnaie nationale. En 1968 il est renversé par un coup d'État qui installe au pouvoir un autre ancien légionnaire de l'armée française Moussa Traoré qui fait revenir le Mali dans la zone franc. Modibo Keita meurt en détention en 1977 dans des conditions non élucidées.

Côte d'Ivoire : Laurent Gbagbo enlevé et déporté

À la suite des élections controversées de 2010 en Côte d'Ivoire, Laurent Gbagbo au pouvoir se voit refuser les caisses de la Bceao pour les besoins de son administration. Il décide de quitter la zone franc et de créer une monnaie ivoirienne, ce qui aurait sonné le glas du franc Cfa. Aussitôt le 3 avril 2011, Sarkozy lui envoie son armée pour l'enlever et le déporter aux Pays-Bas (Cpi). Il installe au pouvoir A. Ouattara, ancien cadre du Fmi, ancien sous-gouverneur puis gouverneur de la Bceao, intégriste du franc Cfa.

Libye : Khadafi assassiné

Le journaliste américain Sydney Blumenthal est le conseiller technique de Hilary Clinton ministre des Affaires étrangères (Secretary of State) sous l'administration Obama 2009 - 2013. Il envoie à celle-ci secrètement par courrier électronique privé "email" (ce qui est illégal) plus de 3000 mémos. En 2015 la justice américaine découvre l'affaire qui fait scandale (Hilary emailgate). Un de ces mémos du 2 avril 2011 révèle les véritables raisons de l'intervention française en Libye sur ordre de Sarkozy et de l'assassinat de Khadafi le 20 octobre 2011 :

Selon des sources autorisées, Khadafi disposait d'une masse de 143 tonnes d'or et du même montant d'argent équivalent à plus de 7 milliards de dollars qu'il comptait utiliser pour créer une monnaie africaine qui aurait entre autres été une alternative au franc Cfa. C'est lorsque Sarkozy a été informé de ce plan par ses services de renseignement qu'il a déclenché l'attaque en Libye en soutien des rebelles. Il déclare alors que Khadafi est une menace pour la sécurité financière du monde et que la France a décidé d'assumer son rôle devant l'histoire.

Cette monnaie africaine devait aussi « mettre fin à la tyrannie du dollar, monnaie de compte du pétrole » et c'est Hilary Clinton de mèche avec Sarkozy qui a persuadé Obama d'intervenir aussi en Libye avec le mensonge amplement médiatisé d'action humanitaire contre Khadafi « qui allait massacrer son peuple ».

Pourquoi diantre cet acharnement de gouvernements français à défendre le franc Cfa jusqu'au crime ? Quel est le mobile du crime ? Et si François Mitterrand avait mis sur une piste ? Dans un ouvrage de 1957 *Présence française et abandon*, l'ancien ministre des Colonies (1950-51) lève un coin du voile : « Sans l'Afrique il n'y aura pas d'Histoire de France au 21e siècle... Déjà la France sait combien l'Afrique lui est nécessaire » (p. 237).

Dans l'antre du franc Cfa

Pour pénétrer l'antre du franc Cfa, sans risque d'erreur ou de subjectivisme, prenons comme boussole deux ouvrages écrits par des Français ardents défenseurs de la zone franc : Bernard Vinay, ancien gouverneur de la Banque des États d'Afrique centrale, auteur de *Zone franc et coopération monétaire*, ministère de la Coopération, 1980 ; Patrick et Sylviane Guillaumont, professeurs d'Économie à l'université de Clermont-Ferrand, consultants des autorités monétaires françaises, auteurs de *Zone franc et développement africain*, 1984.

Bernard Vinay dit d'emblée que « la zone franc est une organisation unique au monde » (p.3) et qu'elle repose sur trois principes : parité du franc Cfa avec le franc français en libre convertibilité ; centralisation des devises africaines (réserves de change) au Trésor français avec garantie du franc Cfa ; libre circulation des capitaux. Le pivot de la zone franc est la centralisation des devises. C'est pour cela que la zone franc a été créée en 1939 par la France avec toutes ses colonies d'Afrique et d'Indochine pour se constituer un fonds de guerre.

Compte d'opérations et Garantie de la France

Selon B. Vinay *la France s'engage à fournir sur simple demande des francs français avec lesquels les agents économiques des pays partenaires pourront, soit régler leurs achats de biens et services, soit acquérir sur le marché des changes de Paris toutes les devises dont ils pourraient avoir besoin…*

Que deviennent les devises des pays africains au Trésor français ? :

Les conventions que les banques centrales (de la zone franc) ont passées avec le Trésor français leur font obligation de centraliser toutes leurs ressources de change en francs français dans les '' comptes d'opérations'' que cet organisme leur a ouverts ... La Banque de France devait se porter acheteur de la monnaie dont le cours en francs français risquait en fonction d'un excédent des demandes sur les offres de dépasser la limite haute. Dans ces conditions les opérations de change sur le marché des changes de Paris pouvaient conduire la Banque de France à intervenir et éventuellement à accumuler des ressources de change provenant de cessions par des agents économiques des pays partenaires de la zone franc (p.225).

Cela signifie que les devises africaines au Trésor français sont converties en francs français pour soutenir le cours du franc français au jour le jour, contribuant ainsi, autant que possible, à la stabilité de cette monnaie.

En juillet 1944, 44 pays se réunissent à Bretton-Woods aux États-Unis pour se pencher sur l'instabilité monétaire. Le Fmi et la Banque mondiale sont créés. Une autre mesure prise est la fin de l'étalon-or (émission de monnaie gagée sur l'or). Les Américains dont l'économie n'a pas été affectée par la guerre qui a eu lieu en Europe ont l'économie la plus puissante et peuvent imposer le dollar comme gage de toute émission monétaire. C'est l'avènement du « gold exchange standard » (étalon change or) : l'émission du dollar est gagée sur l'or, et l'émission des autres monnaies est gagée sur le dollar jugé aussi bon que l'or (« as good as gold »), à un taux fixe autour d'une marge de fluctuation de plus ou moins 1 pour cent (passé à plus ou moins 2,25 pour cent). Ces monnaies doivent être soutenues sur le marché des changes par des opérations d'achats et de ventes de devises pour rester dans ces limites afin d'éviter la dévaluation.

Pierre Mendès-France représentant français à la réunion de 1944 signe l'accord, mais de Gaulle ne le ratifie qu'un an après, le 26 décembre 1945, après avoir la veille (25 décembre) créé le franc Cfa. Bizarre, non ?

La garantie a-t-elle été effective ?

Suivons B. Vinay : *La garantie est virtuelle aussi longtemps que les instituts d'émission (africains) disposent de réserves (p. 116)... Lorsque les pays de la zone franc disposent de réserves de change, cette garantie est purement nominale puisqu'elle n'est pas mise à contribution* (p.117).

P. et S. Guillaumont présentent l'évolution des avoirs extérieurs des pays de l'Uemoa (p. 68-69) : de 1963 à 1979 ils ont été créditeurs et en progression. Et ils écrivent : *Lorsque le solde est positif, il constitue un gain de devises pour la France* (p.57).

Lorsque le solde du compte d'opérations des pays de l'Uemoa devient négatif en 1979, la France s'écarte pour faire passage au Fmi qui intervient pour la première fois dans ces pays avec des financements assortis de conditionnalités : les programmes d'ajustement structurel. P. et S. Guillaumont en rendent ainsi compte : *la conditionnalité du Fmi modérait les risques que pouvait faire courir à la France l'automaticité du recours au compte d'opérations* (p.209).

Quels risques pour la France ? Pour une fois qu'il lui est donnée l'occasion de faire jouer sa garantie, elle se décharge sur le Fmi. (C'est la France qui en 1962 avait parrainé l'admission de ses anciennes colonies au Fmi). S'il est vrai que les avoirs extérieurs des pazf n'ont jamais atteint 10 pour cent des avoirs extérieurs français, la Banque de France les utilisait tout de même sur le marché des changes pour soutenir le cours du franc français. Autre mise à contribution des pazf : en 1940 les Allemands occupent Paris, et les autorités françaises pour sauvegarder les lingots d'or de la Banque de France en transfèrent une partie sur l'axe Dakar-Thiès-Kayes.

Franc Cfa et développement

L'argument sempiternellement avancé pour le franc Cfa est la stabilité. Quelle stabilité ? Sûrement pas politique, au regard du record détenu de coups d'État dans les pays membres. Au plan économique, dans l'Uemoa, 6 pays sur 8 sont classés pma (pays moins avancés). La stabilité se réduit en fait à l'octroi de crédits au compte-gouttes aux économies africaines, pour soi-disant éviter l'inflation.

Lisons B. Vinay : *les politiques de crédit expansionnistes sont généralement inadaptées dans ces pays. Les structures de production sont insuffisamment diversifiées, et en tout état de cause manquent d'élasticité : elles ne sont pas prêtes à répondre à une croissance rapide de la demande provoquée par le développement du crédit. Un développement rapide du crédit est de ce fait plus enclin sur le plan intérieur à peser sur les prix qu'à générer l'activité* (p. 95).

Autrement dit, il faut laisser les pays africains dans le statu quo du sous-développement. Il ajoute : *les banques centrales de la zone franc ont pendant longtemps fixé des taux d'intérêt parmi les plus bas du monde* (p.98). Une bonne manière d'encourager la fuite de capitaux vers des sites plus rémunérateurs.

Le cheminement avec le franc Cfa a été parsemé d'autres embûches non favorables au développement. Par exemple, les entreprises françaises ont longtemps disposé d'un quasi-monopole sur les importations de produits manufacturés des pazf. Avec l'osmose entre le franc français et le franc Cfa, traiter avec un fournisseur français, c'est comme aller faire ses courses au marché du quartier. Alors que son concurrent allemand peut être plus compétitif en prix et qualité, mais éloigné par les complexités de change monétaire, et aussi la langue. Les dévaluations du franc français, 8 fois depuis 1948, compte tenu de la parité fixe avec le franc Cfa, ont entraîné des pertes importantes pour les pazf. Surtout au niveau de la dette contractée en d'autres devises. Des milliards de francs sont ainsi partis en fumée.

Il n'est pas étonnant que le franc Cfa n'ait pas contribué au développement des pazf. Les derniers Rapports 2018 et 2019 sur l'Indice de développement humain du Programme des Nations unies pour le développement sont accablants. Les 8 pays de l'Uemoa figurent tous dans le peloton de queue, derrière le Cap-Vert et la Mauritanie, pays hors zone franc. L'indice de développement humain prend en compte le revenu par tête, mais aussi les indicateurs d'éducation et de santé. Parmi les 12 premiers pays africains figure un seul de la zone franc, le Gabon classé 7e grâce à son revenu par tête généré par d'importants pétrodollars et une faible population d'un peu plus de 2 millions d'habitants.

Les obstacles au développement des pays africains de la zone franc sont certes nombreux. Mais le franc Cfa en est un. *Le sort de l'homme se joue sur la monnaie* écrivait Jacques Rueff, conseiller monétaire du général de Gaulle, dans *L'âge de l'inflation* (1963).

Quand la France lâche du lest

L'appartenance à la zone franc autorisait à faire fi de la souveraineté des membres africains. Comme le dit B. Vinay :

Jusqu'en 1973, les gouverneurs généraux des banques centrales étaient désignés par le gouvernement français (p. 126). Après l'africanisation des postes de direction, un accord entre la France et les pays membres stipule que deux administrateurs désignés par le gouvernement français participent au conseil d'administration de la Bceao dans les mêmes conditions et avec les mêmes attributions que les administrateurs désignés par les États membres (p.127)... Il est des circonstances où les décisions des conseils d'administration ne peuvent être prises qu'avec l'appui effectif de la représentation française » (p. 129).

La sortie de Madagascar et de la Mauritanie en 1973 n'a pas été sans effet sur les mesures de concession partielle de souveraineté qui allaient suivre. Sans doute pour ne pas donner des idées à d'autres. Le premier Africain gouverneur de la Bceao est nommé en 1974, et en 1977-78 le siège est transféré de Paris à Dakar.

L'année 2019 a été marquée par des attaques sans précédent contre le franc Cfa : manifestations, écrits documentés d'intellectuels africains appuyés par des démocrates français, accusations de responsables politiques italiens contre la France dans sa politique avec les pays africains… La coupe était devenue trop pleine. Ce qui a conduit au projet concerté avec le président français de remplacer le franc Cfa par l'éco, avec comme principales mesures la fin de la détention des réserves de change de l'Uemoa en France et de la représentation française dans la Bceao. Les pays de la Cedeao hors zone franc ont été pris de court par l'initiative éco.

Pour une monnaie ouest-africaine non-Cfa

Faut-il brûler le palais présidentiel de Dakar parce qu'il a été la résidence des gouverneurs de l'Aof ? Personne n'y pense. Gardons notre Bceao, expurgée de ses scories coloniales, pour mener notre première expérience de monnaie commune indépendante.

Quid des critères de convergence ?

Les critères de convergence (cdc) sont des normes présentées comme devant être respectées par chacun des pays engagés dans une expérience de monnaie commune : taux d'inflation, taux de déficit budgétaire, taux d'endettement, à ne pas dépasser. Le traité de Maastricht de 1992 instituant l'Union européenne en remplacement de la Communauté économique européenne incorpore les cdc sur conseil de l'économiste canadien Robert Mundell, théoricien de la zone monétaire optimale.

Cependant, au moment de lancer la monnaie commune euro en janvier 2000, la moitié des pays membres ne remplit pas les exigences des cdc. Mais il faut faire vite et on ferme les yeux. La marche de l'euro est par la suite truffée de manipulations et maquillages de statistiques par certains membres pour se conformer aux cdc.

Il est certes préférable dans une zone monétaire que chaque économie fonctionne avec une bonne maîtrise de l'inflation, du déficit budgétaire, de l'endettement…, pour éviter de grandes disparités. Mais il n'y a pas lieu de faire des critères de convergence une obsession, de s'y focaliser au point de bloquer l'avènement de monnaies communes africaines. Depuis les années 1960, l'inflation est devenue le cauchemar des pays occidentaux. La lutte contre l'inflation est ainsi le premier objectif de politique économique dans ces pays développés. Cet objectif, quelle que soit son importance, peut-il constituer la priorité des priorités dans des pays africains qui cherchent à se développer ?

Mythe autour de la convertibilité

Certains Africains se confortent dans la possibilité de pouvoir convertir leurs francs Cfa en d'autres monnaies. Encore que cette convertibilité soit limitée, même entre le franc Cfa d'Afrique de l'Ouest et celui d'Afrique centrale. Il existe actuellement dans le monde 180 monnaies différentes, dont 18 totalement convertibles sans restriction, le reste étant constitué par des monnaies partiellement convertibles et des monnaies non convertibles. Ce sont les gouvernements et leurs banques centrales qui chaque année décident du degré de convertibilité de leurs monnaies, tenus d'en informer le Fmi.

Les monnaies classées les plus convertibles (dollar US, euro, franc suisse, livre sterling, yen japonais) sont certes celles de grandes puissances économiques. Mais la monnaie du Kenya, le shilling, est totalement convertible, alors que le réal, monnaie du Brésil émergent, n'est que partiellement convertible. Pourtant le produit intérieur brut du Brésil fait 27 fois celui du Kenya, et le revenu par tête d'habitant 4,5 fois (chiffres 2019). En Chine, il a été décidé que la monnaie le renminbi (unité de compte yuan) ne soit que partiellement convertible.

Ce n'est pas la monnaie qui fait elle-même sa convertibilité. C'est le gouvernement qui en décide. Il n'existe aucun critère unanimement établi pour conférer la convertibilité à une monnaie. On aurait tort de penser que la convertibilité, même limitée, du franc Cfa est un gage de monnaie forte qu'il serait aventureux d'abandonner.

La fin de l'étalon-or et la suprématie du dollar en 1944 ont mis fin à la convertibilité des monnaies européennes. Les gouvernements européens ont eu recours au système de compensation multilatérale avec l'Union européenne des paiements avant de retrouver la convertibilité de leurs monnaies à la fin des années 1950.

Atouts d'une monnaie Uemoa non-Cfa

Les pays de l'Uemoa sont parfaitement en mesure de battre monnaie par la Bceao sans ingérence de la France. Ce ne sont pas les atouts qui manquent.

(1) Selon le « Rapport sur la politique monétaire de l'Uemoa, Bceao, juin 2019 », le montant des réserves de change est de 8 874,5 milliards francs Cfa en mars 2019, soit un taux de couverture de l'émission monétaire de 77,1 pour cent et près de 5 mois d'importations de biens et services. Ce qui est bien suffisant pour émettre une monnaie solide et crédible.

(2)Un facteur important d'une expérience monétaire est l'indépendance de la banque centrale. Une banque centrale commune à un groupe d'États est une garantie. Elle ne peut être manipulée par un seul État jusqu'à déclencher une spirale inflationniste.

(3)La Bceao dispose d'une quarantaine d'années d'expérience en sol africain. Les banques centrales des pays africains à monnaies autonomes n'avaient pas une telle expérience en matière de gestion monétaire au moment de s'affranchir de la tutelle monétaire coloniale. Pourtant, par leurs performances économiques ces pays n'ont rien à envier aux pazf.

(4)La monnaie commune non-Cfa ne risque pas d'être perturbée par le voisinage avec les monnaies inconvertibles des pays frontaliers. L'insularité géographique a été un facteur non négligeable de la réussite monétaire du Cap-Vert, à la différence de la Guinée-Bissau qui a fini par adopter le franc Cfa.

Le gouverneur de la banque centrale de Mauritanie dans une interview à « La Tribune Afrique » en juillet 2018 déclarait : *Nous avons quitté le Franc Cfa et nous ne le regrettons pas*. Il ajoutait que l'inflation y est bien maîtrisée autour de 3 pour cent. Lorsque la Mauritanie crée sa propre monnaie (ouguiya) en 1973, ses avoirs extérieurs au Trésor français ne sont que de 3 136 millions francs Cfa, le montant de loin le plus faible des membres de la Bceao où le montant total est de 72.192 millions francs Cfa, soit 4 pour cent seulement.

Ce que le Cap-Vert et la Mauritanie ont fait individuellement, pourquoi les 8 pays de l'Uemoa ne peuvent pas le faire, et en mieux, avec une banque centrale commune indépendante des États et sans tutelle extérieure ? Les citoyens de cette zone monétaire peuvent se rassurer. Il n'y a pas péril en la demeure.

Mais il ne faut pas se faire d'illusions. Une nouvelle monnaie n'a jamais et nulle part été plébiscitée par les populations. Dans l'Union européenne, les Suédois et les Danois ont par référendum rejeté l'adhésion à l'euro. Pour les Britanniques, il n'était pas question d'abandonner la livre sterling. L'euro a tardé à être accepté et a encore ses détracteurs. Il en sera de même avec la nouvelle monnaie non-Cfa.

L'appréhension des populations à l'égard d'une nouvelle monnaie a surtout prévalu tant que la masse monétaire était constituée pour l'essentiel par la monnaie liquide dite fiduciaire (billets et pièces métalliques). Cette inquiétude peut être dissipée en partie avec l'avènement de la monnaie électronique qui permet les transactions (paiement de factures, envois d'argent, achats sur Internet…) sans contact physique avec des signes monétaires.

Pour plus d'indépendance, la nouvelle monnaie non-Cfa, peu importe le nom à lui donner, devra être indexée à un panier de monnaies et non au seul euro. Cela évitera en tout cas à la nouvelle Bceao d'être présentée comme la Banque centrale européenne en Afrique de l'Ouest.

Il est plus logique et plus prudent de procéder par étapes.

Dans un premier temps, au niveau de l'Uemoa remplacer le franc Cfa par une monnaie indépendante, adopter une monnaie commune entre les pays à monnaies autonomes, pour dans un second temps fusionner les deux monnaies dans le cadre de la Cedeao, On peut même envisager que les pays Cedeao à monnaies autonomes viennent adhérer individuellement à des dates différentes.

TABLE DES MATIÈRES

Structures éditoriales du groupe L'Harmattan

L'Harmattan Italie
Via degli Artisti, 15
10124 Torino
harmattan.italia@gmail.com

L'Harmattan Hongrie
Kossuth l. u. 14-16.
1053 Budapest
harmattan@harmattan.hu

L'Harmattan Sénégal
10 VDN en face Mermoz
BP 45034 Dakar-Fann
senharmattan@gmail.com

L'Harmattan Cameroun
TSINGA/FECAFOOT
BP 11486 Yaoundé
inkoukam@gmail.com

L'Harmattan Burkina Faso
Achille Somé – tengnule@hotmail.fr

L'Harmattan Guinée
Almamya, rue KA 028 OKB Agency
BP 3470 Conakry
harmattanguinee@yahoo.fr

L'Harmattan RDC
185, avenue Nyangwe
Commune de Lingwala – Kinshasa
matangilamusadila@yahoo.fr

L'Harmattan Congo
67, boulevard Denis-Sassou-N'Guesso
BP 2874 Brazzaville
harmattan.congo@yahoo.fr

L'Harmattan Mali
ACI 2000 - Immeuble Mgr Jean Marie Cisse
Bureau 10
BP 145 Bamako-Mali
mali@harmattan.fr

L'Harmattan Togo
Djidjole – Lomé
Maison Amela
face EPP BATOME
ddamela@aol.com

L'Harmattan Côte d'Ivoire
Résidence Karl – Cité des Arts
Abidjan-Cocody
03 BP 1588 Abidjan
espace_harmattan.ci@hotmail.fr

Nos librairies en France

Librairie internationale
16, rue des Écoles
75005 Paris
librairie.internationale@harmattan.fr
01 40 46 79 11
www.librairieharmattan.com

Librairie des savoirs
21, rue des Écoles
75005 Paris
librairie.sh@harmattan.fr
01 46 34 13 71
www.librairieharmattansh.com

Librairie Le Lucernaire
53, rue Notre-Dame-des-Champs
75006 Paris
librairie@lucernaire.fr
01 42 22 67 13

www.ingramcontent.com/pod-product-compliance
Lightning Source LLC
LaVergne TN
LVHW050645051026
849532LV00002B/533
* 9 7 8 2 3 4 3 2 2 3 7 9 7 *